新工科背景下体育与
工科交叉专业建设研究

张 令 著

吉林大学出版社

·长 春·

图书在版编目(CIP)数据

新工科背景下体育与工科交叉专业建设研究 / 张令
著.--长春 : 吉林大学出版社，2024.10.--ISBN
978-7-5768-4394-1

Ⅰ.G807.4

中国国家版本馆 CIP 数据核字第 2024H0L251 号

书　　名	新工科背景下体育与工科交叉专业建设研究
	XINGONGKE BEIJING XIA TIYU YU GONGKE JIAOCHA ZHUANYE JIANSHE YANJIU
作　　者	张　令
策划编辑	王宁宁
责任编辑	闫竞文
责任校对	柳　燕
装帧设计	程国川
出版发行	吉林大学出版社
社　　址	长春市人民大街 4059 号
邮政编码	130021
发行电话	0431－89580036/58
网　　址	http://www.jlup.com.cn
电子邮箱	jldxcbs@sina.com
印　　刷	吉林省极限印务有限公司
开　　本	787mm×1092mm　1/16
印　　张	18
字　　数	214 千字
版　　次	2025 年 6 月第 1 版
印　　次	2025 年 6 月第 1 次
书　　号	ISBN 978-7-5768-4394-1
定　　价	78.00 元

当今世界,新一轮科技革命和产业变革的浪潮奔腾而至,以新技术、新模式、新产业、新业态的新经济蓬勃发展,国家一系列重大战略实施、高等教育改革创新,都对一流工程科技人才培养提出了新的挑战。2017年,教育部启动新工科建设,统筹考虑新的工科专业和工科的新要求,发展新兴工科专业,改造升级传统工科专业,主动布局未来战略必争领域人才培养。在高等体育教育快速发展的进程中,大量交叉学科专业知识的融合使体育学科知识结构发生了重大的变化,而交叉学科中专业知识的有机融合是至关重要的,也是复杂的、困难的。因此,需要进行长期的、不断地深入研究。

体育专业的建设如何高质量地促进就业成为当下高校和教育部门的新课题。大数据、人工智能在各行各业的普及与应用,已经改变了人们的生活习惯、思维方式和行为范式。我国工程教育已在新工科建设的路上加速前进,体育行业也在经历着巨大变革,传统体育专业的设置已越来越不能满足新时代社会与经济的诉求。在此形势下,体育专业如何跟随新工科的研究与教育改革,如何与其他学科交叉融合孕育新专业,新工科背景下的体育专业体系应如何架构,都成为当前我们亟待解决的问题。基于此,本书致力于新工科背景下体育与工科交叉专业建设的研究,全书共分七章,首先从新工科的内涵着手,研究新功课专业建设的现状与路径;其次深入分析现阶段体育专业开展的状况;然后从现代信息技术与体育课程的整合、体育信息服务建设、大数据应用背景下体育专业建设、新时代高校体育工程学科建设、体育场馆智能化建设五个角度探讨体育与工科交叉的具体建设路径,旨在培养掌握交叉学科知识的复合型体育科技创新人才。

目录

第一章　新工科建设研究

第一节　新工科概述

一、新工科的概念

为了深入了解"新工科"的定义,我们首先需要对"新"这个词的真正意义进行详细的阐述。"新"这个词可以有多种解释,如"新型、新兴、新生"等,这三个词与"学科"是相对的。主要的解释是:"新型学科"是指在面对当前和未来产业发展的变化时,传统学科需要适应发展,进行转型级的改造,变成新的学科;所谓的"新兴学科"是指那些尚未出现或即将出现的新兴学科,它们是在已有学科的基础上,针对未来经济发展中的新产业和新技术而发展起来的新学科;所谓的"新生学科"主要是针对未来不断变化的产业发展趋势,综合了多个学科的优点和精华,从而形成的一个全新的学科领域。显然,"新"代表了一个持续进化的观念,它意味着我们需要不断地完善当前的工程学科和专业建设,更新人才培养的策略和手段。在新的经济和形势下,所有的教育管理部门、其他相关机构和高等教育机构都必须坚定地遵循党和国家的教育改革指导思想,及时调整人才培养策略,深入研究传统专业的发展路径,并根据国内外的经济和科技发展趋势,对现有专业进行及时和科学的调整。结合当前的地方经济状况和未来的发展规划,我们需要在人才培养和建设上设定新的目标,制定新的计划,并具体地说,我们需要创新教学方法、改革课程结构并优化教学内容。

"工科"这一术语相对直接,它指的是众所周知的工程学科,也就是在现代人类教育体系中已经存在的与工程技术相关的专业领域。新工科这一概念是对传统工科观念的一种重新定义。更具体地说,新工科是在原有工科的基础上,将理学、工学、医学以及人文学科等多个学科进行不断的融合和创新,形成了一个新的领域、模式和方向的综合概念体系。新工科的研究领域相当广泛,它既可以是多个学科的融合,也可能是一个一级或二级学科,甚至可能是一个具体的学科或研究领域。新工科被视为未来工科类相关学科的发展趋势,它能够很好地适应未来产业和新经济的发展方向。新工科的建设是当前经济发展转型的实际需求。对于新工科的理解,我们需要在实践中不断探索,逐步推进研究进程,通过周密的计划和严格的实施方案,最终形成一个相对完善的新工科学科体系。新工科专业的建设被视为未来工科专业发展的方向。这不仅仅是高等教育机构的责任,更需要政府、企业和学生的共同参与和努力。特别是那些在工科专业中具有优势的高等教育机构,它们应该根据自身的专业建设需求和企业对工科人才的实际需求来制定和发展新的工科专业。

综合考虑上述因素,新工科可以被定义为高等教育机构在应对新时代、新形势、新环境以及新的改革需求下,为了适应国家的发展战略和经济增长需求,正在形成或即将形成的一系列新的、新兴的、新兴的学科、专业或研究方向。新工科与我们所熟悉的传统工科存在明显的差异。新工科是在国家的主导下,由高等教育机构和企业共同进行人才建设规划的改革,以满足产业快速增长和经济持续稳定发展的新需求。它将产业创新与经济增长紧密结合,具备引领性、创新性、融合性和实践性等特质,并对工程相关学科和专业的建设和发展提出了更高的标准。简而言之,新工科的提出是基于国家的战略发展需求、全球经济的发展趋势以及高等教育机构的立德树人教育模式。其核心目标是为了应对未来国际社会中不断变化的竞争格局。新工科以未来学科的发展为其学科建设的核心理念,更加注重学科的实际应用和适应能力。主要的建设路径包括继承与创新、交叉与融合、以及协调与共享,旨在培养能够满足未来社会发展需求的多样化和创新型的专业人才,这些人才具备引领性、创新性、融合性和实践性等多种特质。

二、新工科的理念

新工科教育的核心思想是在培养工程专业人才时需要关注的各个方面。在新工科人才的培养过程中,我们不仅要重视培养学生的知识获取、实践参与和未来职业素养等多方面的专业技能和素质,还需着重于培养学生具有开阔的国际视野、人文精神和创新精神,以增强他们的团队协作和沟通能力、创新思维和解决工程问题的能力等。当我们在这里讨论新工科的理念时,我们实际上是在谈论新工科的教育观念,它主要包括以下几个核心内容。

(一)开放、包容的教育理念

"开放"意味着在新工科的建设中,我们需要超越传统工科的束缚,将人文社科等其他领域的知识融入到工科教育中。未来社会的进步将是多样化的,对人才的需求不再仅仅是专业方面的,而是需要具有多种能力的综合性、复合型人才。例如,自 1939 年开始,美国的卡耐基梅隆大学便规定工科学生必须选修人文社科课程,并确保至少 1/4 的比例是选修科目,这表明单一的专业人才培养模式已经不是全球人才培养的策略,因此,我国的工科人才培养也应该朝着更加开放和全面的方向发展。

"包容"的含义是,新工科并不是颠覆传统工科,而是在现有工科教育的基础上,对传统工科教育进行全面的转型。考虑到我国的经济发展状况,工业依然是经济增长的核心驱动力。随着新技术在工业领域的广泛应用,我国的高等教育机构需要深入研究世界科技理论的最新进展,吸取国外大学在专业建设上的经验,并结合我国工业的实际需求和高校的专业优势,对新工科的专业建设方向和内容进行规范。这样,我们可以制定一个更为全面和具体的建设计划,并加速其进程,确保新工科与传统工科能够和谐融合。

(二)创新型教育理念

我国目前是全球最大的工业生产国,拥有大量的先进技术和建设成就,虽然在全球范围内具有重要地位,但规模仍然是最大的,与其他一些国家在工业实力上还存在明显的差距。鉴于未来国际竞争的日益加剧,为了实现我国从一个工程大国向工程强国的转型,我国的工程专业建设必须向"新工科"的方向迈进。更明确地说,我们需要对工科人才的培训方式进行创新、调整专业结构、优化教学手段,以促进我国高等教育中的工程专业教育走向创新和改革。各个高等教育机构需要根据自己学科和专业的发展状况,为未来制定长期的发展规划,在新工科的建设过程中做出合理的定位,并全方位地培养符合我国甚至全球工业发展需求的创新人才。

(三)综合化教育理念

首先,对于新工科的人才培养,我们需要重视知识、技能和综合素质的培养。在强调学生的专业知识基础上,更应重视学生的专业技能和实践能力,尤其是实践创新能力的培养,从而形成一个既重视专业知识又注重创新实践能力的人才培养教育理念。其次,在新工科人才的培养过程中,我们需要重视工科专业知识与人文社科知识的融合。这是现代社会对新工科人才培养的迫切需求。拥有坚实的专业知识可以更好地满足未来工作的要求,同时,掌握一些人文科学知识可以帮助学生更加热爱自己的职业,并以较高的道德标准工作,同时也要遵守法律、热爱自己的工作。再一次强调,新工科专业需要将专业教育与通识教育融为一体。新工科教育不仅要培养具有扎实专业理论知识的学生,还需在人才培养过程中高度重视学生的综合专业技能和综合素质。在此基础上,我们还需加强对学生的全面教育,并强调"育人"的核心思想。通识教育的目的是让学生在完成学业后,不仅仅是为了维持基本的生活,而是对自己的职业充满热情,激发他们的创新能力,并助力我国工业取得飞跃式的进步。

(四)全周期教育理念

新工科教育是一个周期性的过程,根据 CDIO(Conceive,Design,Implement,Operate)教育理念,新工科培训出的专业人才应当拥有工程的基本知识、个人技能、团队协作能力以及工程系统的能力,从而确保人才培养的周期性进行。

(五)全面发展的教育理念

新工科的建设必须紧密围绕教育的核心,以学生为中心。在学科建设过程中,我们必须始终坚守教育的育人目标,不仅要满足未来社会对专业人才的需求,还要坚定地执行高等教育机构的立德树人的基本使命,并以社会主义核心价值观来引导学生的思想发展。在设计具体的专业课程时,我们不仅要强调工科专业知识的掌握,还需注重学生在思想、法律和道德等领域的培养。这样,新工科的学生不仅可以将所学知识转化为实际的工程技术技能,还能展现出创新思维、人文修养和全球化的发展视角。

三、新工科的特征

结合新工科的概念和教育理念,对比新工科和传统工科的区别,笔者认为,新工科的特征至少包括引领性、创新性、融合性、实践性四个特征。

(一)引领性

新工科的领导性是指新工科专业建设对其他学科和专业发展建设的引导作用。全球经济的增长在很大程度上得益于新兴技术的持续创新。然而,这些新技术也仅在特定的时间段内被认为是"新颖"的,并有可能在新技术问世后迅速被市场淘汰。在这个技术日新月异的时代,许多行业都可能经历翻天覆地的变革,有时甚至可能被迫撤出市场。因此,在新技术持续进步的背景下,经济的未来走向也变得难以预测。新工科的诞生是基于新的经济发展模式,它能够适应技术的快速更新和未来经济的发展需求。随着科技创新的步伐和产业革命的发展,新工科将不断建设,以填补新技术革命环境下对新人才的大量需求缺口。这为各综合性高校、专业工科院校和各相关院校的未来人才建设提供了发展思路和专业发展方向,以更好地适应未来产业发展的需求。

(二)创新性

新工科的创新之处在于它在技术、产业和发展策略上的创新,这代表了对工科教育观念和教学方法的更新。随着新技术的持续进步,对于具有创新思维的工程技术专家的需求变得越来越紧迫。新工科的进步需要在"新"这一方面得到体现,也就是说,需要对传统的工科领域进行创新性的改进。只有不断地对传统的工科专业进行创新和突破,掌握核心技术,我们才能建立世界一流的工科院校和专业,占据世界科技创新发展的前沿阵地,创造更多的经济发展新模式。这里讨论的创新不是对现有技术进行二次加工或在实际应用中改变使用方式,而是更加注重技术的原生性,在前所未有的新技术上实现技术的转化和应用,扩大技术的应用范围和服务方向,以实现新技术、新产业和新发展模式适应新经济发展的最终目标。新工科的创新可以涵盖五个主要方面:新的模式、新的体系、新的质量、新的理念和新的结构。在新工科专业的建设和具体的教学过程中,必须根据这些方面进行创新。

(三)融合性

推进新经济的增长并不是一个单一行业或产业所能达成的目标。新经济具有横跨多个领域和行业的特性,因此,在发展新的工程技术和对传统工程技术进行改进和升级的基础上,强调不同专业之间的整合变得尤为重要。在新工科的跨专业整合过程中,一方面,我们强调工科类的学科专业应具备跨学科、跨学科和跨行业的特性,并在已有的工科专业基础上,实现工科专业与工科专业、工科专业以及其他学科专业的交叉整合。这样的融合不应仅仅局限于理工科专业的深度研究,而应该是将新兴技术与传统的工科专业有机地结合在一起,实现工科专业与其他专业,特别是与人文科学相关的专业(如历史、地理、人文、艺术等)的融合,使得原本单调乏味的传统工科教育更加具有人文精神。从另一个角度看,在新工科的人才培养策略中,我们需要指导学生将多个学科的知识进行整合,以更好地应对经济发展中可能遇到的挑战。这不仅强调了学生的工作和创新能力,还旨在帮助他们在多元文化的背景下,更好地应对商业环境的复杂和多变。这样,学生不仅可以掌握工科的专业知识和技能,还能掌握多学科的综合知识和技能,从而在实践中不断提高他们的交流、领导和适应各种环境的能力。简言之,新工科的整合不只是工科与多学科专业知识的结合,更深层次地,它是多种实践技能培训的结合。

(四)实践性

新工科教育的实践特点十分突出,这意味着我们需要摒弃传统工科教育中过于重视理论知识而忽略实践能力的问题。我们应该重点调整学科专业的培养策略,不仅要注重理论知识的教授,还需要为学生提供更多的实践机会,如开设理论实践课程,并与企业建立合作发展机制,以增强学生的实际操作能力。面对新的经济增长模式和不断涌现的创新技术,新工科的建设需要从过去单一的知识生成方式转变为以研究为核心,整合创新网络、知识集群、分形研究、教育和创新等为中心的新型知识生成模式,更加注重学科建设的实用性和操作性。新工科的学科教育建设符合 OBE(Outcome Based Education,成果导向教育)教学理念,这是一种以学习成果为核心的教育方式,目标是以学生为焦点、以产出为方向,并致力于培养具有高度实践能力的人才。更具体地说,新工科专业的建设和发展需要在其独特的环境中,充分利用其强烈的实践性和与产业发展的紧密结合,积极推进新的经济发展模式和多个主体的协同教育,以强调新工科建设对实践性的重视。

第二节　我国高校新工科专业建设现状

作为培育人才的关键场所,时代的进步对大学教育提出了更为严格的标准,这其中也涵盖了新工科的发展。教育部采用了一系列创新的策略来积极促进我国新工科专业的建设和发展,这其中涵盖了"复旦共识"和"天大行动"等多个行动指导方针。这一节的核心内容是对我国高等教育机构中新工科专业的当前建设状况进行详细描述。

一、地方高校新工科专业设置情况

随着中国社会生产能力的持续增长,在新时代的大背景下,众多传统的工科专业正在不断地进行延伸、拓宽和改革,从而诞生了一系列与新时代社会需求相匹配的新型工科专业。新工科专业与新兴社会产业有着紧密的联系,构成了新兴产业成长的关键基石。我国对新兴产业发展十分重视,并通过《国务院关于加快培育和发展战略性新兴产业的决定》(国发〔2010〕32号)明确多领域新兴产业的重点发展方向。面对国家号召,我国高等院校积极响应,根据国家指明的方向在多个领域建设新工科专业,为我国新兴产业发展提供了人才基础。

虽然我国的高等教育机构在国家的指导下已经开始了新工科专业的建设,但新兴产业的迅猛增长也导致了对人才的需求急剧上升。根据最近几年的相关统计数据,我国的人才培训速度仍然不能满足新兴产业对人才的高需求,同时新兴产业和新工科专业也在持续增加,导致人才培养一直面临供不应求的问题。尽管我国的各个高等教育机构已经开始为新工科专业进行建设,但直到2017年,"新工科"这一概念才被正式确立。在最近的几年中,受到国家政策的引导和我国高等教育机构自身的发展需求,对新工科专业的建设有了更深层次的推进,比如高校在原有的优势工科专业的基础上,进一步发展了优势新工科专业等。众多高等教育机构都在积极地结合国家的政策和当前的社会经济发展状况,采纳各种策略来推动其工科专业的转型和升级。因此,我国的高校在新工科专业的布局和专业建设上都在持续地进行扩展和深化。尽管在国家的引导下,我国的高等教育机构已经启动了新工科专业的建设,但新兴行业的快速扩张也使得对专业人才的需求急剧增加。依据近几年的相关数据统计,我国在人才培训方面的速度依然未能满足新兴产业对高质量人才的迫切需求。与此同时,新兴产业和新工科专业的数量也在持续上升,这导致了人才培养一直面临着供不应求的困境。虽然我国各大高等教育机构已经启动了新工科专业的建设工作,但是直到2017年,"新工科"这一术语才得到了正式的确认和接受。在过去几年里,由于国家政策的推动和我国高等教育机构自身的发展需求,新工科专业的建设得到了更深层次的推动。例如,高校在原有优势工科专业的基础上,进一步发展了优势新工科专业等。大量的高等教育机构正在积极地融合国家政策和当前社会经济发展的实际情况,采用多种不同的战略手段,以促进其工科专业实现转型和提升。因此,在新工科专业的规划和专业构建方面,我国的高等教育机构正在不断地进行扩充和深化工作。

新工科的专业建设必须与我国的社会经济建设需求紧密结合,持续地调整和优化人才培养的目标、方法和机制。在 2017 年"新工科"这一概念被引入之后,2018 年我国的高等教育机构开始招收新的工科专业学生,这一举措得到了广大民众的热烈欢迎和支持,招生过程呈现出了积极的发展势头。然而,在我国和全球社会经济迅猛发展的背景下,高等教育机构在培养新兴产业专业人才方面的速度并没有完全适应,导致了人才短缺的问题。各个地区的高等教育机构会根据其主要的人才短缺和原有的专业优势,为新工科专业的建设做足准备,并向国家提交新工科专业的布点申请。在大家齐心协力的背景下,高等教育机构的新工科专业建设呈现出快速的进展,这与我国各地的社会和经济发展优势及其需求高度匹配,有助于推动当地企业的转型和进一步发展。高等教育机构培育的新兴产业专才不仅为新兴产业的壮大打下了坚实的基础,同时也给传统企业带来了一定程度的压力。为了在激烈的市场竞争中持续生存,传统企业必须主动吸纳新兴行业的专才,并与时俱进,进行必要的转型和升级。

目前,我国新工科专业的建设状况显示出专业范围过于集中和不全面的问题。例如,在计算机和互联网等领域,相关新工科专业的建设和发展相对较好,但在新能源和新材料等领域,相关新工科专业的建设和发展则显得相对落后。我国的新工科教育体系仍有完善的空间,因此,全国各大高等教育机构需要积极地进行新工科专业的探索和建设,以拓宽新工科专业建设的覆盖范围,并推动各个领域内新兴产业的快速发展。

二、地方高校新工科专业人才培养模式

在科技飞速进步的驱动下,许多传统行业经历了转型,而新兴行业也在不断地出现。随着社会经济向高品质方向发展,对我国的工程专业人

才培训方式提出了更为严格的标准,这为我国的高等教育带来了前所未有的挑战。目前,我国的地方高校在新工科专业的人才培养模式构建和发展上存在着高度的同质性和不适应产业发展的问题,这主要是因为地方高校未能准确把握新兴产业发展的各种需求。高等教育机构开设新的工科专业,其中一个核心目标是为我国的社会经济进步提供支持,并为新兴行业输送专业人才。在实现这一目标的过程中,高等教育机构中的新工科专业学生也有机会更紧密地跟随时代的步伐,从而获得更多的发展机会,并更有效地实现个人价值。这两个目标之间存在一种共生的关系,它们可以同时实现,并且具有相互促进的关系。人才可以通过优质的平台获得良好的发展机会,而平台也可以在人才的推动下实现更好的发展。因此,高等教育机构在培养新工科专业人才时,应紧密围绕社会经济的主要发展趋势,全面考虑产业的当前发展状况、当地产业的优势、以及学校原有的专业优势等多个因素。这样,可以更好地挖掘和创新人才培养模式,充分利用学校和地方的优势,构建一个与产业发展相匹配的多元化人才培养体系。

地方性高等教育机构在探索新工科专业的人才培养模式时,主要是通过在以下四个方面进行创新性的尝试来达成这一目标。首要的层次是通识教育,这是我国高等教育中实施素质教育的关键途径。高等教育机构在培养新工科人才时,应重视提高学生的整体素质,这也是我国高品质人才培养的核心理念。鉴于新工科专业的独特性,高等教育应当对通识教育的内容进行创新,比如融入爱国情怀、大工程意识和国际视野等教育元素,这样可以为学生的综合素质提升和更好地学习、应用新工科的知识和技能奠定坚实的基础。在新工科专业群和专业教育的第二个层次上,创新的目标是培育学生的专业技巧、传递他们的专业知识,并加强他们的其他相关技能。部分高等教育机构根据新兴产业的职业或市场需求来设定专业培养目标,确保学生更好地适应社会经济的发展趋势,并为他们提供多种专业培养选项,从而使学生能够根据自己的需求选择专业培养方向,实现个性化的成长。一些高等教育机构选择根据社会经济的发展需求来构建专业集群,以此来更好地培养学生,并对人才培养模式进行了创新性的调整。在第三个层次上,为了创新培养方法,部分高等教育机构采用了科教合作的方式来培养学生的新工科专业人才。地方高校可以与相关的专业研究机构和设计单位合作,为学生创造实践的机会和环境;通过设计应用型的课程,我们旨在提高学生的各种专业技能,并为新兴行业培育出有应用能力的人才。一些高等教育机构选择了将研究生专业学位与其他专业相结合的创新培养策略,以加强学生在获得硕士学位之前的专业培训,从而提高他们的专业技能。第四个层次专注于专业实训和毕业论文的创新设计,旨在帮助学生在实践中真正增强其专业技能,并推动他们在各个方面的全面成长。

三、地方高校与企业间的合作情况

时代的进步推动了新工科专业的成长,而新工科专业的发展也能反过来推动时代的进步,两者之间存在相互促进的关系。地方高校与企业之间的紧密合作是新工科专业建设和发展的关键。高等教育机构是培养人才的关键场所,那些从大学毕业的学生需要借助企业参与到社会经济的建设中。因此,地方性高等教育机构应与企业合作,共同为人才的培养创造一个优质的环境,并根据企业的发展需求来设定相应的专业培养目标,以促进学生与企业之间的更好对接。只有当高等教育机构的人才培养目标与地方企业的发展需求相匹配时,大学生才能更有效地为区域经济的进步提供服务。当地方高等教育机构与与当地新兴产业发展密切相关的企业建立合作关系时,这些企业能为学生创造一个优质的实践环境,从而使学生能在实际的生产和工作环境中更有效地掌握专业知识和技能。学生在实践学习环境中的表现越出色,他们对于专业的知识和技巧的掌握也就越深入;在实际操作中,学生可以更有效地将理论知识与实践操作结合起来,从而在互相验证的过程中提高他们的专业技能。地方高等教育机构与企业之间的合作关系越紧密,学生在实践中获得的环境就越有利。此外,将企业的实际招聘需求与地方高等教育机构的教学内容相结合,对于新工科专业的建设具有至关重要的意义。地方高校与地方企业之间的深度合作可以为学生提供更为专业和多元化的选择,使学生在大学学习后能够更有效、更迅速地发挥其专业能力,为区域经济提供更好的服务,进而促进学生自我价值的实现。

高等教育机构与企业联手创建新工科专业的人才培养模式,被认为是新工科专业建设和发展的一条有效路径。在众多的合作模式中,学生通常首先在大学里学习与新工科专业相关的课程,完成这些课程后,他们会前往高校的合作企业实习,这有助于学生从单纯的课程学习转变为实际操作能力。当高等教育机构与企业的合作关系更为紧密时,企业有能力在学生实习阶段提供经验丰富的实训老师。在这些实训老师的指导下,学生可以更好地掌握企业的招聘标准以及如何有效地运用自己的专业知识和技能,从而实现高效的学习成果。在新工科专业的建设过程中,这种将实训课程与高等教育机构的人才培养课程紧密融合的模式,要求高等教育机构与企业之间建立深度和全方位的合作关系,并确保学生在学习专业课程的同时,也能具备较高的实践操作能力。学生可以通过这种学习方法,在实际训练课程中获得学分,从而满足企业工科教育的专业认证标准。在实训课程中,学生能够置身于真实的工作环境中,感受到实际的工作压力,从而真正胜任工作岗位,成为合格的应用型人才。这种类型的实训课程被称作应用型课程,并在高等教育机构的总课程学时中占据了一定的份额。高等教育机构与企业之间的紧密合作可以有效地促进产教之间的协同进步,确保教学和生产活动的完美结合,为大学教师和学生创造一个优质的实践和学习环境。

四、地方高校新工科专业师资队伍建设

在高等教育机构中,新工科专业的建设与师资队伍的培养是密不可分的,因为高质量的师资队伍建设是提升新工科专业人才培养水平的决定性因素,它将直接影响到新工科专业建设是否能够持续和高质量地发展。目前,地方性高等教育机构中新工科专业的教师队伍面临着人才短

缺和实训能力不足的问题。然而,现有的教师队伍基本上能够胜任新工科专业课程的教学任务。这些教师通常具有丰富和全面的专业基础知识,并在教育教学和科研方面表现出较高的能力,特别是在理论教学方面具有一定的优越性。

在教师的专业成长过程中,地方高校的影响是不可忽视的。不同的高等教育机构对新工科专业建设的关注程度和资源投入都存在差异。如果地方高校更加重视新工科专业的建设,那么教师队伍可以获得更丰富的资源,教师在学校的支持下可以获得更多的教学实践机会,可以自由选择更多的专业进行教学,并在人才培养模式的探索和创新中与学校共同进步。

地区性的高等教育机构正在增加对新工科专业建设的资源支持,这为教师在新工科专业中的成长创造了有利条件,并有助于加强高校新工科专业的教师队伍建设。当高等教育机构在新工科专业的建设上布局得更为全面,并且教师在选择专业时展现出更多的多样性,那么就更有可能避免教师之间过于同质化的问题,并为新兴行业培养更多的多才多艺的人才。

地区性高等教育机构在教师队伍建设上的资金投入显然不足,这不利于培育具有国际视野的教师。从海外留学返回的专业人士往往首先倾向于选择综合性大学作为工作场所,而选择在地方高校工作的人才比例相对较低。加上地方高校自身在支持本地教师赴国外系统学习方面存在困难,这导致了地方高校教师在国际视野上的不足。我国的高等教育机构在新工科专业的建设上持续进步,通过举办学术研讨会等方式,与其他国家的高等教育机构分享经验,这对于新工科专业的教师队伍建设具有深远的影响。目前,全球的高等教育机构在新工科专业的建设上还处于初级阶段。部分地区的高等教育机构已经邀请了国外的专家来分享他们的学术和教学经验,而我国的专家也经常被邀请参加国外学校的学术交流和教学经验研讨。

第三节 我国高校新工科专业建设路径

在我国的高等教育结构里,工科教育占据了相当大的份额,因此新工科专业的建设对于我国社会经济的持续快速增长具有不可忽视的重要性。本部分从学校、社会和政府三个维度出发,结合我国高等教育中新工科专业的当前建设状况和存在的问题,深入探讨了我国高校新工科专业的发展方向。高等教育机构的新工科专业建设需要学校、社会和政府三方的共同努力和相互支持,只有三者之间的良好合作,才能使新工科专业的布局更加科学、教学资源的分配更加合理。

一、学校层面

高等教育机构通过创建新的工科专业,为社会经济的进步提供了人才支持,并推动了新兴产业的成长。地方性高等教育机构在建设新的工科专业时,需要从三个主要方面来具体执行:首先是创建新的工科专业,其次是建立相应的评估体系,最后是对现有的专业建设机制进行适当的调整。

(一)跟随国家导向建设新工科专业

我国的高等教育一直受到国家的高度重视,随着"六卓越一拔尖"人才培养方案和相关政策的推出,我国的高等教育正步入一个新的发展阶段。"卓越工程师2.0人才培养计划"主要是为了满足我国工科未来的发展需求而制定的,其目标是建立高质量的新工科教师团队,培育高素质的新工科人才,为我国在第四次工业革命中积累力量。人才被视为首要的生产动力,国家新工科人才的数量和质量的增长将对我国未来的工业核心竞争力产生直接影响,并进一步提高我国在国际上的地位。高等教育机构作为培养人才的关键场所,有必要严格遵循国家的指导方针,积极参与新工科专业的建设活动。此外,这也代表了时代进步给高等教育机构带来的新的挑战。

1. 优化新工科专业结构和布局，构建新工科专业课程体系

我国政府决定将更多的专业设置和调整审批权限下放给高等教育机构，这使得高校能够更加自由地进行新工科专业的创新建设。在充分利用自身的办学优势和地方经济发展需求的基础上，高校能够找到一条适合自身发展的新工科专业建设之路。随着社会和时代的进步，旧有和新兴企业都在不断地更新和替换，而落后的企业也在逐渐被淘汰，同时新兴企业也在不断地出现。随着社会经济的进步，高等教育机构也经历了专业的刷新，其中新的工科专业与新兴行业有着紧密的联系。高等教育机构在人才培养方面，作为社会经济增长的关键支柱，应当明确其教育优势，积极与本地企业合作，以发掘更多的教育资源，为新兴产业的发展奠定坚实的人才基础，并形成具有独特特色的新工科专业。

课程体系不仅是培养人才的关键途径，还承载了不同层次的专业知识结构。因此，不同的学生应该根据自己的需求使用不同的课程体系进行教育，以培养出具有各自特点的专业人才。在构建新的工科专业时，研究并建立合适的课程结构显得尤为关键。课程体系的构建需要通过教材等多种方式来体现。特别是，适用于新工科专业教学的教材，应能满足学生对专业知识的学习需求，反映教师的科研状况和行业发展趋势。同时，这些教材还应随着专业知识的不断更新和教学活动经验的持续改进，以更好地适应学生的理解、掌握和学习需求。学习新工科专业时，学生需要具备与传统学科学习截然不同的跨学科创新思维，并掌握一套系统化的知识架构和知识体系。

在新工科专业探索和构建课程体系的过程中，不仅需要更新和创新教材，还必须对课程的形式进行深入的研究和创新。为了更有效地为学生提供服务，我们需要设计以学生学习为核心的课程模式，例如微课和慕课等。通过在线教学手段，我们可以更好地利用高质量的课程资源，帮助学生更轻松、更方便地找到他们所需要的课程。为了创新教学方法，我们采用了混合教学和翻转课堂等策略，以帮助学生更深入地掌握新的工科专业知识。在实际操作中，我们应该调整教学计划和大纲，确保它们与新

的教学策略相匹配。为了实现教学方式的创新,我们需要对其他与教学相关的事务进行相应的创新,确保教学方法能够全方位、高效且稳定地展现其价值。随着课程体系的不断演变,教育活动所需的配套设备和设施也必须进行相应的创新和更新。随着新工科专业课程体系的持续优化和完善,这将直接促进新工科专业从其初始发展阶段走向更为成熟的阶段。

2. 合理进行专业布局,增加布点数量

地方性高等教育机构在建设新的工科专业时,必须始终遵循国家的政策方向,并以其自身的实际状况和行业的发展趋势作为决策的基础。如果学校不能依据其自身的办学优势来进行专业建设,很容易陷入盲目跟从的情况,这将导致新工科专业布局偏向集中和同质,同时也会造成教育资源的浪费,从而大大降低布点数量增加所能发挥的效用。高等教育机构在确保充分的前期准备、明确其专业方向并启动新工科专业的建设之后,应当最大化地利用其教育资源,努力扩大专业布局,从而推动新工科专业的快速进步和实现其教育价值。

3. 高校、企业之间应积极互动,建立教育共同体

产学研三者的深度整合可以推动新工科专业更好地适应社会经济的发展变化,更好地满足学生适应社会经济发展的需求。高等教育机构与商业实体之间的紧密合作构成了产、学、研整合的核心。从人才的输入和输出两个维度来看,高等教育机构和企业之间已经建立了非常紧密的合作关系:高校负责人才的输出,而企业则负责人才的吸纳,这两方面是相互补充的。产学研的深度整合意味着高等教育机构和企业需要更为主动和积极地建立合作关系。企业应与高校形成教育共同体,并直接参与到人才培养过程中。同时,高校也应更深入地了解企业,以便进一步优化和完善其人才培养模式。举例来说,企业有能力为新工科专业的建设贡献教育资源,同时高等教育机构也有机会获得优质的教师和学生实践训练基地。当高等教育机构与企业携手参与新工科的人才培训时,学生可以更紧密地将理论知识与实际操作结合起来,从而增强他们的实践技能和问题解决能力,使他们能够将所学应用于实际,为国家的社会经济进步做

出更大的贡献。

高等教育机构与企业之间建立了教育共同体,使得双方在教育资源、实习资源等方面实现了共享。这将进一步推动双方在人才培养模式和教育体制方面的发展和创新,最终实现高校和企业的共同进步。高等教育机构的教育资源优势和企业实习资源的优势可以通过建立双方的教育共同体来融合发展,从而更好地实现新工科专业建设的目标。在实际操作中,双方的优势可以通过多种途径实现融合。例如,大学生可以根据自己的优势更加主动地选择实习岗位,而在实习过程中,他们可以得到专业教师的正确指导和一系列的帮助,同时还可以接受更专业的培训;企业有能力为学生创造更加优质的科研环境和资源。

4. 构建适宜新工科专业建设的教学模式与人才培养模式

对于新的工科专业,建立一个相匹配且相对完整的教学模式是至关重要的,因此,对教学模式进行创新和改进是实现新工科专业建设的关键路径。为了使新工科专业能够更好地服务于社会经济的进步并满足学生的成长需求,我们需要在人才培养策略、教学内容等多个领域进行创新,以确保与时代的步伐保持同步。举例来说,传统的教学方法存在着将本科和博士教育分开的问题,因此在新工科专业的建设中,有必要对其进行统一化处理。

传统的人才培训方法往往忽略了对学生实际操作能力的培养,导致理论与实际操作之间存在隔阂,学生的实际操作能力难以增强,对于专业的理论知识也难以深入掌握。当学生在缺乏实践能力的情况下融入社会或参与实际工作,他们可能会感到不太适应,与那些实践能力更强的学生相比,他们在职场上可能会面临更多的挑战和困难。构建产学研一体化的人才培养模式有助于学生在学习旅程中实现理论与实践的有机结合,从而更有效地将他们的知识运用到实际的生产和生活场景中。通过高等教育机构与企业的合作,学生在毕业后可以更加积极地投身于科学研究和实际工作。高等教育机构与企业之间应当确立长久的合作伙伴关系,确保人才培训与行业进步、科研成果转化为经济回报相结合,进而推动社会经济的全面进步。

传统的教学模式主要侧重于面对面的知识交流,而新工科专业的建设应当充分利用互联网和新媒体等先进技术,以实现知识传授的多元化,更有效地激发学生的学习兴趣,并将教学内容更为精准地传达给学生。在教学方法上,除了确保知识的有效传递外,还应重视培养学生的实际操作能力,鼓励他们参与相关的实践活动,从而使他们在实践中逐步增强解决问题的技巧、创新思维,并对相关领域的知识有更深入的认识。

5.提升新工科专业师资队伍数量与质量

教师团队的建设被视为新工科专业发展的核心部分,而教师团队的规模和素质都对新工科专业的教学品质有着深远的影响。教师通过增强实践技能和创新思维,可以在不知不觉中为学生树立正面的示范,从而对学生产生积极的教育影响,进一步提高他们的实践技能和创新思维。因此,新工科的教师在教育学生的过程中,应当紧跟时代的步伐,不断地提高自己的综合能力,同时也要积极地调整自己的知识体系和更新自己的教学观念。在与企业的合作中,高等教育机构应该为教师提供更好的成长机会和环境,助力教师自我进步,确保新工科教师团队的素质持续上升。高等教育机构在制定教师激励和考核制度时,应与时代发展同步,并在专业建设中持续进行优化。

教师团队建设被认为是新工科专业成长的关键环节,同时,教师团队的规模和专业素质对新工科专业的教学质量具有长远和深刻的影响。通过加强实践技巧和创新思维,教师能够在学生毫无察觉的情况下展示出积极的示范作用,进而对学生产生正面的教育影响,并进一步提升他们的实践能力和创新思维。因此,在新工科教育过程中,教师不仅需要与时俱进,不断提升自身的多方面能力,还需要主动地更新和调整自己的知识结构以及教学理念。在与企业合作的过程中,高等教育机构应该为教师创造更好的成长机会和环境,推动教师的自我进步,确保新工科教师团队的素质持续提升。在构建教师的激励和评估机制时,高等教育机构应当与时代的进步保持一致,并在其专业发展过程中不断地进行调整和完善。

(二)根据相关要求完善专业评价

国际工科教育认证遵循持续改进的原则,在具体的认证过程中保持持续性。学生在实际工作中的反馈和评价会持续影响教育认证工作。高校在接收到学生和社会的评价和反馈后,会持续进行改进,从而不断增加专业建设的相关内容,不断完善新工科专业的建设工作。新工科专业会受到学生和社会的广泛评价,而当学生步入职场后,他们对这一专业的评价不仅具有重要的参考意义,而且其重要性甚至超过了学生在校学习期间的专业评价。当学生步入职场,他们会更为明确地认识到自己的短板,并对学校的教育活动进行更为深入和全方位的思考,从而得出更为精确和关键的评估。通过参考学生和社会的评价,我们可以获得更为真实和全面的新工科专业评估。社会评价从企业和其他雇主的视角出发,对新工科专业进行了更为客观的评价,这有助于更准确地识别学生的短板和教育活动的不足之处。在评价获取的过程中,高等教育机构可以积极地与学生和企业进行深入的交流,并通过内部讨论来找出可以改进的地方。高等教育机构在获得评估后,应该与第三方的评价进行比较,从多个角度对评估进行整合和分析,以更清晰地展示高校专业建设的不足之处。一旦高等教育机构获得了最终的评估结果,它们应当主动地解决评估过程中出现的各种问题,并持续利用其在专业建设方面的优势,以不断优化新工科人才的培养模式。在评估新的工科专业时,我们以国际工科教育专业认证的持续改进为准则,采纳了分级和分类的评价方法,并根据各种新工科专业的特性来选择相应的评价策略。伴随着现代信息技术的持续进步,新工科的专业评估方法和途径变得更为丰富,因此在进行专业评估时,我们应当最大化地发挥信息技术的潜在优势。从宏观角度看,新工科的专业评估应当遵循独立性、多样性和发展性的准则。

(三)建立相应专业调整机制

在我国,新工科专业的建设遵循三级管理模式:首先是由省教学厅负责整体规划,其次是由高等教育机构制定具体的建设规划,并逐步推动与项目建设相关的学科工作,最终由各个专业点负责执行相关的教学活动。

在省教学厅的指导下,高等教育机构成立了新的工科学科/专业建设团队,他们从一个宏观的视角出发,致力于创建与其办学优势和当地经济发展需求相匹配的新工科学科/专业。建设团队将负责统筹学校的专业建设任务,并进行高层次的规划设计。建设团队具备相当大的决策自由,可以有效地整合各个方面的任务,并制订相应的管理规定。我国的高等教育机构在新工科专业的建设中,采纳了首席学科负责人的制度,这使得建设的核心作用得到了更为充分的体现。为了更有效地指导高校新工科专业的建设活动,并推动专业结构的持续调整和优化,高校新工科专业建设应利用财政资金分配来建立相应的激励和约束机制,从而提高高校新工科专业的整体水平。在高等教育机构中,新工科专业的建设需要配备一个全面而完善的信息填报系统,该系统应涵盖建设目标、具体建设内容以及经费保障等多个方面。

二、政府层面

(一)制定新工科专业建设相关方针政策

从过去的专业建设经验来看,专业建设将会经历启动、成长、完善和衰退这四个不同的阶段。这些阶段与国家的政策有着紧密的联系,而国家的政策也会推动专业建设进入各种不同的发展阶段。在我国的教育体系中,国家始终在宏观层次上为教育改革提供方向,确保我国的教育持续进步。在宏观层次上,正确的指导可以确保工科教育改革持续向好的方向发展,使得整个改革进程更为流畅,并使改革的效果更为突出。在宏观层面上,国家为新工科专业的建设提供了高层次的规划设计,并为我国高等教育机构在新工科专业建设方面提供了明确的指导方针。在当前经济转型和发展的背景下,国家紧密跟随时代的步伐,提出了与新工科专业建设相关的方针和政策。地方高等教育机构需要持续关注这些政策的变化,并将自己的办学现状和当地的经济发展状况与国家的政策方向相结合,从而制定出适应各地实际情况和时代需求的新工科专业建设计划。各个高等教育机构都有其独特之处,而当地的经济状况也各不相同。面对这种复杂的背景,国家的相关机构有责任为这些学校提供出色的高层策略,确保它们沿着正确的路径前进。在执行新工科专业建设的各个方面时,高等教育机构应当高度重视每一个关键环节,以确保专业建设能够符合国家的政策方向和社会经济的发展需求。

随着新工科专业建设进入到不同的发展阶段,所遇到的挑战和问题也会有所不同。因此,在相关部门和高等教育机构制定总体和具体的发展规划时,需要根据专业建设当前阶段的具体状况,以使新工科专业的布局更为全面和可持续。在专业建设的过程中,培养教师和学生的伦理价值观等道德观念是非常重要的,正确的思想道德可以帮助教师和学生正确使用自己的能力,实现自己的价值。基于此,我们逐步建立了专业集群,通过本硕博的教学整合,可以显著提高新工科专业的建设品质,并为学生带来更为丰富的教育资源。在为新工科专业进行布局时,国家的相关机构已经全面地考虑了各种因素,将专业布局与实际需求相结合,可以更有效地利用教育资源。教育部有责任对高等教育机构的专业建设实施过程进行监管,以确保专业建设能够高品质地完成。教育部门需要加强其专业评估工具,并与第三方专业评估相结合,以更精确地了解高等教育机构在专业建设过程中遇到的问题和需要改进的方面,从而促进高校专业建设的持续优化。

(二)搭建平台促进多方互动,加快新工科教育改革进度

仅仅依赖高等教育机构或政府的力量来推进新工科的建设是不足以获得最优效果的,唯有汇聚所有可能的资源和力量,新工科的建设才能持续向前发展,并获得更为显著的成果。在新工科专业的建设过程中,政府、各行业、高等教育机构以及第三方组织都需要积极参与。这涉及到各种类型、不同级别的部门和机构。为了将各方的力量集中到一个地方,需要各方面进行充分的协调和合作。而国家部门则应建立一个供各方互动交流的平台,以引导和促进各方在该平台上实现有效的交流和达成共识。在此背景下,鼓励行业的参与被视为推动专业建设健康发展的核心要素。尽管法律并未明确指出企业应如何支持高等教育机构的人才培养,但企

业确实有义务和责任参与到高校的人才培养中来。由政府构建的平台应确保行业、第三方机构等能够全面参与到高等教育机构的人才培养过程中，从而促进各方之间的深度交流和合作，同时企业和第三方机构也应能对高校的专业建设进行有效的监督。通过企业与高等教育机构的深度合作，可以确保高校的实践教育与整个行业的进步紧密结合，从而确保高校新工科专业培养的学生满足企业的招聘标准。通过多方的紧密合作，形成了教育责任共同体，这对于高品质的人才培训、行业的迅速增长、社会的全面进步以及国家策略的实施等多个领域都具有积极的推动效果。

当各种不同的力量汇聚到高等教育机构的人才培养过程中，学生将能享受到一个更为优质的学习氛围。在此背景下，高等教育机构与社会的紧密合作可以为高校带来更为深入和真实的专业评估。合适的评估方式可以帮助高等教育机构根据其内部的专业评估来识别人才培养中的短板，并使高校更好地接受社会的监督。政府也有能力为高等教育机构间的互动提供一个平台，以促进国内高校与国际高等教育机构之间的相互沟通和交流。高等教育机构间在专业建设方面的经验交流有助于推动新工科专业的持续发展。部分高校在教学方法、改革策略和改革经验等方面的有效实践，对于面临相似问题的高校专业建设具有一定的参考意义。

目前，我国的高等教育机构在新工科专业的建设上仍然面临一些挑战，如专业建设与行业进展不同步、理论与实践学习难以完美结合，以及学生在学习新工科专业后往往缺乏实践和创新能力，难以适应实际的工作环境。与传统专业相比，新工科专业更加强调实践能力的培养，因此对实践教育平台的需求也相应上升，构建优质的实践教育平台已经成为新工科专业建设的一个关键环节。为了推动高校实践教育的快速和高效发展，政府和各相关方面应当提供资金和其他形式的支持，以帮助高校构建实践平台。新工科专业实践平台的建设中，跨学科实验室被视为关键环节之一，它有助于不同学科之间的整合和扩展，为交叉学科的进一步发展提供了有力的支撑。在高等教育机构中，跨学科实验室的建设应尽可能地涵盖更多的专业学科，以促进交叉学科的健康发展并实现优秀的科研成果。在跨学科的实验室环境中,学生的创新思维和实践技能可以得到更为深入的培养和发展,同时,不同学科的资源也能在实验室中得到更为高效的共享。

在高等教育机构中,新工科专业的建设需要搭建一个有效的产学研一体化平台,该平台的建立需要产业、高等教育机构和学生等多个方面的紧密合作和深度融合。政府有能力为多方的交流与合作创造一个平台,并在这一过程中发挥领导和引领的角色。构建产学研一体化的平台是大学专业建设实践平台的一个关键组成部分,它可以弥补新工科专业建设中理论与实践教学的深度融合不足、实践教育的缺乏、人才培养与行业发展的对接不够紧密等多方面的不足。随着产学研一体化平台建设的持续推进,行业的发展需求与人才培养和科研的目标日益接近,也就是说,行业发展所需的人才类型,将直接影响高等教育机构的人才培养方向;社会经济的进步依赖于哪一领域的专业学科的支撑,这意味着高等教育机构需要建立相应的专业学科,学者则专注于研究特定领域,而企业则专注于发展特定产业。在产学研融合的背景下,这三方可以实现互相推动和共同进步的成果。与此同时,高等教育机构在科研方面的实用性得到了进一步的增强,科研资金的使用变得更为合理,科研对经济增长的推动作用也更为突出,这使得科研成果与社会的生产和生活联系更为紧密,新工科专业的建设速度也有了明显的加快。

(三)引领专业建设方向,建设公共信息平台

不同的高等教育机构对新工科专业建设的认识程度会受到其办学质量的影响,不同地区的高校在不同的地方政策下能获得的财政支持也会有所不同,因此,政府对高校提供良好的财政支持对于高校新工科专业的建设是非常重要的。在国家的政策指导之下,地方政府与地方高等教育机构能够形成紧密的合作关系,从而促进地方高校在专业上的转型和提升。国家的政策与我国的实际情况相匹配,并与国家的战略方针相互呼应,这对于地方高等教育机构在开展新工科专业建设方面具有显著的指导作用。地方高等教育机构紧密跟随国家的政策方向,这有助于更好地

满足我国行业发展的人才培养需求。随着高等教育机构专业建设的实际需求，教育部和其他相关的国家机构将会进行相应的法律和法规调整，以确保高校专业建设活动得到充分的法律支持，使其更加规范和合理，并能持续、有序地进行。目前，我国高等教育机构在专业建设方面仍然面临着评估体系的不健全和人才培养模式的不完善等问题。然而，国家的引导仍然能够为高校专业建设活动提供明确的发展方向，并为解决高校专业建设中的问题提供强有力的支持。在国家的引导和支持下，新工科专业的建设将继续保持高品质和快速的增长，确保我国的高等教育改革稳步前行，为学生提供更优质的教育，并为国家的经济增长提供持续的推动力。

目前，伴随着信息技术和大数据技术的飞速进步，学校的数字化水平也在持续上升。数字化校园的内容覆盖范围非常广，其中的各种分类都能清晰地界定，但其规划和设计并未达到统一标准，使用过程中仍然存在一些问题，例如标准不清晰、数据更新缓慢、稳定性不足等。由于各个高等教育机构的信息系统是相互独立的，因此在进行数据信息检索的过程中，人们通常需要经过一系列复杂的操作步骤，这也导致了信息数据搜索的效率和时效性逐渐降低。高等教育机构的信息系统在大数据技术和云计算等方面的应用尚显不足，这导致了高校间的信息数据共享面临挑战，对大数据的分析能力不足，以及资源整合的效率不高。高等教育机构间的信息系统实现了互联互通，这有助于各高校间建立更紧密的联系，并进一步优化了高校信息数据的使用效率。除了高等教育机构可以使用这个公共信息平台之外，政府和企业等也可以通过这个平台与高校建立更为紧密的联系。通过这个信息平台，政府和企业可以更好地了解高等教育机构在专业建设中所面临的挑战。同时，高等教育机构也可以方便、迅速地获取国家的政策信息和行业的发展趋势，进一步推动产学研的整合，确保教育资源得到最大化的应用。公共信息平台为各种信息数据提供了更为高效的传输和应用途径。通过这个平台，各方可以对大量的信息数据进行细致的整理和分析，从而获得更为精确和真实的统计数据。这为行业的未来趋势、企业对人才的需求方向以及高等教育机构在专业建设中解决问题的经验提供了更多的参考。高效地利用信息资源将为新工科专业的建设提供更强大的支持,因此,建立公共信息平台变得尤为关键,这需要国家、企业和高等教育机构的共同努力和参与。构建公共信息平台需要大量的人力和物力投入,除了资金投入之外,合理利用相关的人才和技术是公共信息平台发挥作用的关键因素。在先进的技术和专业人才的推动下,公共信息系统中的数据能够真实地反映出行业的发展和专业建设的现状,同时也能发现行业发展所需的人才和专业建设中存在的问题。对信息数据进行及时的分析和处理,可以迅速地解决和优化相关问题,确保行业的持续发展和专业建设始终沿着正确的路径前进。信息数据被视为一种极具价值的资源和财富,它可以助力人们更精确地预见事物的进展,并推动事物朝着更加科学和合理的方向发展。现代社会的进步与信息数据的发展之间存在着更为紧密的联系,因此,公共信息平台的建设成为了我国高等教育新工科专业更高效地利用信息数据的关键途径。

三、社会层面

受到我国相关政策的推动,高等教育机构获得了更多的自主权,这使得它们能够根据自己的实际需求来进行个性化的人才培养,进一步加强了高等教育与经济发展的紧密联系。高等教育机构采用二级管理模式,在已有学院的基础上进一步推进自主办学,但这也带来了一系列问题,例如行政执行力下降、缺乏发展动力和资金来源不足等。当高等教育机构选择自主办学时,这通常意味着政府的监管能力会降低,这可能会导致这些学校在追求更高的灵活性的同时,教学质量也可能受到影响。

(一)社会评估促进高校新工科专业建设更加合理化

社会评估在高等教育机构的专业建设中起到了关键的监督和推动作用。当高等教育机构积极地参与社会评估时,它们可以获得更为精确和明确的自我认知,这有助于高校更好地确定自己的专业方向,并持续优化其教学效果。在社会层面上,第三方评价机构能为高等教育机构提供更为客观的评估,这在衡量高校新工科专业建设的成效上具有不可忽视的重要性。

与传统专业建设相比,新工科专业在办学哲学、人才培养策略等多个领域都经历了显著的变革,显示出其与传统专业建设之间的显著不同。在新工科专业的建设中,我们采纳了以学生为核心的教育哲学,并在培训人才的过程中融入了更多的实践技能训练课程。鉴于新工科专业建设所带来的各种变革,社会的评价机制也需要作出相应的调整,例如按照以学生为核心的教育理念来进行相关的工作。在专业建设的过程中,高校、企业和政府都起到了不可或缺的作用,但这也使得高校和企业在进行内部评估时,容易受到主观偏见的影响,从而导致评估结果出现偏差。第三方评价机构在专业建设方面的参与度相对较低,由此产生的评估结果更能客观地反映问题,因此对于专业建设具有相当高的参考意义。

高等教育机构的新工科专业建设与经济增长有着紧密的联系。第三方评价机构深入挖掘了高校专业建设中与经济发展不一致的内容,以及高校管理体制中的不当之处,并及时向高校和企业进行了反馈。在高等教育机构构建评价体系的过程中,应当主动地融入和参照社会评价机制,最大限度地利用社会评价的独立性和中立性优势。通过对自身、企业和社会等多个方面的综合评价,对专业建设的各个环节进行深入的分析,以形成更为全面、真实和深入的评价体系,进而推动高校自身的持续进步和发展。不同的评价主体具有各自独特的作用和优势,例如,企业评价可以反映出行业的发展趋势和人才需求的变化。对于新工科专业的建设,社会评价应该从一个更全面的视角进行,包括培养目标、毕业生的能力和办学条件等多个方面的评估,以便更全面地了解新工科专业建设中存在的问题和可能的改进方向。单纯地对教学手段和模式进行评估,并不能充分体现社会评价的整体价值。为了确保社会评价的真实性和实用性,我们需要选择恰当的评估方法和工具,从多个维度对专业建设活动进行全面评估,这样才能有效地监督和推动新工科专业的建设。

(二)强化社会评估的内在建设

社会评估在提高教育质量方面起到了不可替代的推动作用,因此,高等教育机构在新工科专业的建设过程中需要融入第三方评价机制,以便更有效地推动专业发展和增强自身的竞争力。社会评估与政府和高等教育机构的评估是相互独立的,它们之间并没有直接的利益关系,也没有直接的关联,并且各自拥有独特的评估资源。通过整合多方的评估机制,我们可以集中不同组织的评估资源,从而获取更为全面和丰富的评估数据和资料,使得得到的评估结果更加真实和可靠。通过研究报告等多种方式展示和分享评估结果,确保社会的各个领域都能有效地利用和分析这些成果。通过与高等教育机构专业建设历史评价结果的比较分析,我们可以得出一个更符合当前高校实际情况和社会经济发展需求的客观评价。通过加强社会评估机制的影响,高等教育机构的专业建设将受到更为严格的监管,这将有助于解决高校专业建设中存在的问题和不足,进而有助于高校持续优化专业建设流程,提高教学品质,并推动社会经济的健康发展。

高等教育机构有必要与第三方评价机构进行全方位和深度的沟通与交流。这些第三方评价机构需要全面了解高校的实际运营状况、市场需求导向等多个方面的信息,并在评价方案和流程方面与高校进行深入的讨论,以确保最终评价结果既科学又实用。

第二章　现阶段体育专业开展现状

第一节　体育教育专业的发展状况与趋势

近代以来,受西方人本主义教育思想的影响,体育逐渐在我国学校教育中扎下根来,从而引起对各级学校体育师资的社会需求。中国的体育教师培养工作从 20 世纪初由官办的师范学堂附设体操学堂或体操科开始,至今已历时百余年。新中国成立以来,德、智、体全面发展的教育方针一直是指导我国各类学校教育工作的基本方针,与此相适应,体育教师也一直是学校教师队伍中理所当然的重要成员,成为具有培养学生身心健康职能的社会职业。体育教师由于其工作性质和社会职能,只有通过专门培养训练才能担当起这一神圣的职责,这就是体育教师的专业化过程。然而,我们也不可忽略我国体育教育存在的问题,这些问题在体育教育领域引发了各种不同的声音,对照国际体育教育发展趋势审视和理清各种论争,这对带动我国体育教育质量的提升无疑具有积极的意义。

一、体育教育专业发展状况

我国体育教育的发展轨迹曲曲折折,应该说直到改革开放以后才真正进入了一条稳定、良性的发展道路。通过调查与整理我国现阶段教育行政管理部门的教育文件、各普通高校体育教育专业本科现行课程方案以及有关的体育教师教育研究文献,可以概括出我国当前体育教育的现状。

(一)体育教育专业招生制度

招生制度是否科学、合理,是保证新生质量的关键,它不仅关系到高等教育的质量,而且直接影响到基础教育。体育教育专业招生考试问题,是普通高校体育教育专业学生培养过程的第一步,走好第一步有利于培养出高质量的体育教师。我国在高等教育属于"精英教育"的大背景下,高等学校有着严格的招生制度。中国的体育师范报考申请者主要为应届理科高中毕业生,考生在婚姻状况、年龄、身高、视力、健康状况方面都有明确要求,近年来这些要求略有放宽。所有报考者必须参加各省组织的高考体育加试和全国普通高等学校招生考试。目前,全国体育教育专业新生的录取办法分为 3 种:①划定体育分数线,对该分数线以上的考生,按文化成绩由高至低录取;②划定文化分数线,对该分数线以上的考生,按体育专业成绩由高至低录取;③50%的名额按第①种办法,50%的名额按第②种办法。

自 1977 年我国恢复高考制度至今,体育专业术科考试的项目设置经历了多次调整和修改,基本形成了一套相对标准和规范的实施办法。体育教育专业招生考试体育加试内容为:

(1)身体素质。内容包括①100m 跑;②立定跳远、二级蛙跳、立定三级跳远;③原地推铅球、原地双手后抛铅球、连续挺举;④十字变向障碍跑、三角形障碍跑、5m 三向折回跑;⑤女子 800m 跑和男子 1000m 跑。各省、自治区、直辖市可在②组、③组、④组中采用随机提取的办法各选定一项,并在②组、③组、④组、⑤组中随机提取 3 组连同第①组一并提前公布。

(2)专项技术。考生可在田径、体操、足球、篮球、排球、武术 6 个项目中任选一项。各地亦可根据本地区特点增设其他项目(增设项目的评分标准与办法自行制订,并报国家体委备案),供考生选择。

(3)计分办法。按《1989 年普通高等学校体育专业招生体育考试评分标准与办法》进行。体育教育专业考生的身体素质成绩占 60%,专项技术成绩占 40%。体育教育专业招生工作在维持全省(市)统一组织的形式下,逐步扩大招生学校的自主权。各地在执行这一文件时略有差异,如有些省(市)不进行专业技术的考试。

(二)体育教师培养制度

1.培养机构

我国目前已形成了两大系统、三个层次的教师教育网络。两大系统是指以培养新教师为主的师范院校系统和以培训、提高在职教师为主的教育学院(教师进修学校)系统。在师范院校系统内,三个层次是中等师范教育、高等师范专科教育和高等师范本科教育。在教育学院系统内,全国各地均已形成了省级教育学院培训高中教师、市地级教育学院培训初中教师、县区级教师进修学校培训小学幼儿园教师的三级培训网络。我国设有体育本科专业点的普通高校分为四类:独立设置的体育学院、高等师范院校、民族院校、其他院校。改革开放以后的1988年,为规范专业设置和专业名称,同时为突出体育教学、体育教师的特点以及更加明确专业培养目标,国家教委颁发的体育类本科专业目录中将原来的"体育"专业更名为"体育教育"专业。截至2009年9月,我国开设体育教育专业的高校由扩招前的111所增加到289所。2010年1月,又有6所高校的体育教育本科专业被批准开始招生。其中北京体育大学、上海体育学院等六大体院以及各地方体院全部开设体育教育专业。

2.培养目标

改革开放以来,我国体育教育专业本科教学计划(课程方案)虽然几经变动,但在培养目标上始终明确定位为"中等学校体育教师"。1994年国家教委提出制订并实施《高等教育面向21世纪教学内容和课程体系改革计划》。这项改革的总目标是,转变教育思想,更新教育观念,改革人才培养模式,实现教学内容、课程体系、教学方法和手段的现代化,形成和建立中国特色社会主义高等教育的教学内容和课程体系,落实《中国教育改革和发展纲要》提出的"质量上一个台阶"的目标,培养适应21世纪需要的社会主义的建设者和接班人。在此背景下,教育部于1997年颁布实施《普通高等学校体育教育专业本科专业课程方案》,在该课程方案中明确提出体育教育专业本科专业的培养目标为:"培养适应我国社会主义现代化建设的实际需要,德、智、体全面发展,具有良好的科学素养,掌握体育教育的基本理论、基本知识和基本技能并受到体育科学研究基本训练的体育专门人才。"我国目前各地的体育院系现行的体育教育专业教学计划的培养目标都是以此为依据进行设计和确定的。2003 年教育部颁布新的《全国普通高等学校体育教育本科专业课程方案》,并决定从 2004 年新学年开始在全国普通高等学校(含综合大学、师范院校、体育院校)体育教育本科专业中施行。这一尚未开始实施的课程方案的培养目标表述为:培养面向现代化、面向世界、面向未来,适应我国社会主义现代化建设和基础教育改革与发展的实际需要,德、智、体、美全面发展,专业基础宽厚,具有现代教育观念、良好的科学素养和职业道德以及具有创新精神和实践能力,能从事学校体育与健康的教学、训练、竞赛工作,并能从事学校体育科学研究工作、学校体育管理工作及社会体育指导等工作的多能一专体育教育专业复合型人才。

3.课程设置

我国四年制本科体育教育专业各类课程规定为 2600～2800 学时。专业课分为必修课、选修课、教育实践和毕业论文四部分。专业必修课分为核心必修课和一般必修课,共约 1248 学时(78 学分)。核心必修课包括人体解剖学、运动生理学、体育保健学、体育心理学、学校体育学、田径、体操、球类、武术 9 门,学时约 864(48 学时)。一般必修课约 384 学时(23 学分),课程包括运动生物力学、体育统计、体育测量、运动生物化学、健康教育、体育史、体育概论、体育科研方法、中学体育教材教法、其他球类(除篮球、排球、足球外)、健美操、舞蹈、区域运动项目 13 门课程中任选 8～9 门。选修课约 768 学时,占专业课学时的 36%,选修课又分为系列选修课和任意选修课两部分。系列选修课约 512 学时(29 学分),分为 3 个系列:第一系列为技术课程,共列出篮球、排球等 10 门,要求学生必须选修一主三副 4 门课程,主修课程 256 学时(16 学分),辅修课程 144 学时(9 学分);第二系列主要是公共选修类课程,约 8～12 学分;第三系列跨学院选修类课程约 6～8 学分,由各校根据实际情况开设专业任选课和跨专业任选课。实践环节包括入学教育、军训、劳动教育、社会调查(实践)、教育实践、毕业论文写作、学术活动。教育实践分为教育见习和教育实习两种,时间10～12周,其中见习1～2周,实习8～10周。除此之外,还要开展一些其他社会实践活动,如组织运动竞赛裁判工作、指导社区健身活动、课余锻炼与辅导等工作,使学生在体育教学、组织体育活动、社会体育指导等方面工作的综合能力得到加强。毕业论文8～12周。

(三)体育教师任用制度

我国目前的中小学教师,由于正处在社会大变革与教育整体改革、中小学校校内管理体制改革之中,从教师的任用方式上来说,存在多元化的特点。我国在建国以来很长一段时间使用的是教师派任制,从20世纪80年代开始试点并实施教师聘任制。自1986年开始,原国家教委颁布了《中小学教师考核合格证书试行办法》,对不具备国家规定学历的中小学教师,经过培训、考核后,颁发《教材教法考试合格证书》或《专业合格证书》。1986年《义务教育法》规定建立教师资格证书制度。1993年10月31日通过《中华人民共和国教师法》,并于1994年1月1日起开始施行。1995年3月18日《中华人民共和国教育法》通过。为了提高教师素质,加强教师队伍建设,首次以国家法律的形式,明确规定国家实行教师资格制度。依据《中华人民共和国教育法》和《中华人民共和国教师法》,国务院1995年制订并发布《教师资格条例》,条例规定:中国公民在各级各类学校和其他教育机构中专门从事教育教学工作,应当依法取得教师资格。《教师资格条例》为实施教师资格制度提供了法律依据。1996年1月教育部下发《教师资格认定的过渡办法》。至1997年底,完成了1993年12月31日在各级各类学校从事教育教学工作人员的教师资格过渡工作。1998年4月至1998年底教育部在上海、江苏、湖北、广西、四川、云南6个省(区、市)的部分地市进行教师资格认定试点工作。2000年9月23日教育部颁布《教师资格条例实施办法》,教师资格制度在全国开始全面实施。除上述法律文件外,原国家教委和国家体委还于1990年联合发布了《学校体育工作条例》,专门对体育教师的工作职责与权益进行规定。目前体育教师的任用一般遵循以下程序:具备相应学历要求和学位证书的体育师范生与应聘学校双向选择,学校对师范生进行考查并签订聘用合同,学生在正式从事学校体育工作前原则上还要先通过有关部门组织的考核与审查后获得教师资格证书。

(四)体育教师继续教育制度

从 1999 年开始,根据国务院批转的《面向 21 世纪教育振兴行动计划》,我国开始启动一项以 1000 万名中小学教师继续教育为主要内容的"跨世纪园丁工程"。1999 年 9 月,教育部在上海召开全国中小学教师继续教育和校长培训工作会议,对这一跨世纪的继续教育工程的全面启动和具体实施作了动员和部署。会议期间,教育部正式颁发《中小学教师继续教育规定》(此后又颁发了《中小学校长培训规定》)。这是我国中小学教师继续教育工作的第一个全国性法规,标志着教师继续教育工作逐步走上法制轨道。与此同时,教育部印发了《中小学教师继续教育工程方案》和《关于实施"中小学教师继续教育工程"的意见》。目前,我国继续教育培训主要依赖于教育学院或教师进修学院,同时还有各市相应建立的教育教研室。中小学教师继续教育的内容主要包括:思想政治教育和师德修养;专业知识更新与扩展;现代教育理论与实践;教育科学研究;教育教学技能训练和现代教育技术;现代科技与人文社会科学知识等。中小学教师继续教育分为非学历教育和学历教育,非学历教育包括为新任教师在试用期内适应教育教学工作需要而设置的新任教师培训、为教师适应岗位要求而设置的教师岗位培训、对有培养前途的中青年教师按教育教学骨干的要求和对现有骨干教师按更高标准进行的培训等。学历教育为对具备合格学历的教师进行的提高学历层次的培训。参加继续教育培训的主要方式有全脱产培训、半脱产的短期集中培训、不脱产的假期培训,以及夜校、校本培训等。

二、体育教育专业人才培养方案研究

高等院校体育教育专业人才培养方向关系到未来我国体育事业发展的前途与命运。在我国现行的体育教育人才培养模式的条件下,培养什么样的人才,怎样培养,以适应我国后奥运时代社会对体育教育事业的发展需要,是我国当前高等院校面临的主要问题。将国内外关于体育教育人才培养的主要观点总结并进行探讨与思索,深入研究我国体育教育专业现行人才培养模式对我们今后进行体育教育教学改革、建立优质的人才培养模式,培养社会所需体育人才、输送优秀体育人才、直面我国未来体育教育的生存与发展具有积极的理论和现实意义。

(一)体育教育专业培养目标的研究现状

培养目标是国家依据教育目的的总体要求和不同类型教育的性质与任务,对受教育者提出的特定规格标准,是专业设置的基础。专业的培养目标规定了该专业所培养的人才应达到的要求,是人才培养工作的出发点和归宿。伴随高等教育的快速发展,历经社会变迁,我国传统的体育教育专业培养目标,已经不能适应社会的需要,且已经引起教育部和国内专家的高度重视,并进行了大量深入的研究。

1. 关于培养目标定位依据的研究

王飞(2009)在《对我国本科体育教育专业培养目标的思考》一文中总结了我国现行本科体育教育专业所存在的矛盾和可能导致的负面影响,提出了培养目标定位应考虑到社会需求、体育专业的发展规律、学生身心发展规律以及中小学、特殊人群体育教育可持续发展等因素。[①] 刘红等(2003)在《21世纪体育教育专业培养目标及规格要求确定依据的探讨》一文中将培养目标确定的依据总结为以下7个影响因素:党和国家的教育方针,国家高等教育的任务,我国经济社会发展需要,我国体育事业、学校体育事业发展的需要,我国教育改革与发展趋势,学校教育对教师的基本要求以及师资培训中存在的问题等。[②] 袁野等(2002)则在《高校体育专业教育培养目标与中学体育教学适应性》一文中将体育教育专业培养

---

① 王飞,耿廷芹,陈勇芳.对我国本科体育教育专业培养目标的思考[J].山东体育学院学报,2009,25(12):83-85+92.

② 刘红,赵建强.21世纪体育教育专业培养目标及规格要求确定依据的探讨[J].河南大学学报(社会科学版),2003(3):141-142.

目标定位的依据除与本学科建设需要、专业目标市场需要等相关外,还应考虑到适应中学未来体育教学关注学生身心发展、体育知识技能获得以及思想品德培养等多元化发展的要求。①

　　分析上述观点,我们认为,我国目前体育教育专业人才培养目标定位的依据有两个主要因素,其一是我国学校体育事业发展的需要,其二是我国社会体育市场发展的需要。

2.关于培养目标重新定位的研究

　　鲁国斌(2003)在《我国人口结构变化对体育教育专业培养目标的影响》一文中提出了"体育教育专业培养目标必须彻底由'专门型'教师培养目标向'复合型'教师培养目标转轨"②;欧岳山(2008)在《体育教育专业培养目标设置的溯源与思考》文章中写道"体育教育专业人才主要是面向基础教育中的学校体育,培养能胜任学校体育工作的教育、教学、训练、竞赛和学校体育管理、科研以及社会体育指导的能力"③。

　　王胜利(2002)在《浅论高等体育教育专业培养目标的重新定位》一文中写道:"高等体育教育专业必须适应社会主义市场经济体制的规律,对人才培养的目标重新定位。改变只培养中学体育师资的单一定位模式,努力培养德、智、体全面发展的复合型体育专业技术人才。"④培养目标的重新定位还要追溯到我国社会主义市场经济体制的变化与发展。由于改革开放以来,特别是进入 21 世纪,我国社会经济生活各个领域都发生着深刻变化,这势必对教育事业的发展产生巨大的影响。

　　随着我国社会主义市场经济体制的建立与完善,原有体育教育专业

---

　　①　袁野,张蕴琨,陶新,等.高校体育专业教育培养目标与中学体育教学适应性[J].体育学刊,2002(1):91－94.

　　②　鲁国斌.我国人口结构变化对体育教育专业培养目标的影响[J].荆州师范学院学报,2003(2):100－102.

　　③　欧岳山.体育教育专业培养目标设置的溯源与思考[J].体育科技文献通报,2008(10):48－49＋76.

　　④　王胜利,陈玉茜.浅论高等体育教育专业培养目标的重新定位[J].西安体育学院学报,2002(3):102－103.

人才培养模式受到极大的冲击,体育教育专业人才培养对教育理念、教育规模、教育质量、教育结构、教育效益都有了新的要求,人才培养目标毋庸置疑需要重新定位,以满足社会发展对体育教育人才的多元化需求。2003年教育部印发的《全国普通高等学校体育教育本科专业课程方案》中将培养目标规定为:"培养能胜任学校体育教育、教学、训练和竞赛工作,并能从事学校体育科学研究、学校体育管理及社会体育指导等工作的复合型体育教育人才。"

3.关于培养目标与课程设置关系的研究

董国永(2006)在《试论我国体育教育专业的培养目标与课程设置》一文中写道:"我国体育教育专业培养目标存在一定的问题,与社会需求有一定的偏离;课程设置不能很好地反映培养目标的要求。社会需求是培养目标确立的前提,培养目标是课程设置的方向,课程设置是人才培养的保证。"[1]

彭贻海等(2003)在《论体育教育专业培养目标、课程设置及社会需求的相互关系》一文中分析培养目标、课程设置、社会需求三者之间是相互制约、相互协调、共同发展的关系,且培养目标和课程设置紧密相关,培养目标决定课程设置,课程设置反过来影响培养目标。三者辩证而言为社会需求是前提,培养目标是方向,课程设置是保证。[2]

(二)关于体育教育专业课程设置的研究

"高等体育院系课程设置是培养体育专门人才的基本模式,课程设置合理则是实现培养目标的根本保证。"伴随我国高等教育的高速发展和高等体育教学改革的深入,高等体育院系在发展过程中面对新问题、新挑战,从教学内容、管理体制、专业设置等诸多方面着手进行了一系列大胆而深入的探索和改革。但从各院校的改革情况看,课程建设这项工作是

---

① 董国永,李慧.试论我国体育教育专业的培养目标与课程设置[J].四川体育科学,2006(2):99-101.

② 彭贻海,王莉,严精华,等.论体育教育专业培养目标、课程设置及社会需求的相互关系[J].武汉体育学院学报,2003(6):89-93.

相对薄弱的环节,正如上文所言,"课程设置是人才培养的保证"。课程设置直接影响培养目标的实现,因此,系统地抓好课程建设是我国高等体育教育教学改革的中心与重心。

1. 关于课程设置的探讨

黄汉升于 1990 年在《21 世纪中国高等体育院系课程设置的研究》一文中将我国 21 世纪高等体育院系课程设置的发展特点和趋势总结为以下 15 个方面:①体育课程体系科学化;②体育课程内容现代化;③体育课程交流国际化;④体育课程研究队伍专家化;⑤体育课程实施个体化和处方化;⑥体育课程设置综合化;⑦体育课程设计整体化;⑧体育课程形式多样化;⑨体育课程教学手段现代化;⑩体育课程改革一体化;⑪体育课程组织序列化;⑫体育课程结构立体化;⑬体育课程社会化;⑭体育课程搭配合理化;体育课程评价标准化。

陈鸣等(2002)在《论高校体育教育专业的课程设置》一文中将课程设置改革思路优化为:课程设置要注重素质教育的整体育人效应,课程设置要适应体育社会化的发展趋势,课程设置要促使学生体育能力特长的发展,课程设置要增强科研创新的学术成分,课程设置要满足学生的择业需求。[①]

黄汉升、季克异(2003)在《我国普通高校本科体育教育专业课程设置的调查与分析》一文中"调查和总结全国 60 所普通高校体育教育专业本科现行教学计划,以课程开设的总门数为切入点,对各院系现行本科体育教育专业的课程设置进行分析,总结概括当前我国普通高校本科体育教育专业课程设置的特点"。[②] 指出:体育教育专业培养模式应实行"通才教育和专才教育结合、人文教育与科技教育相互融合""增加教师职业技能课程内容""专业课程内容综合化""开设新型课程""开设特色专业课

---

① 陈鸣,王伯华,陈烽.论高校体育教育专业的课程设置[J].北京体育大学学报,2002(3):392-393.

② 黄汉升,季克异.我国普通高校本科体育教育专业课程设置的调查与分析[J].中国体育科技,2003(11):3-7+65.

程"等。

2.关于课程设置改革的研究

龚德贵等(2003)在《社会转型期我国"高师"体育专业课程设置改革与探索》一文中提出我国高师体育专业课程设置的基本思路是:①突出师范特点,丰富教育专业课程;②拓宽普通文化课程,加强文理渗透,强化通识教育;③精选学科专业课程,跨专业选课,形成通融性专业课程结构;④调整各课程模块的比例。[①]

杨湘、刘春光(2004)撰写的《高校体育教育专业课程设置的调查分析》一文通过分析对比国内外体育教育专业课程设置的情况,建议:应大幅度增开选修课,尽量减少必修课,降低教学总时数,以给学生尽可能多的自由学习时间,以人为本,促进学生的个性发展;课程设置的改革应面向市场,为市场经济服务。[②]

龚德贵等(2001)在《体育院校体育教育专业课程体系改革研究》一文中提出课程体系改革的基本思路要以我国和世界科学技术、体育运动当代发展成就、经济和社会发展的总体需要为参照,以学科特点和学生的认知规律为依据,以培养厚基础、宽口径、高素质、强能力、广适应的人才为目的,深入研究,认真讨论,对原有的课程体系进行重新设计、重新构建,以加强课程之间的内在联系和衔接,拓宽课程体系的覆盖面,增强课程体系的完整性为目标。[③]

龙建新、谭洁(2004)在《普通高校体育教育专业课程设置改革部分问题探析》一文中建议:根据培养目标大力改造技术教育课程,重视选修课的规范,加强地方课程的开发,突出地域特色。从上文中我们可以发现,"厚基础、宽口径、高素质、强能力、广适应"的"复合型体育人才"是当前我

---

① 龚德贵,吴步阳,谭小勇,等.社会转型期我国"高师"体育专业课程设置改革与探索[J].体育与科学,2003(3):63—67.

② ,杨湘,刘春光.高校体育教育专业课程设置的调查分析[J].体育科技,2004(3):68—70.

③ 龚德贵,黄阵,钟秉枢,等.体育院校体育教育专业课程体系改革研究[J].中国体育科技,2001(7):27—31.

国体育教育专业课程体系改革与发展的核心方向。[①]

(三)关于体育教育专业人才培养模式的研究

体育院系体育教育人才培养方向关系到未来我国体育教育事业发展的前途与命运。在我国现行的《全国普通高等学校体育教育本科专业课程方案》和《全国普通高等学校体育教育本科专业教学计划》的指导下,如何深化改革我国体育教育专业人才培养模式,培养以适应社会转型、经济发展及体育教育事业的发展需要的体育教育人才,是我国高等院校必须解决的主要问题。

李仪等(2003)在《新世纪高等体育教育专业人才培养模式的研究》一文中提出"高素质多元复合型体育人才培养模式"的概念,并将其方向性特征主要涵盖为适应社会需求的"通用性"、人才素质的"全面性"、知识能力的"实用性"、拓展新专业的"可塑性"。[②] 文中进一步阐释了高素质多元复合型人才的教育体系新模式:一个使培养的学生主修一个专业,达到规定层次质量和水平的要求,同时培养其多个副修专业的知识与能力,使其既能从事体育教师的主体工作,又具有胜任其他"多选一"专业的体育相关领域工作的能力,最终构建一个一主两副自由任选为框架的、各因素间相辅相成的、有机联系的教育体系新模式。

左新荣等(2004)在《体育教育专业教学计划改革中"多能一专"的理性思考》一文中则对现代教育理念"厚基础、宽口径"的局限性、现代教育理念的"多能一专"与培养方向的局限性、传统理念中"多能一专"的可接受程度 3 个问题一一进行了思考和分析。[③]

刘芳、杜朝辉(2006)在《高校体育教育专业人才培养模式的探索与研究》一文中总结道:通过优化课程体系,扩大知识容量,突出专业优势,确

---

① 龙建新,谭洁.普通高校体育教育专业课程设置改革部分问题探析[J].职业时空,2007(19):29.

② 李仪,颜军,潘绍伟.新世纪高等体育教育专业人才培养模式的研究[J].南京体育学院学报(社会科学版),2003(2):23—27.

③ 左新荣,何也明,姚欣.体育教育专业教学计划改革中"多能一专"的理性思考[J].上海体育学院学报,2004(1):82—85.

立核心课程,加强基础课程建设,拓宽选修课程,提高教师的综合素质,努力探索多种形式的育人途径,体现人才培养的多样化,树立规模、结构、质量和效益统一协调的全面发展观,构建具有特色的高校体育教育人才培养模式。[①]

王刚、杨军(2004)在《高等体育院系人才培养途径的新思考》一文中提出了高等体育院系应面向社会需求、改革课程设置、增加基础学科和实用学科建设、加强高质量师资队伍的建议,走结构、质量、规模、效益协调发展之路。[②]

于振峰等(2006)发表的《21世纪初期中国体育教育专业人才的培养模式》一文对21世纪初期中国体育教育专业人才培养模式及理论进行了研究。[③] 指出当前中国体育教育专业人才培养模式存在着必修课多,选修课少;公共课、专业基础课比例偏低,专业课比例偏高;学科比例偏低,术科比例偏高;专业知识相对比较薄弱;教师教育理论和实践严重脱节和二元分离的缺陷。进而提出了通过自学教学法、建构主义教学法、范例教学法和案例教学法来培养21世纪初期我国体育教育专业人才。

戴健(2007)立足上海体育学院,在《上海体育学院"知识、能力、人格"三位一体的人才培养新模式》一文中从教育范围、内容、手段和目的等方面入手剖析吴蕴瑞体育教育思想中的教育全面发展观,并且在充分利用吴蕴瑞体育教育思想和"上体精神"的文化资源,继承优良办学传统,遵循"五个一"的工作思路的基础上,积极探索上海体育学院"知识、能力、人格"三位一体人才培养的新模式。[④]

---

① 刘芳,杜朝辉.高校体育教育专业人才培养模式的探索与研究[J].北京体育大学学报,2006(12):1702—1703.

② 王刚,杨军.高等体育院系人才培养途径的新思考[J].山东体育科技,2004(4):68—70.

③ 于振峰,王晨宇,胡法信,等.21世纪初期中国体育教育专业人才的培养模式[J].体育学刊,2006(3):67—69.

④ 戴健.上海体育学院"知识、能力、人格"三位一体的人才培养新模式[J].上海体育学院学报,2007(1):86—90.

刘杰、张红霞(2006)在《构建体育学类"大平台－宽口径"人才培养模式的探索》一文中指出:"在多个体育专业共存的背景下,应对各专业进行整合,建立'大平台－宽口径'的培养模式。"纵观上述对人才培养模式的研究、分析与探索,我们认为:文章中关于人才培养模式的改革与构建其核心内容依旧是培养"高素质多元复合型人才"。[①]

(四)体育教育专业人才培养模式的比较研究

黄汉升、林顺英(2002)在《体育院系课程设置:国际比较》一文中对14个国家和地区体育师资培养计划中课程设置特点进行了研究,分析了国外体育师资培养中课程设置的现状与趋势,介绍了一些国家在培养体育师资方面的经验。[②]

窦红(2007)在《中、美体育专业人才培养的比较研究》一文中对我国体育教育人才的培养目标、人才规格、课程设置及教学评价等方面进行了中、美比较研究。[③]

黄汉升、季克异(2003)在《大陆、台湾、香港高校本科体育教育专业课程方案比较》一文中对国内及台湾、香港地区高校本科体育教育专业课程方案进行了比较分析,旨在找出三地在课程设置上的特点,以期更好地借鉴两地的经验,进一步完善我国普通高校本科体育教育专业课程方案,推动和促进高等学校体育教育专业教学内容和课程体系改革的深化。[④]

于振峰、王晨宇(2004)在《中外体育教育专业人才培养模式比较研究》一文中对我国体育教育人才与国外先进国家体育师资培养模式进行了对比。[⑤] 目前,世界发达国家的体育教育人才培养多采用发展模式、终

---

① 刘杰,张红霞.构建体育学类"大平台－宽口径"人才培养模式的探索[J].体育与科学,2006(4):81－83＋72.

② 黄汉升,林顺英.体育院系课程设置:国际比较[J].中国体育科技,2002(12):5－13.

③ 窦红.中、美体育专业人才培养的比较研究[J].广州体育学院学报,2007(6):115－118＋125.

④ 黄汉升,季克异.大陆、台湾、香港高校本科体育教育专业课程方案比较[J].体育学刊,2003(6):10－13.

⑤ 于振峰,王晨宇.中外体育教育人才培养模式比较研究[J].体育文化导刊,2004(9):47－48.

生模式、中小学联合大学培养的模式,而我国在体育教育人才培养模式中,多采用训练模式、一次性模式、大学为主的培养模式,这显然已经不能适应我国体育教育事业发展的需要。

以上关于人才培养模式的比较研究中陈述了国内外各种体育教育人才培养目标、专业课设置、人才规格、教学评价等人才培养模式的相关内容,旨在为我国建立适应当前社会市场经济体制的体育教育人才培养模式提供借鉴。

三、现阶段体育教育专业人才培养方案制订

我国是一个疆域宽广、自然资源丰富、区域文化差异较大、人口众多的国家。体育资源呈现出多样性,体育活动的开展形式具有地域性特点。因此,我国体育教育专业的课程改革应具有地方特色,特别是地方性本科院校的体育教育专业的课程改革应立足地方,服务当地经济的发展与文化的需求。2007 年 11 月,在浙江宁波召开了全国地方本科院校改革发展高端论坛,会议提出:"地方本科院校办学定位应坚持特色和错位发展的办学思路;地方本科院校学校人才培养应高举应用型人才培养的旗帜;地方本科院校内涵发展应加强学科建设,深化教学改革。"(王峰等,2011)地方性本科院校紧密联系地方,服务地方,构建学院特色品牌已经成为一种潮流。

(一)制定培养方案的基本思路

专业人才培养是一个具有严密科学内涵的系统工程。这个系统工程从纵向观察,由上至下可以包含 4 个基本层次(唐宏贵等,2011)。其中,第一层为专业人才定位,即专业人才的职业定向、人才培养规格、人才培养层次和人才培养水平定位等,它是人才培养的顶层设计;第二层为专业人才培养方案,包括专业人才培养目标、指导思想、课程设置、课程结构、学时安排等,它是人才培养的决策思维;第三层为专业人才培养的实施过程,包括课程建设(教材、技术与理论)、教学过程(教、学、传播媒介)和养成教育等,这是人才培养的实施过程;第四层为专业人才培养质量评估与

监控,如用人单位的反馈意见、学生质量调查、就业率等。由此看来,培养方案居于人才培养系统的第二层,上达人才培养系统的顶层设计,下接整个人才培养实施过程以及质量监控体系,具有承上启下、引领实践的基础性作用。

在人才培养方案中,培养目标处于核心位置。一方面,各种人才的培养措施,都是为了实现预期的培养目标,即培养适应社会所需要的各类人才。而培养目标的定位,归根结底取决于社会需要,同时也受到专业和学科发展水平的制约。另一方面,培养目标又直接制约着课程体系的设置、教材体系的构建、教学体系的实施和教师队伍的培养等。当然,要制订好科学实用的培养方案,还要考虑是否拥有足够的教育资源。只有切实解决好以上诸方面的问题,才能真正制订出科学合理的培养方案。

教育部 2003 年颁布的《全国普通高等学校体育教育本科专业课程方案》明确指出:"本专业培养能胜任学校体育教育、教学、训练和竞赛工作,并能从事学校体育科学研究、学校体育管理及社会体育指导等工作的复合型体育教育人才。"这就说明,本专业以培养各级各类体育师资为基本目标,本专业学生必须掌握职业活动需要的体育操作技能。然而,仅有专业技能还不够,当代学校教育要求体育师资首先是"人类灵魂的工程师"和"人体健美的塑造师",是教书育人的实践者,因而在培养过程中应当广泛渗透教师职业活动的多元性知识。同时,"复合型"是本专业学生适应社会需要的利器。由于社会对体育人才的需求不断上升,哪怕学生在体育师资岗位上不能充分就业,依赖其体育知识和技能,也完全有可能在"体育"岗位上就业。因此,本专业在人才培养规格上,应当注意克服"只注重专业技能、不注重全面发展"的偏向,坚持"文理兼修多专多能"的专业特色,坚持宽口径、厚基础、强能力,不断丰富体育专业人才培养的内涵;在人才培养目标上,应以知识、技能为专业载体,以能力、素质培养为最终目标,坚持知识、技能、能力、素质四位一体,把学会做人、做事与适应就业和创业有机结合起来。

(二)制定培养方案中的几个基本问题

制订体育教育专业培养方案,必须遵循高等教育的基本规律,把握体育人才培养的特点。一般而言,在体育教育专业培养方案制订的过程中,必须涉及如下一些与课程体系相关的问题,即通识课程与专修课程、必修课程与选修课程、技术课程与理论课程、专长课程与普修课程以及传统课程与时尚课程的关系等问题,对这些问题的破解,具有一定的挑战性。

1. 通识课程与专修课程

通识课程又称公共课程,或称思政课+综合素质课,是涉及人类文明中最根本、最重要和最不可缺少的素质和人格培养知识。在我国,通识课程主要涉及传统意义上的思想政治课程以及语言类、计算机类相关领域的知识。国家教育主管部门对本专业通识课程(公共课)有专门的规定,并规定总学时为720学时。该类课程具有典型的中国高等教育特色,是培养专业人才的基本训练课程。专修课程则是专业人才培养赖以生存发展的基础课程,其课程体系的门类和学术水平,是专业发展成熟的标志,也是经专业培养的大学生适应社会竞争需要的有力武器。

从目前本专业培养方案运行情况来看,学生对通识课程普遍存在着较严重的畸轻畸重现象。在总体上对通识课程不太重视的情况下,部分学生偏重于外语学习,部分学生偏重于计算机学习。这就说明,如何真正发挥通识课程在人才培养中的积极作用,如何促进通识课程的实用化以及课程内容学时的弹性化和个性化,具有现实的迫切性。专修课程对大学生职业能力培养的重要性不言而喻,但由于目前学生的就业渠道不够畅通,就业形势不够明朗,学生的学习目的不够明确,对专修课程的重视程度也各不相同。

2. 必修课程与选修课程

教育部2003年体育教育专业课程方案中,将本专业必修课程的学时规定为1126学时(60学分),专业选修课程的学时为880学时(50学分),必修课程与选修课程的比例大约为5.6:4.4。当代高等教育的基本趋向是稳定必修课程、增加选修课程,这种趋向在各方案中表现得十分明显。

必修课程大都为专业主干课程,对于体育教育专业学习最为重要,应当列为必修课程,即技术课中的田径、体操、健美操、武术、大球 1 项、小球 1 项;理论课中的运动解剖学、运动生理学、运动保健学、学校体育理论、教育学课程。选修课程为专业拓展课程,是根据学生个人意愿而自由选择的课程,与素质、人格培养和社会需求有关。如理论课中的运动心理学、体育统计学、运动生物力学、运动生物化学、运动训练学、体育概论、体育健身学等,技术课中其他球类、游泳、攀岩、定向、键球、跆拳道等。

具体做法是:从总体上控制必修课的课程门类和课时总量,督促学生学精、学深,而将其他课程列入选修课程菜单提供给学生,让学生真正享有这类课程的选择权利。这样,学生自己主动选择了某门课程,就会认真对待和认真学习,少数学生中存在的厌学态度和"逃课"现象就会大为减少。因此,应当在保证必修课程的前提下适当扩大选修课程。同时,必修课程需要强调整合,选修课程需要强调多样化。

3.技术课程与理论课程

技术课程与理论课程(即术科与学科)的划分,是体育教育专业特有的课程划分方法,也体现出体育类专业的课程特点。在本专业学生的专业训练中,有必要强调学习领域的实践性质。体育运动具有丰富的操作性、技艺性、表现性和直观性,没有这些特性,也就丧失了体育和体育专业存在的价值。因此,应当把技术课程放在极为重要的位置上,在学时比例上给予充分保证。同时,体育教育专业以培养体育师资为己任,带有明显的师范性质,教师的理论训练是必不可少的。体育教育专业学生与运动员的培养目标有很大的不同,那就是对理论知识和综合素质的要求比一般运动员要全面得多。因此,将术科与学科二者的比例控制在合理范围内,是培养方案制订中不能回避的问题。

从 20 世纪 80 年代到 2003 年教育部颁布的 5 套课程方案中,似乎有一种偏向,即过分强调理论课程而对技术课程重视不够。比如,从 1980 年"课程方案"中技术课程与理论课程的比例基本持平,到了 2003 年,理论课程的比例竟达到 60.8%,技术课程却只有 39.2%,20 多年来理论课程大约增加了 11 个百分点,而技术课程却减少了一成多。但由于当前我国生源的原因,很多学生在高中甚至高三时期才从事体育,运动基础薄弱,加之在大学由于运动场地、设施的匮乏,教学术科时数不够等原因,很容易形成学科与术科"两头"都不强的现象。当然,保证技术课程的学时,是同该类课程的教学改革联系在一起的,在技术课程教学中,要克服长期存在的"竞技中心主义"和"学科中心主义"倾向,加强能力培养、教法研究和学习指导,真正把专项教学发展到专业化教育的科学轨道上来。

4. 专长课程与普修课程

技术课程中专长课程与普修课程之间的关系也是长期以来争论不休和见仁见智的问题。所谓专长课程,即本专业学生通过专业培养和自身条件,在个别项目中运动能力突出和专业水平较高的实践课程,或理论学科中的优势课程。专长课程因人而异,各有各的专长,有更多的学时保障。由于几十年来专业人才培养的积累,体育院校与一般师范院校相比较,在专长课程方面具有优势,这已为业内所公认。所谓普修课程,则是大学生适应教师职业需要所必须具备的多项运动技能和理论课程。体育教师由于担任着多种体育课程教学和全面育人的任务,有必要掌握适应体育教学所需要的广泛的体育项目知识和技能。因此,正确处理好专长课程与普修课程的关系显得极其重要。

在培养方案制订的过程中,一种创新思维是将专长课程由原来的"一专"合理设定为"二专",使学生担当两个运动专项课程的学习和训练。其中,第一专项是学生本人所具备的运动优势项目,或是原先在中小学阶段所重点形成的体育运动优势项目,反映出体育技术训练中的核心竞争力。而设置第二专项的目的,则是灵活地反映学校体育课程改革的现代趋向,紧扣时代脉搏和社会需要,提高学生的适应能力,便于学生因势转轨和另辟蹊径。从目前的社会反馈意见来看,社会对"二专"设置构想和实践持充分肯定的意见。同时,在实践中还应当注意提高学生对普修课程的重视程度,防止专长课程学习面过窄而缺乏社会适应力的偏向。

5.传统课程与时尚课程

传统课程,是指那些在体育教育专业培养体系中较为稳定并逐渐形成传统的体育技术课程。时尚课程,即随着社会发展和时代进步而逐渐开展或拓新的体育项目课程。由于体育运动生活化步伐的加快和现代人体育生活方式的确立,时尚运动项目在我国得到了极大的发展,许多过去称之为贵族性的时尚运动项目,正在逐步地回归到普通人群的生活中,并逐步演变成体育课程。任何一种专业培养方案都会存在传统课程与时尚课程的合理配置问题,人们需要保持传统的文化底蕴,同时也必须与时俱进和紧扣时代脉搏,既不离"源头",又要有"活水"。

在传统体育课程中,占有主导地位的是田径课程和体操课程。田径运动是体育运动最基础的运动项目,它包含参加体育活动所必须具备的跑、跳、投掷等基本运动技能。然而,田径运动又较为枯燥,缺少像一般球类运动的趣味性和观赏性。传统体操课程基本上由一些竞技运动项目组成,这些运动项目由于其难度偏大而与普通中小学生渐行渐远。因此,对田径和体操课程,有必要对其进行改造创新,使其适合普通学生的体育活动需求。近年来在田径课程基础上发展起来的户外运动、定向越野、野外生活生存等课程,在传统徒手操基础上发展起来的健美操,为传统课程的现代性改造开辟了新路。

时尚课程是适应现代社会发展和学生个性培养的要求而开发的课程,如网球、高尔夫课程等。与时俱进地发展时尚运动课程,有助于提高体育在人们生活中的地位,促进体育运动生活化。许多时尚运动项目课程,由于其自身特点而得到广大体育教育专业学生的喜爱,成为确定运动专项时的首选运动项目。但是,学校毕竟不同于社会,时尚运动课程由于其受自身特点所限制,许多项目难以成为学生特别是中小学生的体育活动项目,更是难以成为体育课的教学内容。因此,对时尚项目必须有选择地加以利用,制定培养方案时要注意克服"跟风"和"赶时髦"的倾向。

总体看来,改革开放 30 余年,我国社会市场经济体制逐渐发展成熟,社会处于转型过渡阶段,在此历史背景下,我国教育事业的发展受到社会转型与市场发展的巨大影响,体育教育自在其中,考虑到体育教育事业今后的发展,教育教学改革势在必行,特别是人才培养模式的变革显得格外重要,而其培养过程中,培养目标的制订与课程的设置是人才培养模式改革的重中之重。

通过对近10年内相关文献的研究与分析发现,本时期关于人才培养模式的一系列探讨,其源点是培养"高素质多元复合型人才",出发点建立在培养目标的规定之上,而其发展的基础则是相关课程体系改革。主要体现了如下基本特色:第一,以社会需求为导向,瞄准现代教育和体育发展的前沿,不断完善专业教育体系和育人过程,努力培养适应时代要求和社会需要的应用型体育教育人才;第二,在重视基础理论、培养教育素养和发展全面能力的基础上,重点突出一两个运动专项的教学训练,使学生至少有一两个专项具有较高的运动技术水平和执教能力;第三,加强实践性环节,强化教育实践过程,注重培养学生具有宽厚知识、全面能力、创新思维和综合素质;第四,坚持以人为本,积极创造条件强化教学过程,努力为专业建设和学生发展提供优质服务。

当然,目前的培养方案在运行中也暴露出整合性、实践性和前瞻性不足的弱点,忽略了在深化课程体系改革的进程中建立适宜的操作模式,教学资源的开发利用缺乏新的举措,需要在实际教学中进行调整和优化。因此,进行体育教育教学改革,在对现行的体育教育专业人才培养模式研究现状进行分析与探讨、集各家所长、分析现行之道的基础上,构建能够适应社会发展与市场需求的体育教育专业人才培养模式,并建立相应的操作模式。

四、体育教育专业的发展趋势

尽管世界各国的体育教师教育模式及其课程体系各具特色,在某些具体问题上也存在争议,比如欧洲的很多国家在体育教师课程模式是采用"整合模式"还是"分段模式"上就分成两派,但总的看来,发达国家的体育教师教育具有很多共同的特征和发展趋势。

1.推行教师专业化运动,凸显体育教师职业的"专业性"

职业专业化是近现代社会的重要特征之一,目前世界各国纷纷兴起的教师专业化浪潮,极大地推动了体育教师教育新理念和新制度的建立。19世纪末20世纪初,确认教师职业的专业性、推进教师专业化进程一直是有关国际教育组织和各国政府努力的目标,也是世界各先进国家当前教育战略的共同措施。1966年联合国教科文组织(UNESCO)和国际劳工组织(ILO)在法国巴黎通过了《关于教师地位的建议》(以下简称《建议》)。《建议》对教师的职业明确指出:"应把教育工作视为专门性职业,这种职业是一种要求教师具备经过严格而持续不断地学习和研究才能获得并维持专业知识及专门技能的公共业务;它要求对所辖学生的教育和福利具有个人的及共同的责任感。"20世纪80年代以来,"教师专业化"成为许多国家关注的中心和焦点主题之一。1986年,美国卡内基教育与经济论坛的教学作为一门专业之工作小组公布了《准备就绪的国家:21世纪的教师》的报告以及后来霍姆斯小组从1986—1995年连续发表的《明日的教师》(1986)、《明日的学校:专业发展学校设计之原则》(1990)、《明日的教育学院》(1995)3个报告中都不断提及这样的观点:教师是一个专门职业,教学是一种专业。20世纪90年代英国进行了教师主导型的学校改进运动,通过"反思性行动计划模式"(RAP)促进教师专业发展。日本1987年12月由文部省发表的《关于教师资质能力的提高方策》中也提出了类似的观点。1997年丹麦国会颁布教师教育法律,大力推进教师教育专业化运动,提高教师地位。在各国推动教师专业化运动的大背景下,体育教师职业所面临的机遇与挑战并存,教师专业化运动为体育教师提供了一次重新审视体育教师职业专业性并逐步建立和完善体育教师教育制度的机遇,而同时专业化后的体育教师职业必然承载着社会大众以及学生的更高质量的体育教育期望。

2.实行培养模式多元化,辅以严格的教师资格认证制度

跳出"小师范",走进"大教师教育"。从国际体育教师教育的趋势看,各国普遍打破了"学师范、当教师"这一职业定向模式,代之以"大教师教

育模式"，即实现体育教师培养的开放化和多元化，以扩大体育教师队伍的来源。体育教师不一定非要出自师范院校体育教育专业，其他各类学校各种专业的毕业生只要有志于体育教师职业，通过多种培养模式的教师教育后就可应聘体育教师岗位。这样使得体育教师的选聘、任用范围更宽阔了，充分利用社会上的优秀人力资源，使体育教师群体与社会各专业人员群体之间、不同地区的体育教师群体之间都能进行良性的人才交流与互动，而且多样化的体育教师教育模式还有利于群体内部人员的发展与提高。由于社会上具有教师资格的人在年龄、所学专业、特长等方面各不相同，能够满足不同学校、不同地区对不同学科、不同年龄段教师的选择，从而有利于改善教师队伍学历、年龄、学科和地区分布等方面的结构，提高教师队伍的整体质量。在开放式的教师教育背景下，以推行教师资格认证制度把住教师入口关是全面提高教师素质的有效途径之一。在体育教师职业走向开放与流动的过程中，教师资格认证制度充当了必要的"过滤器"或"阀门"。通过资格认证制度肯定教师职业的专业性和不可替代性，规范教师的培养模式、评价方式和物质待遇，以确保教师的专业地位和专业权威，使人才培养的开放性与教师遴选专业性保持了必要的张力，保证了体育教师专业群体的良性发展。严格的教师资格认证制度有利于从源头上解决不合格体育教师问题，提高体育教师队伍的整体素质，是实现多渠道培养和聘任教师的重要环节和制度保障，有利于推动教育人事制度改革。教师资格认证制度的出现是社会分工多样化和随之而来的职业资格认证制度发展的结果。随着各国教师教育以及教师专业化的发展，教师资格认证制度具有更加深远的意义。

3. 拓宽专业口径，深入健康教育领域

体育教师教育普遍注意拓宽体育教师专业口径。专业放宽的实质在于增强人才的适应性，专业口径的拓宽或业务范围的扩大，为增强体育专业学生的适应性创造了十分重要的条件。然而从国外体育院系的具体做法来看，也不是片面强调那种广泛意义的包罗万象的"通才教育"，而是明确在多种职能中要以一种职能为主，体育教师专业学生除能充当体育教

师外,还能竞聘健康教师岗位、社会体育指导员等岗位。拓宽专业口径是在一定的专业范围内对体育工作的适应面宽,而非对什么工作都能适应。在美国、加拿大、英国、日本等国家,体育教师专业一般都会被要求辅修健康教育专业。一方面,学生身心健康的协调发展是整个教育的核心任务之一,而且体育教育与健康教育有着天然的亲缘关系,体育教师辅修健康教育课程对体育教学无疑有着积极的作用;另一方面,就教师教育而言,体育教师培养与健康教师培养有着共同的或相近的专业基础课程,其中包括生物学科、保健康复学科以及教育学科等。将体育教师专业的口径拓展至健康教育领域无疑是各发达国家体育院系非常成功的做法。

4. 优化课程结构,重视学科融合并突出教育学科课程

教师教育改革最根本的变化是由以"行为科学为基础"的教师教育转变为以"认知科学和质量之研究为基础"的教师教育,所期待的教师由过去"作为技术员的教师"变成"作为专家的教师",相应教师教育的演变是由过去的"训练模式"(training)转变为"发展模式"(development)。体育教师也不例外。各发达国家在体育教师教育课程设置上不断进行着探索,并始终围绕体育教师职业的专业性不断优化课程结构。课程设置小型化与课题化,将原有的学科课程进行分解或整合,增加可供学生选择的课程门数,学生根据自己的需要进行选择,避免在知识膨胀的压力下不断增大总课时数;在教学管理上实行学分制,充分发挥学生的主体性和积极性,实行灵活管理,注重学生的差异;增大院系的课程决策权,使之可以灵活地根据自身的优势和特点开设课程,如在日本、美国、俄罗斯等国家的体育教师专业的术科课程中不仅开设常规运动项目,还开设了民族传统体育项目,并普遍重视开设健身、娱乐、休闲、医疗、野外生存等个性化课程。而在国外的体育教师专业课程体系中,教育学科课程进一步得到重视,这类课程不仅所占比重大,达到或超过总课时或学分数的1/3,而且课程门类齐全,课程形式多样,而教育学院或教师教育学院与体育院系的合作培养模式无疑更能提高教育学科课程质量。

5. 注重教育实习，强调教师教育机构与中小学的有效联系

从世界各发达国家近些年针对体育教师教育的改革措施来看，进一步加大体育教育专业的教育实习比重，强调教师教育机构与普通中小学的有效联系是一个共同的发展思路。各国普遍认识到"学院主义"的纯理论的教师培养存在着很大缺陷，学生在校理论学习空洞无用，而且即使记住了教育者所倡导和讲授的知识和理论却仍然不会教学。无论是美国的"教师专业发展学校模式"、英国的"学校为本的教师教育模式"，还是新加坡的"理论—实践课程系统"（林燕平，2001），无不是着眼学生在校所学理论向教学实践的转化，强调学生在教学中学会教学。教师教育部门要落实学生的教育实践，就必须与普通中小学建立长期、频繁、有效的联系。20 世纪 80 年代中期以后，随着学校改革思潮和教师专业化运动的兴起，各发达国家都开始推行"以中小学校为基地"的教师教育模式，将教师培养的重心下移，强调教师教育机构与中小学校建立伙伴关系。这种培训模式强化了教师专业的实践性，加强了教育理论与教育实践之间的联系，即教师教育机构负责理论方面的培训，而学校则提供教育实践的场所，双方合作，共同完成培养师资的任务。

6. 强化教师的继续教育，全面提高体育教师专业化水平

教学水平无极限，教师教育无终点。现代教师培养体系无论多么完善，但它终究是个终结性的体系，它具有一定的时间限制，而继续教育体系是无限性的体系。对教师群体而言，继续教育是教师职业不断进步和发展的动力之源，是教师职业真正走向专业化的保障体系，而对于个体教师，他在其一生的教师职业生涯中，要胜任或者提高教育教学水平，他就会始终具有接受培训的潜在需求。特别是对于以"技艺性"为特征的体育课程，体育教师的身体状况以及体能状况是随着年龄的增长不断自然退化和下降的，如果单凭曾经运动水平如何来应对体育教学的话，显然是无法适应新时期体育课程与教学发展要求的。因此，体育教师的继续教育不单是一种获取学历补偿性的教育，也不单是一种获取从教的资格性教育，而是一种适应体育教师职业的提高性教育。

第二节　社会体育专业发展现状与趋势

一、国内社会体育专业发展现状

一切专业的开设,应该以需求为前提,包括社会的需求和本专业的发展需求。社会体育专业的开设同样离不开这两个条件的限制。我国已进入了全面建成小康社会的历史阶段,而改变生活方式、提高生活质量是小康社会的重要标志。体育是健康的生活方式,文明、健康、休闲的体育运动是提高生活质量的重要内容。随着经济水平的稳步提高,国民在物质生活得到满足的前提下,开始追求多元化、高质量的精神享受。

但中国的疆域辽阔,各地的经济发展水平很不平衡,地区差别很大,因此,社会体育的发展也各具特点,对人才的培养也存在不同的要求。在东部沿海和大中城市等经济发达地区,经济收入的增多、意识的增强、体育人口的快速增长,产生了庞大的体育消费群体,形成了潜在的体育市场,很自然地,社会对相关体育人才的需求就迫切。所以,从社会需求的角度来看,结合中国的国情,各高校在社会体育专业的办学过程中,应该根据各地社会体育的发展特点,办出特色,办出水平。如清华大学经济管理学院针对 2008 北京奥运高级体育经营管理人才奇缺的现状,与澳洲悉尼科技大学(UTS)联合培育体育 MBA 人才就是一个很好的例子;华南师范大学体育科学学院针对广东社会体育的发展趋势,以运动休闲作为社会体育专业的办学特色,成立了国内第一家运动与休闲学系,这也是很好的尝试。

在我国经济持续稳定发展的过程中,体育产业正在成为国民经济的重要组成部分,并发挥着其独特的作用。竞技体育的产业化捷足先登,已形成了一定的规模,取得了一定的效益。社会体育的产业化接踵而至,也显示了其广阔的市场空间和巨大的市场潜力,特别是随着全民健身活动的深入开展,"健康第一"的观念已深刻地影响着人们的生活,"花钱买健康"已成为人们的一种自觉行为,社会体育的发展呈现了前所未有的繁荣景象。但是,我国的体育无形服务市场的发展明显落后于体育有形产品市场,体育产业的经营管理理念亟待更新,经营管理人才奇缺,现有的政策法规对规范体育产业市场的运营和管理显得力度不够,因而形成了我国体育用品业先行发展的格局。从社会的发展对体育的要求看,社会体育专业的办学应着眼于中国体育无形服务市场的未来发展,培养高起点、高层次、高质量的专业人才。

社会化程度愈来愈高是现代体育发展的一个重要特征。随着社会主义市场经济在我国的深入发展,生活水平的提高和余暇的增多,加上体育意识的增强,我国体育人口呈现出快速增长的态势,因此,对运动场馆、专业人才的需求日益增多,也决定了体育必须改变过去福利型的做法,走经营型的路子,要培植体育市场,大力发展体育产业,按市场的规律来发展我国的体育。体育是社会文化的重要组成部分,随着东、西方文化的交融和碰撞,在继承传统东方文化精髓的基础上,西方文化的冲击也在逐步影响着人们的文化观念和内容,高尔夫球、网球、保龄球、汽车越野、野外生存等休闲运动项目的传入,"以人为本"新思维理念的出现,社会化、产业化体育发展新格局的形成,所有这些,极大地丰富了体育的文化内涵,人们对体育进行了多元化的思考,体育得到了多元化的发展,然而,由于长期的重竞技轻群体,造成中国体育发展的失衡,社会体育明显落后于竞技体育,意识淡薄、无法可依、场馆不足、人才奇缺等成为制约社会体育发展的"瓶颈"。近几年来,随着《全民健身计划纲要》《中华人民共和国体育法》的颁布和实施,社会体育领域呈现了良好的发展势头,为了适应社会发展的需要,于1995年开始在高校设立社会体育专业,到目前为止,全国已有将近70所高校开设了社会体育专业,达到了一定的办学规模。但是,受观念、地域、办学条件等因素的影响,各高校在办学的过程中存在着很大的差异,有些甚至从培养目标、规格到课程设置,基本按照培养体育教师的模式来安排,无形中把社会体育专业办成了传统的体育教育专业,在办学目标上存在着迷茫的状况。

针对这种情况,如何明确我国社会体育专业的培养目标,更好、更快地为社会体育领域培养高层次、高质量的实用型人才,是目前国内社会体育专业发展亟待解决的迫切问题。

二、社会体育专业发展趋势

1.树立正确的教育教学观念

首先,教育工作者需要确立以素质教育为核心的观点。在进行社会体育专业的教学活动时,我们需要根据社会体育的发展需求来培养学生所需的基本素质。例如,基于对体育项目文化含义的深入理解和基础技能的掌握,可以为学生提供思想政治的教育。对学生进行社会体育礼仪的培训,旨在增强他们的综合素质。除了这些,鉴于社会对体育的广泛需求,我们还需要加强学生在体育经济和体育管理方面的能力培训。

接下来,我们要协助学生建立起健身的观念。推广体育锻炼是社会体育活动中的一个核心部分。高等教育机构中的社会体育专业不只是为了满足社会进步的需求,更核心的目标是培养学生的健身意识,养成持续锻炼的好习惯,并维持一个健壮的身体。考虑到大学生的体育锻炼习惯,教育者在教学过程中应主动培养他们参与锻炼的意识,增强他们对体育健身的自信,并激发他们对锻炼的热情,以满足当下社会对体育发展的期望。

2.合理进行课程设置

社会体育专业的课程设计中,一个显著的问题是理论与实践课程的比例设置不恰当。因此,首要任务是合理地分配理论和实践课程的教学时间,以平衡两者之间的比例,确保其与教学实际情况相匹配。在这一教学过程中,我们必须紧密围绕专业的培训目标,并结合社会的真实需求,合理地设定教学目标,策划教学内容,并精心设计教学环节,以确保教学的高效执行。为了更有效地实现课程的合理设计,对于实践教学,我们可以考虑增加实践教学的比重和学分要求;在实习过程中,我们采用了多种策略的结合,按照不同的时间和阶段进行分散或集中的实习,从而构建了一个有序且合理的实习结构体系,并确保其得到有效的执行;我们需要对实习成果进行更为严格的监控和评估,确保实习真正产生预期效果。

3.完善教学内容安排

面对社会体育专业教学内容中存在的诸多问题,教育工作者需要更加深入地了解社会体育发展的实际需求。通过阅读专业的学术刊物或接受专业的理论培训,我们可以紧跟社会体育的发展趋势,深入了解当下社会对体育的需求,并据此制定与实际情况相匹配的教学方案。学习理论知识不仅需要与实际情况相结合以更好地理解和加强,同时在实践教学中也应与社会保持更紧密的联系。我们可以开设众多的社会实践课程,这主要体现在鼓励教师和学生走出学校,主动参与社区体育的推广和宣传活动,或者组织学生与社会成员之间的体育竞赛,从而加深学生与社会的互动和联系,更好地满足社会需求,确保教学内容与社会发展趋势相一致,不出现断裂。

4.促进学生学习的转变

面对学生面临的两个主要问题,教师首先需要协助学生明确专业培养的具体目标和明确他们的学习意图。针对这一点,我们可以在新学期开始时实施入学教育,协助学生根据自己的个性和特点来制定学习方案,并进行职业生涯的详细规划,以便学生能够明确自己应该学习的内容和方法。再者,考虑到许多学生对专业实践的疏忽,教育者需要重视实践部分的培训,并通过增加实践学分或实施更为严格的评估措施,从内部和外部两个角度加强学生对学习态度的转变,以实现教学目标。

5.加强师资建设,提高教师教学水平

教师的教学能力,在某种程度上,是决定教学品质高低的关键因素。面对社会体育专业教师队伍的不足,高等教育机构可以从以下几个方面进行改进:首先,在挑选教师的过程中,应优先考虑具有该专业背景的教师,他们不仅需要有扎实的理论基础,还应具备丰富的实践教学经验。接下来,根据在职教师的教学表现,我们会定期进行评估,并为他们提供必要的专业知识培训,以补充他们的不足之处。最终,我们应该加大对教师

社会实践的重视,组织学校内部或不同学校之间的教师技能评估,以促进他们之间的交流和学习。或者与社会上的体育组织建立联系,安排教师进行实地参观和学习,并鼓励他们积极参与社会体育活动。教师在掌握了一定的专业知识和技能后,不仅可以在学校进行交流学习,还可以走出学校,开展公益性的体育教育活动,从而发挥他们的专业优势。

6.创建良好的体育教学环境

在高等教育机构中,社会体育教学环境的建设具有极其重要的教学意义,主要可以划分为内部环境和外部环境两大类别。所谓的内环境,是指学校内部的教学环境。面对环境恶劣、教学器材陈旧、设备和资金投入不足等问题,学校可以根据学生的实际需求和社会的发展方向,增加对教学设施的资金支持,更新现有的教学器材或购买新的设备,以确保各种基础锻炼能够正常进行。与此同时,为了更有效地服务学生,我们对学校内部的某些场所的收费体系进行了适度的调整。所谓的"外环境"是指位于学校之外的教学环境。面对校外实践基地建设的不足,高等教育机构首先可以从政策和资金两个方面寻求外部援助,自主建设实践基地。在确保教学质量的前提下,这些基地也应向外界开放,以促进资金的有效流转,确保基地的长期稳定运营,为师生和教学提供服务。另外,通过与其他高等教育机构的合作办学和资源共享,可以减轻单独进行教学所带来的困难和压力。我们可以考虑与社会上的专业体育组织加强合作,利用现有场地或共同建设场地,从而达到双方都能受益的目的。

7.完善实践教学方案的设置

在社会体育专业中,实践教学占据了关键的位置,如果教学方案的设计不恰当,那么实践教学的成果可能会受到严重的负面影响。因此,在制定实践教学计划时,我们应首先考虑社会体育专业的培养目标和社会体育的发展需求,加强实践教学环节的设计,而不是简单复制体育教育专业的教学方案。再者,在时间的规划中,我们需要根据学生的学习进度,既要按照不同的阶段和时间段进行分散的实践活动,同时也要为他们安排集中的实践活动,确保在学习和练习的时候都能得到有效的指导。再者,我们需要合理地规划学生的实践活动地点,并选择与社会体育相关的专业企业和机构。这不仅包括文化、管理和健身等领域,还要确保满足学生的实际需求,以实现最佳的实践教学效果。最终,我们需要严格地限制学生的实际操作,增强对其的监控和评估,确保学生对此持认真态度,从而确保实践的高质量。

三、运动休闲健身类课程体系的设计

社会体育专业从创办到发展壮大,适应了我国社会体育产业迅速发展和全民健身活动蓬勃发展的需要。经过 10 余年的探索与办学实践,一些院校逐渐明确了人才培养目标的定位,积累了一定的办学经验。为了更好地实现人才培养的目标,强化学生的综合素养,提高学生的职业技能,培育能更好地服务地方经济、满足企业发展需要的体育专门人才,不同类型院校都力图突显出社会体育专业的办学特色。我们在人才培养方案设计过程中,借鉴国外发达国家和地区的社会体育教育经验,充分体现运动与休闲的特点,在课程设置和教育模式上突破了传统教育的束缚,将人文科学与自然科学有机地结合起来,专注于提升学生的实践能力,满足社会体育行业发展的新需要,如户外教育模式、学徒式教育方式、团队领导者教育目标、多元化教育项目,将体育教育由单纯的运动理论、技能教学扩展到多元化的运动与休闲教育领域,为社会培养多元化的社会体育人才。

(一)人才培养方案设计指导思想

为了适应 21 世纪社会经济发展和市场环境对社会体育本科专业人才培养的需要,遵循高等教育规律,注重基本技能和专业能力的培养,突出专业素质和综合素质的教育,以"大类培养、夯实基础,多向发展、专业定位,能力训练、注重素质"为培养方针,同时贯彻国家社会体育专业本科专业目录的要求,结合社会发展和市场需求对休闲体育专业人才培养模式进行了修订和调整,采取 2+2 的培养模式,学生在两年的社会体育平台之上,按照社会和自身需求选择、健身会所管理、健身休闲两个方向进行培养,进一步提高本专业人才的社会竞争力。同时我们注重加强本专业学生的基础教学、实践教学和创新能力培养,突出人才培养的个性化需求,不断适应社会发展的需要,使本专业学生成为具有宽厚基础和较强适应能力的复合型体育人才。

(二)课程内容及体系的构建

构建由通识教育、专业基础教育和专业方向教育的三级课程体系,并按宽口径、厚基础、高素质的要求分板块设置,采用基础培养和专业培养相结合的途径,课程板块整体优化、循序渐进:基础培养以公共基础课和学科基础课为主体,面向本院所有学生开设相同的公共课和学科基础课,重在夯实学科理论基础;专业培养以专业必修课和专业选修课为主体,确定专业口径、突出个性发展。

课程内容的选择紧密结合社会发展需求和满足学生的择业要求。如根据当前国内大众体育的发展趋势和特点,增设健身健美指导等课程内容。课程内容的确定坚持科学性和先进性。要求教师在选择教材内容时不断更新授课内容,掌握研究信息,及时补充新内容,重视教材的教育文化价值,保证所用的教材版本富有新意,推陈出新。课程内容的配置坚持以扩大学生的知识容量为出发点,注意知识、能力和素质的协调发展,在德、智、体、美全面发展的基础上,实现学生知识、能力和素质协调统一。适当调整必修课、专项选修课和公共选修课的比例,压缩必修课,增加选修课的比重,扩大选修课的内容,提供文化素质课程模块和公共选修课程板块给予学生自主选择,体现多学科综合和交叉的特征,丰富学生的知识,开阔学生的视野,增强学生的就业适应能力。

1.课程体系与教学要求

培养方案从课程门类的设置、课程内容和课时数量、课程教学顺序安排等方面都经过全盘考虑,具有先进性、科学性、可操作性,能体现德、智、体全面发展,有利于人文素质、科学素质提高以及实践能力、创新精神和创业精神培养的要求。本专业的课程体系由公共基础课、学科基础课、专业必修课、专业选修课、公共选修课5个层次组成,该课程体系具有如下特点:

(1)按学科大类招生培养、专业多向发展的原则设置课程,公共基础课和学科基础课与学校其他专业设置相同,有利于夯实基础,拓宽知识面;专业必修课和专业选修课按专业特点和要求设置,有针对性地培养学生的专业能力,提高专业素质。

(2)课程体系注重宽口径、厚基础的培养要求,公共基础课、学科基础课、专业必修课、专业选修课、公共选修课 5 个层次循序渐进、整体优化。

(3)提高选修课课时的比重,选修课占总学时的 30% 左右。学生除了选修本专业开出的选修课外,可以跨专业、跨学科选修课程,注重人才的个性发展,增强学生的就业适应力。

(4)注意知识、能力和素质的协调发展,将文化素质教育放在一个重要的地位。面向全校的文化素质选修课模块,不仅能增长学生的见识,提高学生的文化品位,陶冶学生情操,也可以营造学校的文化氛围,丰富学生的课余生活。

在课程内容、教学方法与手段方面,任课教师紧密结合社会发展和学生需求,不断更新教学内容,改进教学方法和手段,努力提高教学质量。很多教师在教学中积累了丰富的教改经验,撰写了许多教学改革文章。如由张先松教授主持共四位老师参与的湖北省高等学校省级教学研究项目《体育健身保健专业方向开设的可行性探讨及学生的社会需求研究》于 2007 年 11 月 5 日进行了结题鉴定。这些研究成果运用于教学中后,提高了该课程的教学效果,受到了学生的一致好评。

在教学过程中,我们积极进行教学方法改革的探索与实践,在理论课程教学中注意改变单一的教师讲授、学生记笔记的教学模式,采用教师提出问题或由学生自己提出问题,然后,师生共同研究讨论、分析问题、解决问题的方法,帮助学生建构符合自己实际情况的学习方式,提高学生自主、创造学习的积极性。

在技术学科的教学过程中,将教师讲解示范与学生的思考、默念、实际练习、相互观摩分析等有机结合起来,学生在学习过程中,学练结合、脑体结合、知识与技能结合、掌握技能与培养能力结合,能收到较为明显的教学效果。

2.课程设置与专业特色

社会体育专业的课程体系以管理与休闲类课程为中心,本类课程分基础课程、休闲管理课程和户外休闲及救生课程三大模块。社会体育专业课程体系的架构分为如表2—1所示的课群。

表2—1　社会体育专业课程体系架构

课程模块	主要课程
通识教育	马克思主义哲学原理、毛泽东思想概论、邓小平理论概论、政治经济学原理、思想品德、应用写作、大学英语、计算机基础、心理学、实用口才
专业基础	专业导论、运动解剖学、运动生理学、体育概论、体育统计学、体育管理学、体育社会学、田径、体操、体育史、奥林匹克运动、篮球、足球、排球、武术、游泳与救护、健美操、乒乓球、网球、羽毛球
休闲体育管理方向	休闲体育学、体育健身原理与方法、体育保健学、体育经济学、体育市场营销、体育经纪人、运动与健康促进、消费心理学、体育赞助、体育服务标准化、运动处方原理、健身会所管理、普拉提、网球、健身健美运动、武术、健美操、羽毛球、乒乓球、体育舞蹈、旅游资源开发与规划、运动竞赛学、体育公共关系、体育场地与设施、体育法学、体育美学、体育传播学、体育科研方法、中国传统养生文化、体育绘图、体育专业英语、全国导游资格证
户外休闲与救生方向	体育健身原理与方法、体育市场营销、体育保健学、运动创伤学、休闲体育学、野外生存与急救、户外拓展项目、羽毛球、网球、乒乓球、健身健美运动、定向越野、跆拳道、沙滩排球、散打、太极拳、街舞、体育游戏、体育舞蹈、康复心理学、运动处方原理、体育经济学、社会体育导论、运动与健康促进、推拿学、运动营养学、社区体育指导、体育传播学、体育美学、体育科研方法、体育专业英语、旅游资源开发与规划

为了强化学生的专业技能,休闲体育管理方向可设立7个专项教练课程:普拉提、网球、健身健美运动、武术、健美操、羽毛球、乒乓球;户外休闲与救生方向设立野外生存与急救教练、户外拓展项目教练专项课程以及羽毛球、网球、乒乓球、健身健美运动、定向越野等副项课程。

3.实践教学课程体系

根据对社会体育人才能力的需求,结合各院校的师资现状等方面的实际,应重视实践课程和实践教学环节,并在教学计划中合理安排实践环节和教学内容。本专业实践教学设计的基本思路应该让学生在掌握专业基本理论和基本方法的基础上,通过校内实验和实践教学,增强学生的感性认识;通过校外专业见习和社会调查,调查社会体育工作现状,使学生能在毕业前事先接触社会、感知社会;通过毕业实习,加深对体育教育基本理论的理解、基本知识的融会贯通、基本方法的运用和基本技能的训练,提高学生的业务能力、思维能力、社会能力、表达能力4个方面的素质能力;通过毕业论文,检验学生的体育教育学习水平,培养学生基本的科研素养和能力;通过课外创新实践,增加学生参与多种形式和内容的社会活动,培养体育管理、社会体育指导及体育竞赛裁判工作等方面的能力。

通过实践性教学,使学生所学的理论知识与实践相结合,培养学生体育健身指导及体育科学研究的实际能力。

第三节 运动训练专业的发展状况与趋势

一、运动训练专业办学现状

(一)办学规模和质量

目前,我国运动训练专业招生院校有70多所,主要分布在有体育院系的150多所学校之中,招生对象是二级以上的运动员。从目前的生源情况来看,在2001年以前,许多院校(特别是师范和综合性大学)二级运动员生源超过招生总数的80%,为此,2002年国家体育总局对运动训练专业招生提出了一级运动员的比例必须达到新生总数15%的要求,即使是这样,二级运动员的数量还是远远大于一级运动员,可以说,二级运动员是目前运动训练专业生源的主体。每年报考运动训练专业的考生达3万人以上,生源状况在运动水平、文化基础、自身素养方面差异较大,招生人数的剧增、未来的生源竞争可能非常激烈,但不能以降低生源质量和牺牲人才培养质量为代价。另一方面,运动训练专业的就业面相对较窄,就业市场客观上决定了办学规模要适度发展。目前,国家教育职能部门和国家体育总局对运动训练专业的发展已经有了明确的指导性意见,要提高教学质量。

(二)人才培养方向

现阶段我国大部分体育院校的办学重心已发生转移,在训练、竞赛上的投入不大,把主要精力放在大学本科教育上。各高校也在人才培养规格定位方面动脑筋、想办法,改革人才培养模式,使毕业生具有符合时代需求的知识和能力结构,具有广泛的社会适应能力,注重一专多能,通过完善人才培养方案、优化课程设置,将选修课程模块化,拓展专业人才培养的口径。

(三)探索多种形式办学模式

为了扩大办学空间,各学校都在积极探索多渠道、多模式的办学方式。如成都体育学院选择特色项目与四川省体育局联合办队,利用国家办学政策建立新的校区;上海体育学院在上海地区建立了高水平运动员的校外班;首都体育学院设立了竞技体育系,学生基本上是北京市体育局的一线队员;武汉体育学院设立了以水上项目为主的竞技运动学院(孙世明等,2005);江汉大学体育学院与广西体育局合作设立了江南训练基地教学点。这些举措在提高办学院校运动技术水平的同时,也提高了招生的生源质量。

(四)课程设置有待进一步优化

运动训练课程设置中必修课与选修课比例不合理,必修课学时偏大和门数太多,选修课总学时和门数偏少,课程设置与学科发展、社会需求以及学生自主创业脱节,重理论、轻实践;课程体系的系统性有待加强,课程设计既要考虑纵向顺序和横向连接,又要保持课程内部的系统性和完整性,避免与其他体育专业特别是体育教育专业重复过多;公共基础课设置过于教条未能充分考虑学生实际,范围狭窄,内容主要涉及政治思想教育类、工具类、教育类,而缺少自然科学和应用学科的课程;实践教学学时比重较低,没有体现本专业训练的特点,实践教学形式仍沿袭体育教育专业模式,难以体现专业特色和学生特长的发挥。

而美国等国家运动训练专业在课程设置上则紧紧围绕运动和练习进行讲授,训练理论方面的内容覆盖领域更为宽泛,包括运动中的道德规范、竞赛管理、器材设备管理、急救与心肺复苏术等内容,实用性很强,这些思路都值得我们学习和借鉴。

(五)毕业生质量及就业状况

当前国外运动训练专业人才培养及学生就业正在由传统的体育教师培养转向多方向的人才培养,学生就业不仅分布在教育系统,更多的学生分布在企业、与健康相关的部门、商业部门以及其他相关部门。

在国内,各院校对毕业生就业工作都非常重视,从多渠道推荐学生就业,但总的就业形势仍然较为严峻。从各院校提供的就业情况来看,学生就业的主体主要是党政机关及企事业单位,这部分比例不到 40%,而大多数学生的去向是灵活就业,也包括部分自主创业和升学深造,毕业生就业率的高低与生源有关。在役或已退役的优秀运动员毕业后的就业率较高,其他生源的就业率不尽理想,尤其是专业对口率较低,其主要原因是社会相关行业已形成稳定的就业渠道,专业的社会认可度不高以及人才培养质量和规格难以满足用人单位的需要。据调查反映,用人单位对学生的思想表现、敬业精神、专业知识、工作能力、协作能力等方面的评价较好,但对学生的创新能力和文化素养方面的评价较低。

二、运动训练专业发展趋势

(一)进一步处理好规模、特色、效益和质量之间的关系

目前,高等学校运动训练专业办学规模发展很快。由于专业设置和招生人数不断扩大,在各校办学条件和学生的运动水平、文化基础等方面的差异较大,人才培养方案难以制订,制约了人才培养质量的提高。因此,必将适度控制专业发展规模,处理好规模、特色、效益之间的关系,牢固树立质量意识,从而保证运动训练专业健康、持续地发展。

(二)突出专业特色,拓宽专业口径

更加关注运动训练专业办学特色,并把着眼点放在发展竞技体育及相关人才的培养上,根据各校的办学条件、优势资源、地域特点等形成各自的办学特色,以特色求发展。适应运动训练专业管理体制由国家体育

总局向教育部的转变,不断拓宽专业口径,探索体教结合、培养高水平运动员和体育后备人才的新模式,加强对竞技体育人才培养的服务。加强专业自身的建设与发展,根据运动训练专业的办学实际,制订多规格、多层次的人才培养方案,深化教学内容与课程体系的改革,拓展人才培养思路,使学生毕业后不仅能从事教练员职业,而且可以凭借自己的知识结构参与相关行业的竞争。

(三)加强优秀运动员的文化教育和学生的能力培养

运动训练专业在优秀运动员文化教育中的重要作用将进一步得到发挥,重视建立与完善优秀运动员文化教育的运行机制、教学形式、管理方式和评价标准等,拓宽优秀运动员文化教育的途径,逐步确立高等学校对优秀运动员文化教育的"主渠道"地位。根据运动训练专业学生的特点,更加高度重视并加强实践教学环节,采用校内与校外互补、教学与训练并重等多种措施和手段,培养学生的实际工作能力,提高学生的综合素质。

(四)加强师资队伍建设

运动训练专业拥有相对稳定的专业师资队伍,注重教师的培训和优秀人才的引进,逐步改善现有教师的学历结构和知识结构,调动教师的积极性,保证专业师资队伍的高质量和高水平。

第三章 基于体育与工科交叉的体育课程建设

第一节 体育类专业课程优化

一、体育类课程目标取向

(一)体育教育类课程目标取向

高等教育机构的体育课程是教育学和体育学的一部分,因此,大学体育课程应当充分展示体育与教育两者的共有特质。从一个角度看,高等教育中的体育活动是学校教学的核心部分,它的目标应当与学校的整体教育目标保持一致;从另一个角度看,高等教育中的体育活动是体育的一个核心部分,它需要充分展现体育的特性。通过运动和身体锻炼,可以增强身体功能、提高体质、促进身心健康,从而全面促进大学生的成长和发展。

体育教育在整个教育体系中占据着至关重要的位置。高等教育机构的体育课程是学生最后一次接触学校体育的阶段,同时也是学校体育逐渐向社会体育转型的关键时刻,更是塑造学校社会主义价值观和推动学生全方位成长的决定性时刻。为了满足建设事业和现代人才培养的标准,强化学生的身体素质,培养他们的终身体育观念,重视学生的心理和个性发展,确保学生在德、智、体等各个方面都能得到全面的成长,培养他们成为既有道德又有才华、身体健壮的社会主义接班人,这是体育教育的终极目标。

总体而言,高等教育体育的核心目标是利用体育活动和身体锻炼作为基础途径,科学地培养大学生的身体素质。在这一过程中,不仅提升了人的生物和心理潜力,还促进了德、智、体、美、劳各方面的全面发展,以实现身心健康和全面成长的教育目标。

体育课程的核心目标应当是促进学生的身体健康。关于健康的定义:健康意味着一个人在身体、心理和社交各方面都保持在一个健康的状态,而不只是没有疾病或身体虚弱。定期参与体育活动有助于增强心血管系统的健康状况;通过增强关节的稳固性、灵活性和稳定性,可以全面促进身体素质如速度、力量、耐力、柔韧性和敏捷性的发展;增强人体对外部环境的适应性以及对抗疾病的能力。通过体育锻炼,学生的心理和智力都得到了促进,同时也有助于塑造他们活跃、乐观的性格和完善的人格特质。

进入 21 世纪,现代大学生已经崭露头角,成为中国发展的关键支柱。如果你希望充满活力地掌握科学和文化的知识,并更有效地服务于国家建设,那么拥有一个健康的身体是不可或缺的。因此,将"体育与健康"的相关知识和技巧传授给他们,已经变成了高等教育体育教育者的首要任务。从教育部发布的《全国普通高等学校体育与健康课程教学指导纲要(征求意见稿)》中,我们可以明显感受到国家对于体育和健康教育的高度关注。因此,探索如何通过大学的体育和健康教育培养出在德、智、体、美各方面均衡发展的人才,已经变成了一个创新的议题。在当代的教育体系中,我们需要持续更新我们的思维方式,采纳创新的教学策略,不断探索和创新,以培育出杰出的社会主义未来领导者。

体育教育的核心是通过身体锻炼来增进学生的身心健康,它是实施全面素质教育和培育德、智、体、美各方面人才的关键途径。在我们努力构建现代化社会的大背景下,高等教育机构中的体育和健康教育肩负着对学生身心健康进行培育的核心职责。科学被视为首要的生产动力,而人们的身体状况为提升科技与文化文明提供了坚实的物质支撑。在高等教育机构中,体育教育和健康教育不仅是培育学生出色的身体状况、行为标准和心理健康的关键途径,而且在整体素质教育体系中起到了不可或缺的角色。目前,各大学的体育和健康教育已经全面展开。在全面实施素质教育的背景下,体育和健康教育作为大学的新课程体系,对旧有的、过时的教育模式和教育体系进行替换已经变得迫在眉睫。体育教育和健康教育的核心目标是促进健康,但我们需要改变传统的思维方式,并将新的健康和体质观念作为体育和健康教育的主导思想。以身体健康、精神健康、社交适应力和健康的生活方式为基础,展现了人们对自己的深切关心。高等教育中的体育教育应当坚守"以人为本"的核心理念,视人为教育的终极目标、基石和中心,以满足学生的身心健康需求为核心,全方位地推进高效的体育教育,致力于为学生的全面成长提供服务。

学校体育的首要使命是通过体育课程和活动来促进学生的身心健康,强化他们的体质,并提升他们的身体素质。身心健康可以从生理和心理两个维度来理解,一个健康的生理标志是其正常的发育、健全的功能、强健的体质,以及对疾病的高度抵抗力和对外界刺激的良好适应性;一个人的心理健康可以通过其情绪的稳定性、思考的敏锐性、坚定的意志和和谐的行为举止来体现,并且在面对社会或生活中偶发或突如其来的事件时,展现出高度的自我控制能力。心理与生理的成长水平之间存在着紧密的内部联系,并且它们之间互相作用。

根据世界卫生组织的定义,健康意味着在精神、生理和社交层面上都要维持一个健康的状况。"健康的定义不仅局限于身体上的无疾病和无伤害,还涵盖了在身体和心理上适应社会环境的能力。体育活动是对学生身心健康成长最为主动和高效的途径。通过开展教学、训练、课外体育活动以及业余体育比赛等多种体育活动,我们旨在帮助学生培养健康的生活习惯,持续提升他们的健康状况、适应环境的能力,并增强他们对疾病的抵抗力。通过深入学习体育理论,我们希望学生能够更加注重营养和卫生,遵循健康的作息时间,并积极地投身于体育活动中,这样可以确保他们拥有强健的身体和充沛的活力来完成学业,为他们未来的社会生活奠定坚实的基石。

体育教育的目的是向学生灌输体育相关的知识、技巧和方法,确保他们能够掌握科学的锻炼方式,对体育锻炼有深入的了解,并培养他们进行自我锻炼的好习惯,这是体育教育的核心目标。

体育的基础知识涵盖了实用的生理解剖知识、身体锻炼的基本原理、原则和方法、体育保健、自我监督和评价、常见的常用运动项目的基本技术、战术理论和竞赛规则等方面。体育中的基础技巧和能力主要指的是参与体育活动时的实际操作能力。为了培养学生的运动能力,我们主要采用体育教学方法,并通过课外的体育活动和多次的竞赛实践,确保学生能够达到熟练的水平。学生是否拥有某种程度的运动技能,对于他们是否能够独立进行锻炼具有决定性的影响。培养体育意识和习惯是一项复杂的任务,它不仅包括时间的概念,还涉及到个体的兴趣和需求。

培养锻炼习惯通常依赖于以下三个核心要素:首先是对体育活动的准确定义和其价值的深刻理解,这对于是否能够持续并有意识地进行锻炼具有决定性的影响;其次,对于运动技巧的喜好和掌握水平,是否能够持续并主动地进行体育锻炼,很大程度上取决于对特定运动的热情和兴趣,以及这种热情和兴趣能否持续很长时间;第三点是生理功能的稳定形成机制。通过有序的组织、动员和引导,以及建立合适的规章制度,确保学生能够每天准时参与晨练和课外体育活动,从而培养出稳定的锻炼习惯。培养良好的锻炼习惯不仅有助于提升学生在校学习期间的生活品质,同时也为他们未来步入社会提供了充沛的活力和体能支持。

为了培育锻炼的习惯,我们通常需要三个关键因素:首先是对体育活动的精确定义以及对其内在价值的深入洞察,这对于是否能够持续并有计划地进行锻炼起到了决定性的作用;再者,一个人是否能够持续并积极地进行体育锻炼,很大程度上依赖于他对特定运动的热情和兴趣,以及这种热情和兴趣是否能够维持很长的时间;第三个要点涉及到生理功能如何稳定地形成的机制。通过有组织、动员和指导的方式,并制定适当的规章制度,确保学生能够每天按时参与晨练和课外体育活动,从而培养出稳定的锻炼习惯。培育健康的锻炼方式不仅可以提高学生在学校的生活质量,同时也为他们将来进入社会提供了强大的活力和身体支持。

(二)体育类非师范专业课程目标取向

确立了"理论与实践同步进行,传承与创新同步发展"的教学理念作为课程建设的核心指导方针。在设计教材时,我们始终坚持突出教材的核心内容并解决其中的难点。在教学过程中,利用形象生动的图片和视频激发学生的学习兴趣,并指导他们进行各种技术技能的培训。特色课程旨在为教师提供指导和点拨,而不是简单地重复课程教学,而是与学校的课程体系形成互补关系。在课程设计中,我们充分考虑了体育学科的独特性、教材的特色以及学生的认知需求,从而构建了一个系统化的分层培养体系。

体育艺术课程的核心目标是培育学生的道德修养,确保他们身体健康。在学习艺术类运动技能的过程中,学生不仅掌握了各种体育艺术类运动项目的基础知识和健康体育保健知识,还掌握了相应的运动技能。基于这些知识,他们逐渐形成了自己的兴趣和爱好,为未来的终身体育锻炼奠定了坚实的基础。在全面推进素质教育和当前普通高校体育教学改革所倡导的健康教育、终身体育的基本理念下,体育已经成为一种以身体运动为媒介和基本手段、增强体质的社会文化活动,这是学生对体育锻炼的明确认识。体育艺术课程的设计目的是帮助学生纠正不健康的姿势,增强身体健康,提高对艺术的敏感度。此外,它还能有效地帮助学生缓解疲劳和心理压力,使他们充满活力,并散发出年轻的活力。目的是让学生在锻炼过程中深刻理解到,保持身体健康是"我身体健康,我感到快乐"的核心理念。

构建综合性的体育课程,从国家的相关政策文件中对学生掌握运动技能的规定,以及促进学生身心健康全面发展的总体要求来看,都具有重大的理论和实践意义,特别是在满足学生终身体育需求和全面身心健康发展的核心价值方面。

为了增强体质,掌握相关技能是明确的政策方向。各个学段的学生参与体育锻炼需要掌握终身体育所需的运动技能,很多文件都有明确的规定,《教育部办公厅关于开展"体育、艺术 2＋1 项目"实验工作的通知》

中明确指出:在全国范围内全面实施"体育、艺术 2＋1 项目",即通过学校组织的课内外体育教育和艺术教育活动,使每个学生能够掌握两项体育运动技能和一项艺术特长,为学生的全面发展奠定坚实的基础!然而,直到现在,在义务教育阶段,能够掌握两种运动技能的学生数量相对较少,仅有部分学校的学生在运动技能掌握方面有所表现。为了确保学生能够熟练掌握两种运动技巧,中央的 7 号文件、53 号文件和 27 号文件都对此进行了详细的规定。正如中央 7 号文件所指出的:我们应当重视激发学生对体育运动的热情和特长,确保每位学生都能至少掌握两种体育技能。53 号文件提供了更为详细的规定,强调需要对体育活动的内容、形式和载体进行创新,以增加体育活动的吸引力和趣味性。该文件致力于培养学生在体育方面的兴趣、技能和特长,同时也强调培养学生的意志力、团队合作精神和人际交往能力。目标是让学生掌握科学锻炼的基础知识、基本技能和有效方法,并确保每名学生至少掌握两项对终身有益的体育锻炼项目,从而养成良好的体育锻炼习惯和健康的生活方式。27 号文件再一次明确并提升了教学标准:致力于研究和制定运动项目的教学指导方针,目的是让学生能够熟练掌握至少一到两种运动技巧,并逐渐构建"一校一品"和"一校多品"的教学模式,以不断提升体育教学的整体质量。从这一点出发,构建一体化的体育课程体系时,应深入考虑学生在一至两种运动技能上的掌握,并设计出能满足学生运动需求的合适课程结构。

为了满足学生在多种运动上的需求,课程服务显得尤为重要。学生参与体育活动的主要目标是什么?最直观的方法是通过锻炼来激发学生的兴趣并增强他们的运动技能。在精神层面上感受到快乐,在能力层面得到增强,当享受到体育的乐趣时,终身的体育锻炼能力也随之建立。尽管如此,学生对体育的需求是多元化的。经过深入的调查和与专家的深入访谈,我们初步将学校体育活动根据学生的实际需求分为六个主要类别:生存、生活、传承、审美、竞争和挑战[①]。在这些运动中,有些能够满足

---

① 于素梅.运动需求理论建构——兼论学校体育运动项目分类[J].体育学刊,2019
(6):1—7.

人们的基本生活需求;例如游泳、野外生存训练、露营等活动,都是为了确保人们的生命安全;满足日常生活需求的各种运动,例如行走、奔跑和跳跃,都是我们生活中不可或缺的活动;如武术、龙舟和舞龙等能够满足传统文化传承需求的体育活动,都是为了继续传播中华卓越的传统体育文化;如体育舞蹈、健美操、排舞等能够满足审美需求的运动,都是对美的追求的体现;那些能够满足市场竞争要求的体育项目,例如篮球、足球和乒乓球,都是为了增强其竞争实力;能够应对各种挑战的体育活动,例如攀岩、跑酷和极限轮滑,都是帮助人们实现自我价值的方式。对于这类运动项目,从满足学生兴趣的视角出发,根据学生的不同兴趣,他们可以在不同的学习阶段选择自己喜欢的运动项目。这种基于兴趣的运动需求分类系统能更有效地满足学生的运动选择需求。从增强运动技能的角度看,每名参与体育活动的学生都需要达到特定的运动水平;如果不这样做,那么运动的真正功能和价值就不能得到充分的展现,也就不能有效地促进学生的健康了。当学生投身于体育活动中,无论是基础的运动技能还是特定的运动技能的培养,都会因为学生根据自己的运动需求持续地学习、练习和比赛而变得可行。在不同的学段中,学生不仅可以满足基本的生活和生存需求,还可以选择与传承、审美、竞争和挑战相关的项目,并根据自己的能力进行学习、练习和比赛的组织。这种方式不仅有助于学生运动能力的培养,为他们的终身体育生涯奠定了坚实的基础,还为他们未来健康和幸福的生活打下了坚实的基础。

推动身体和心理的全方位成长是这个时代的呼声。健康始终是全球人民所追求的永恒议题。一个人的健康状态不仅直接关系到工作的质量和幸福的生活,而且还与民族的繁荣和国家的强大有着紧密的联系。因此,对每个人而言,健康的促进都是至关重要的,也是这个时代最迫切的需求。《"健康中国2030"规划纲要》明确提出:健康是促进人的全面发展的必然要求,是经济社会发展的基础条件,是民族昌盛和国家富强的重要标志,也是广大人民群众的共同追求。"没有全民健康,就没有全面小康"。大健康观的建立强调了两个核心方面:一是面向全体人群,二是关注整个生命周期。青少年学生代表着国家的未来和民族的希望。53 号文件已经明确指出,发展和改革部门需要将提升青少年的身心健康纳入到当地的经济和社会发展规划中,并支持学校体育的进一步发展。中央 7 号文件也明确指出,增强青少年的体质和促进他们的健康成长,是关乎国家和民族未来的重大议题。同时,《国务院关于实施健康中国行动的意见》也明确指出,应引导学生从小培养健康的生活习惯,强化体魄,并预防近视、肥胖等疾病的发生。

为了真正体现体育在促进学生身心健康中的重要作用,我们必须严格执行国家的相关政策和文件。在构建一体化的体育课程体系时,我们必须始终聚焦于满足学生的终身体育和身心健康发展的核心需求,这样才能更有力地推动他们的健康成长。

对于一体化体育课程的建设,其重要性和迫切性是不言而喻的。为了构建这样的课程,我们需要坚实的理论基础,专业的支持,并确保各个学段之间的紧密联系。经过实际操作的验证,我们的目标是确保课程的科学性、系统性、连贯性和适应性,从而确保课程的质量、实用性和通用性"。一体化的体育课程与传统课程存在明显的区别,这主要体现在其科学性、系统性、连贯性和适应性等方面。

一体化的体育课程之所以具有科学性,是因为它完全基于发展的自然规律。

一体化体育课程是一个综合性的工程,它是根据学生的动作发展、认知发展、身体发育等基本规律建立的稳定的科学体系。综合性的科学体育课程是根据动作发展的自然规律来设计的。动作的进化是伴随着人的整个生命旅程的,它描述了人们在一生中所经历的各种动作和行为的转变,这是每个人都会经历的一个阶段。人类逐步掌握了爬行、行走、书写、投掷物品、奔跑以及其他各种人类的动作技巧。因此,深入掌握人类动作发展的各种特性和规律,是建立一个大、中、小(幼)连贯的综合性体育课程的核心要素。人类的动作进化呈现出特定的特点,这些特点包括质的转变、顺序的、积累的、有明确方向的、受到多种因素的影响以及其独特性。理解这些特性对于构建综合性的体育课程至关重要,特别是在确定课程内容框架时,它们起到了关键的指导作用。另外,一体化建设将学生的学习焦点集中在各种运动技能上,在某种程度上也是符合人类动作发展的固有规律,这使得课程设计变得更为科学和具有指导意义。在动作技能方面,教育部前卫艺司司长宋尽贤先生曾经指出:如果我们能始终明确地认识到体育学科最具代表性的特点是运动,并将体育教学的核心目标牢固地集中在帮助学生有效掌握动作技能这一出发点上,那么我们的课程改革和课程理论建设肯定会取得比现在更大的成就。"[1]

综合性的科学体育课程是根据认知发展的自然规律来设计的。知名心理学者皮亚杰阐述了这样一个观点:所谓的认知发展,是指一个人从出生开始,在适应环境变化的过程中,其对事物的理解和面对问题时的思考模式及能力,都会随着年龄的增长而发生变化。他进一步将认知发展细分为四个不同的阶段,包括感知运动阶段、前运算阶段、具体运算阶段以及形式运算阶段。当我们构建综合性的体育课程时,根据认知发展的理论,这样的课程会更加符合学生的成长特性,并能更有效地满足学生的成长需求。从学习动作技能的视角来探讨认知,以及从认知发展的视角来看动作技能的学习,这两者是相互补充、共同促进的,动作技能的形成与认知发展的规律有着紧密的联系。

一体化体育课程的内容设计不仅全面地考虑了学生在不同学段应当掌握的运动技巧和体能提升,更为关键的是,它强调了学生在体育、健康和安全方面的知识掌握,以及健康和安全技能的学习,还有健康和安全行为习惯的培养等方面,以更好地满足学生个人成长和发展的需求。

一体化体育课程评价的目标是构建一个多维度的评价体系,这包括对学生在不同阶段的知识、能力、行为和身体健康的多角度评估,以及在课堂中的乐趣、活力和技能,还有三期六级的运动能力评估。这种多元化的评价标准体系的构建,都是为了更好地考虑学生在体育学习中的积极

---

① 耿培新,梁国立.人类动作发展概论[M].北京:人民教育出版社,2008.

参与,并有效地促进和激励他们。

一体化体育课程的执行意味着确保课程在学生的整个学习过程中得到真正的应用。更具体地说,这涉及到课程执行的策略和合适的方法,只有通过实际操作,我们才能确保课程的有效性。如果选择走班制的选项,可以更有效地满足学生的兴趣和爱好。我们鼓励学校、家庭和社会携手合作,以共同推动学生体育锻炼习惯的形成和健康成长。

体育课程的整合代表了一个历史性的转变,它不仅是体育课程改革的进一步推进,同时也代表了体育课程理论的持续完善。顶层的整体规划显得尤为关键,构建一体化的体育课程不仅要确保其具有明确的价值、清晰的内涵和准确的定位,还需保证其具备科学性、系统性、连贯性和适宜性。构建和执行一体化的体育课程体系,无疑会促进体育学科和学生之间的共同进步。

二、体育类专业课程方案构建

(一)体育教育类课程方案构建

依据学校的课程计划中所列明的必修和选修科目,以及各个学科的具体状况,我们需要按照学年、学期和学段进行有系统和科学的规划。

课程的设计和开发主要涉及以下几个方面:课程的结构(包括必修和选修的课程结构)、课程的详细说明、课程的执行和要求(这包括学分的要求、必修模块的设置顺序、选修课程的安排、教学时间、授课教师的安排等)、课程的实施管理、评价和保障等。

学校的课程设计方案可以分为两大类:必修课程和选修课程。体育的必修课程已经被校本化,并且实施了走班制的教学方式;作为学校特色的课程,运动与救护被视为深入体育领域的必修科目。选修课程的设计方案可以分为两大类:预开设选修课程设置方案和实际开设选修课程设置方案。前者是学生在选课前由学校提出的预开设课程设置方案,而后者则是学生自行选择课程的方案。随后建立的学校已经开始实施具体的课程设计方案。

教学措施如下：

整个教师团队都积极参与并共同合作。课程改革与开发的核心小组是由教研组长和备组长共同领导的，他们主要负责规划和开发校本选修课的课程内容。

学校负责统筹安排必修课程的教学职责，确保每位学生都能负担起必修课程的教学责任；选修课程的教师应尽量保持固定。

组内的教师需要根据学校课程管理的规定，至少负责一门校本选修课的申请和开发，并根据学校课程管理的统一安排需求，单独或合作参与教学任务。

在我国，体育教育专业的教师教育课程在结构设计上呈现出混乱的类型、较低的学分占比，以及缺乏足够的实践时间和单一的教学形式；在内容上，我们面临着知识过时、内容重复的问题，并且这些内容与社会的实际需求并不吻合，其涵盖的范围也存在不足；在实施过程中，对教学实践的重视程度不足，课程的执行方式需要进一步调整。体育教师教育类课程的专业性目标设定，主要是基于教师职业发展的总体方向、体育教师个人专业成长的内在需求、体育教育专业持续发展的必要条件、体育教师教育类课程当前存在的问题，以及基础教育体育课程改革对体育教师能力的期望和要求。

课程的专业性目标方向涵盖了三个核心内容：意义导向强调教学与培养学生的整体规划，组织导向强调基础与扩展的结合，而行动导向则强调实践与反思的平衡。在构建体育教师教育课程时，课程结构分为四个层次：一般教育课程、体育教育课程、术科专项课程（教学实践部分）和教育实践课程。

课程内容应从教育道德、教育知识和教育能力三个方面进行全面的总结，并提出了两种不同的课程内容组织方式：一种是独立开设，另一种是嵌入式开设。对于常规的教育课程和教师培训课程，我们建议多样化课程的执行方式，如创建案例库、实地观摩、辅助授课、组织讲座、竞赛和构建在线课程平台等，从而转变传统的以讲授为核心的教学方法；在术科的专业课程中,我们需要确保教学理论与实际教学紧密结合。在运动技术的学习过程中,可以考虑教师与学生之间的角色互换,这样可以为学生提供更多的教学机会。而在教学实践环节,教师应对每个教学要求进行详细的划分;在教育实践课程中,我们需要对实习学校的挑选、实习教师资格的审核、实习流程的监控以及对实习生的高效评估进行进一步的完善和优化。

在高水平的运动训练课程中,核心目标是与运动员共同评估他们在训练中的表现,从而进一步提升他们的运动技能。这不仅包括出色的专项技能和运动能力,还包括维持最高水平的专项素质。在运动员的各个发展阶段,都需要仔细审查他们过去的训练表现,同时也不能忽视他们的情感状态、身体健康和社交网络。

学分构成:出勤率、学习态度、技能测试、学习心得等。

构建高校体育艺术类课程体系是一项系统性的工程,它不仅是深化教育和教学改革的关键步骤,也是培养专业人才的不可或缺的手段。该体系要求首先全面审视课程各组成部分之间的互动关系,然后明确课程目标,汇集课程资源,最终对课程体系进行完善和相应的评估。在其建设过程中,我们应当坚守"健康至上"的原则,实行"全方位的教学",强化学校的体育教育,并推动"阳光体育"与"终身体育"的深入实施。体育艺术类的课程结构是一个开放性的体系,为了使其内容更为丰富,它需要持续地吸纳来自社会、学校和学科发展的反馈信息,同时也要吸纳来自教育学和心理学领域的研究成果。在此基础上,我们必须深入实施教育理念,拟定课程执行计划,以确保人才培养的目标得以达成。

体育艺术课程具有以下几个显著特性:首先,它注重塑造身体和提供娱乐。体育艺术类的课程内容既丰富又多样,主要集中在健身和美体方面。传统体育项目的独特之处也在这些项目中得到了体现。例如,持续的系统训练可以增强关节的柔韧性、提高肌肉的收缩能力、增强身体的运动功能,并提高身体的敏捷性、协调性、柔韧性和平衡性。这不仅有助于塑造健康的身体曲线,还可以帮助人们形成优雅和大方的姿势,引导他们以正确的方式展现自己的身体之美，并进一步展示心灵之美，培育出独特的气质和表现力。其次，我们要欣赏和体验美的独特之处。通过参与体育艺术类的课程学习和体育艺术类项目的实践锻炼，我们可以深化对艺术元素的认识和理解，从而在思维层面获得新的启示，并在认识层面实现更高的水平。体育活动能够完美地呈现出人体内在的特质，如男性在运动中所展现的坚韧和阳刚之美，以及女性在运动中所展现的温柔和细致之美，都为人们带来了愉悦的视觉体验。除此之外，体育活动也能显著提升人体健康状况，有助于个人的健康发展。通过持续的体育锻炼，人们的身体健康在日常生活中得到了充分的体现。这不仅为人们提供了一种身体健康和美的享受，还能让人们产生一种愉悦的"欣赏美"的情感，从而有效地增强了人们的审美兴趣，让人们在参与或观赏他人的体育活动时，都能深刻地体验到美的存在。在体育艺术的教育过程中，能够有力地帮助学生塑造正确且健康的价值观念。

深化与附近健身室的合作关系，与战略合作的企业共同提交科研项目申请，携手创建实习和实训基地以及专业教学和培训的共享资源库，并共同参与课程评估和技能鉴定活动。

为了加强专业建设指导委员会的指导功能，该委员会应当全面参与专业建设的各个环节。与行业专家、企业代表、教育专家和专业教师共同探讨企业对人才的需求，并根据企业对人才的具体需求来调整专业培养目标和人才培养标准。同时，也需要不断地优化人才培养计划和模块化课程体系，更新教学内容，改革教学手段，以提升教学成效。

基于职业岗位的知识、技能和态度需求，我们应深入考虑学生的职业生涯需求，并持续改进人才培养策略；对专业课程体系进行优化，该体系以岗位技能为基础，并实现理论与实践的有机结合；我们已经构建了一个以基础技能、专业技术、技术应用或综合能力培训以及职业素养培训为中心的教学内容体系，并在其中整合了职业资格认证和行业技术认证考试的相关内容，以确保实践性教学内容能够达到预期的教学效果；积极推动教育和教学的革新，把学生放在核心位置，打造一个"理论与实践相结合"

的教育方式;我们致力于全方位提升人才培训的品质,确保毕业生在职业伦理、专业技巧、职业修养、团队合作和团队精神等多个领域获得社会及雇主的深度赞誉。

持续改进模块化的课程结构,基于对行业专家、企业代表和教师的深入调研,对各种大类的社会体育指导员职位进行深入分析,并据此编写论证报告,明确每个职位的知识、技能、素质标准和发展趋势,从而不断地完善人才培养计划;我们始终遵循由系部、教务处和院学术委员会进行的"三审"制度来制定人才培养方案;对不同的专业方向进行模块化课程体系的优化,强调对学生在思想道德品质、学习态度、职业修养以及身心健康方面的全面培养;教学内容是基于每个专业方向所对应的职业岗位群所需的知识和技能来组织的,形成模块化的课程结构,并采用项目式的教学方法;通过参与各种实践性的教学环节,学生对未来的工作岗位有了深入的了解,从而真正达到了近距离上岗的效果。

(二)体育类非师范专业课程方案构建

该系统实施了专业实践教学,并将其划分为四个主要阶段:首个阶段是在课程教学过程中进行专业实训,根据各个课程的具体教学要求,在实训基地开展单项专业技能的实践活动;在第二个阶段,学生可以在学校内部或外部的实习实训基地进行相关的专业实习。他们可以在模拟的校园环境和真实的企业工作环境中进行专业实习,从而对这些工作岗位的要求和实际情况有一个初步的认识,这有助于他们明确自己在知识和能力上的不足,以及未来的努力方向;在第三个阶段,学生将在校外的实习和实训基地的相关岗位上进行专业实习,以体验工作的氛围并提升他们的专业技能;在第四个阶段,学生可以在校外的实习和实训基地或潜在雇主单位进行实地实习,这有助于他们更深入地理解和体验岗位的真实工作环境,提高自己的工作技巧,并确保实现与工作岗位的零距离对接。

积极促进教育和教学的革新,打造"理论与实践相结合"的教育方式。在教学活动中,我们始终坚持"学生为核心"的教育哲学,并积极推进教学方法与工具的革新。在教学策略上,我们采纳了如现场教学、理论与实践相结合、案例教学法和情境教学法等多种方法。我们高度重视实践教学环节,并根据实际任务设计了专业的综合实训项目,确保学生能够在实际工作环境中掌握所需的知识和技能,从而真正实现所学知识的应用;通过运用现代教育技术、模拟仿真以及真实的职业环境作为教学工具,我们为学生创造了一个有助于他们学习和培训的优质教学环境。

最大限度地应用现代教育技术,并利用多媒体手段进行教学活动。在教学过程中,我们会根据学生的知识体系、他们的吸收能力和课程的独特性来组织合适的课堂教学资源。在每一堂课中,教师都会设计特定的场景,让学生直接面对专业实践中遇到的难题,从而增强他们的实际操作技能;也可以通过让学生参与听课、观察、练习和讨论等多种活动来实施互动式的教学方法。在教学活动中,我们主要强调实用性,根据教学的实际需求,整合了教师的教育观念、教学方法和风格。

我们需要进一步完善反映职业技能的专业考核和评估机制。在改革专业主干课程的考核方式时,我们不仅需要根据课程的独特性来精心设计考试或评估机制,还应逐渐建立一个由企业或雇主参与组织和实际监督的课程考核体系,以进一步加强职业教育的能力导向。为了满足课程教学和职业岗位的需求,我们制定了标准化的考核方案和题库,确保教学过程中有一个公开且公正的评估方式。在题目设计上,我们明确了理论与实践之间的比重,对于可以通过实践操作来测试的题目,我们更倾向于使用实践操作来进行评估。除了对考试内容进行改革之外,实施教学与考试的分离,以及用人单位和校企合作单位参与实践技能的考核,将成为课程考核方法改革的焦点。通过让雇主参与到课程评估中,我们逐渐实现了在每一个教学环节和模块的教学组织中都有雇主的意见参与,从而满足了教师和学生共同进步以及学校与企业标准统一的目标。

为了创新高等职业教育中的人才技能培养方式,我们致力于建立一个综合教学、培训、职业技能评估和社会服务的湖南省重点实习实训基地。这个基地在社会体育领域具有示范和辐射的作用,并能与全省的高等教育机构共享资源。它为学生提供了真实或仿真的职业环境,其实验和实训设备技术都非常先进,达到了企业现场设备的标准,并对全体师生和社会开放。与此同时,我们需要优化校外实践教学基地的运营和管理方式,最大化地利用其功能,将其课堂化,并构建一个多维度的校外实践教学平台。

在学校的实训基地建设过程中,我们始终坚持"真实的环境、社会化的功能和职业化的人员"这三大原则。我们科学地规划了经济、政治、文化、社会以及生态文明的建设计划,并由负责人有条不紊地进行各项工作,同时也持续优化管理体制。构建并优化校外实践教学的操作流程,并对校外实践教学基地进行整体规划、协同管理和建设。

在已有的学院实训基地基础上,我们进一步加强了真实或仿真的实训环境建设。所有的实习实训场所都按照行业企业的标准进行了环境布置和设备配备,以满足真实或仿真的职业环境需求。

我们的教学体系以就业为核心,主要采用工学相结合的方式,并着重于培养学生的实际操作能力。在实践教学环节中,如课程实验实训、专业项运动技能实训、综合技能实训、专业见习、专业实习与顶岗实习等,我们需要合理地进行衔接。根据基本技能、专业技能和综合应用能力这三个层次,我们应循序渐进地安排实践教学内容,并确保实践教学的目标和任务在每个环节中都得到具体的实施,从而实现实训目标的具体化、实训过程的规范化和实训项目的系列化。

在体育教师教育专业化改革的推动下,为了更好地了解体育教育专业教师教育类课程的设置情况和存在的问题,我们对现有的课程结构和内容进行了完善,并提出了实施途径的优化建议。本研究采用了文献回顾、实地调查、行动研究和案例分析等多种研究手段,首先探讨了在当前社会背景下,体育教师在教育和教学方面的能力需求,并对体育教育专业中教师教育相关课程的实施状况进行了深入的问题分析;接下来,我们应在专业目标的指导下设计体育教师的教育课程;最终,我们为体育教师的教育课程提供了实施路径的改进建议,并采用行动研究和案例分析方法进行了实证检验。

在国际层面上,美国、英国、日本以及其他三个国际组织都将教师的专业化视为改革的核心目标。这些组织特别强调培养教师在教育实践中的反思能力和终身学习的能力,并逐渐推动教师教育向标准化方向发展。在国内,随着"双标"和"两个办法"的实施,以及基础教育体育课程改革的不断推进,体育教师面临着更高的教学要求。这些要求主要集中在四个方面:教学对象的分析能力、教学设计的能力、学科教学的能力以及教学实践的能力。

三、体育类专业课程实施路径优化

(一)体育教育类课程实施路径优化

通过集中专业必修课程的学时,我们可以增加学生的选修课和学校体育与健康教育课程的学习时间。从一方面来看,学生可以根据自己的兴趣和特长,选择与其成长相匹配的课程。从另一个角度看,考虑到我们学校的具体环境,我们正在制定与体育教育专业发展相匹配的新课程结构。体育教育专业的目标是培养合格的教师。在体育领域,运动项目种类繁多,学生不可能在每一个项目上都表现出色。除了特定的运动项目,学生只需掌握基础技能,不必深入到复杂的竞技环境中,只需完成指定的教学任务即可。

在这个科技进步如此之快的时代,知识变得日益丰富和综合。鉴于教育标准和教学内容的持续增长,高等教育机构如何在有限的时间里有效地组织课程和进行教学,成为了一个既关键又复杂的议题。在进行课程改革时,我们不应仅仅增加课程的数量,因为通过分散的课程来处理这些原本相互关联的内容,可能会进一步加剧课程与学时的冲突,并可能导致知识结构的进一步瓦解。因此,各大学的体育部门应依据其独特的办学环境,按照新的教学方案要求,进一步完善课程设计,消除传统学科之间的障碍,并进行课程的整合;我们需要改变课程内容过时、过于细分和简单组合的情况,以防止课程之间的断裂和不必要的重复。各个高等教育机构应当根据地理位置、学校环境和个人特点,灵活地设计和实施组合式主干课程,以实现统一性和多样性的有机结合,进而扩大体育教育专业基础理论的覆盖范围,并提升新世纪体育教育人才在适应社会和教育发展方面的能力。

高度重视边缘课程的构建。随着知识经济时代的兴起,众多新的学科应运而生,这些新学科的创始人和拥护者持续呼吁将其整合到学校的教学大纲中。我们需要按照学校的整体课程设计思路,将某些学科整合到课程中,例如加强体育产业的理论和实践教学,以扩大学生的知识范围。目的是让学生深入了解体育产业在健身娱乐、体育用品、体育彩票、体育培训、竞赛表演以及体育中介等多个方面的经营管理理论和实际操作。尤其重要的是,我们需要帮助学生深入理解并明确本专项俱乐部的经营和管理哲学及其实际操作方法。我们还需对体育产业的相关政策、体育市场的规范化以及其健康成长进行深入的关注和研究。

大规模地提供选修课程。随着知识更新的步伐日益加速,体育教育领域的课程也相应地进行了扩充和刷新。选修课程旨在进一步丰富和提升学生的知识体系,它是培养具有体育教育能力的复合型人才的关键环节。因此,各大学的体育专业在制定选修课时,必须精心设计课程模块,确保学生真正体验到自主发展的乐趣。这需要根据不同的教材内容来调整教学比例,并将一些新兴的体育项目,例如太极柔力球、定向运动、极限运动、郊游和野营等,纳入科学教材中;将学生经常参与且场地条件允许的传统运动,例如篮球、排球、武术、足球和乒乓球等,纳入精学教程中;将那些并非必须掌握但却需要学生了解的课程,例如高尔夫球、橄榄球、棒球、台球、保龄球、竞技体操和拳击等,设置为入门教学材料。这种做法有助于拓宽课程的深度和范围,同时也有助于专业选择,以满足各种不同学生群体的需求。

关于培育何种人才的议题覆盖了从体育教育到其他所有学科的领域。课程整合的建设水平在某种程度上反映了体育教育相关领域的理论与实践进展,这对于推动中国成为体育强国和"立德树人"项目具有基础性的重要性。体育课程的一体化建设构成了体育教育的一个关键环节,而体育教育的有效实施必须依赖于课程体系的完善和建立。在1999年6月发布的《中共中央国务院关于深化教育改革，全面推进素质教育的决定》中，明确强调了加强体育教育的重要性，以确保学生能够掌握基础的运动技巧，并养成良好的身体锻炼习惯。尽管已经过去了20年，但培育学生掌握运动技巧和养成锻炼身体的好习惯这一目标并未获得明显的进展，青少年的整体健康状况甚至出现了显著的下滑。另外，在中国，青少年的体质健康状况显示出"年龄增长导致体质逐渐下降"的趋势，与中小学生相比，大学生的体质达标率更为偏低。"

自2018年起，教育部逐渐将焦点集中在四大学科的综合发展上，并积极推动体育课程的一体化进程。在2018年7月17日举行的全国课程教材重大研究项目研讨会上，提出了"德育、体育、音乐、美术"这四个学科的课程整合建设方案。该方案强调了德育、体育、音乐和美术的一体化发展，使得各个学校在体育课程整合建设方面获得了前所未有的重要地位和高度重视。体育课程的一体化建设旨在确保体育教育在各个阶段都能实现"全程参与、共同研究、整体构建"的统一目标。体育相关的理论进展，在体育课程的整体建设中，从实际应用到理论研究都展现出了某种程度的扩展。一体化的建设理念并不是最近才被提及的。无论是过去的教学大纲还是后续的课程标准，每个学习阶段都是根据国家的整体要求来进行教育实施的。目前，大学阶段的课程体系，无论是课内还是课外，都已经相对成熟和完善。尽管如此，在体育课程的整体整合实践中，仍存在许多亟待改进和完善的地方。

从2018年开始，教育部逐步把重点放在四大学科的全面发展上，并积极推进体育课程的整合进程。在2018年7月17日召开的全国课程教材重大研究项目研讨会上，提出了一个整合"德育、体育、音乐、美术"这四个学科的课程建设方案。该计划突出了德育、体育、音乐和美术的综合发展，使得各学校在体育课程的整合建设方面获得了前所未有的重要性和高度的重视。体育课程一体化的建设目标是确保在体育教育的各个发展阶段，都能达到"全程参与、共同研究、整体构建"的一致性目标。与体育有关的理论发展,在体育课程的全面构建过程中,无论是在实际应用还是在理论研究方面,都呈现出一定程度的拓展。关于一体化建设的观念,其实并不是近期才被提到的。不管是之前的教学大纲还是未来的课程标准,每一个学习阶段都是按照国家的整体要求来进行教育实施的。现阶段,无论是在课堂内还是在课外,大学阶段的课程结构都已经达到了相对的成熟和完善状态。虽然如此,在体育课程的全面整合过程中,仍然有很多需要改进和完善的方面。

如果没有明确的制度规定,任何体系的构建都无法实现系统化的成果。至今,体育课程的一体化建设还没有一个明确的制度指导。在一方面,我们并未确立一个统一的国家顶级设计的整体制度标准,而在另一方面,对于具体的工作任务也缺乏明确的制度指引,这导致了各个领域的体育课程建设都有其特定的执行方式,缺乏一个统一的模式理念。

缺少一个全面而高层次的制度框架。当前,我国的体育课程建设呈现出明显的分段和碎片化特点,这主要是因为缺少一个全面的高级制度框架。表面上看,我国也有一些整体性的顶层的政策安排,比如制定了《中共中央国务院关于加强青少年体育增强青少年体质的意见》(中发〔2007〕7号)和《国家中长期教育改革和发展规划纲要(2010—2020年)》。为深入贯彻落实"意见"和"规划纲要",推动学校体育科学发展,2012年教育部、发展改革委、财政部、体育总局制定了《关于进一步加强学校体育工作的若干意见》。然而,这份文件主要关注的是中小学教育,针对的是不同级别和类型的学校,它强调所有学校都应该重视并优化体育课程,而不是始终坚持体育课程建设的整体观念。2014年,教育部发布了关于《高等学校体育工作基本标准》的通知,强调学校体育发展的统筹规划不仅仅是体育课程的一体化建设,而是要在高等学校内部将增强学生体质和促进学生健康作为学校教育的基本目标之一和重要工作内容,纳入学校的总体发展规划,全面发挥体育在学校人才培养、科学研究、社会服务和文化传承中的不可替代作用。

在2018年9月,全国教育大会被召集,旨在构建一个德智体美劳全方位培养的教育体系和更高层次的人才培养体系。该大会强调了家庭、学校、政府和社会需要共同参与育人机制,以形成一个全员参与、全过程教育和全方位人才培养的新格局。会议中提出的"教育体系"、"人才培养体系"和"三全育人"的理念具有重要的指导作用。然而,在体育系统如何贯彻教育大会的精神方面,尚未制定出一套能够贯穿一体化课程体系建设的顶层制度。例如,目前尚未将贯穿一体化的体育课程建设确立为一个纲领性的理念共识并制度化,还没有建立一个基于一体化课程建设的统筹体育课程衔接的总体制度规范,也没有确立贯穿一体化体育课程建设的课程标准、工作安排、队伍建设和督导机制等。因此,有迫切的需求来培养人们在整个生命周期中所应具备的体育技能,尤其是在从幼儿园、小学、中学到大学的各个成长阶段的体育能力。我们需要打破各个学段的体育教育障碍,从国家层面制定一个突出新时代一体化体育课程体系建设的总体规划,这不仅要重视分段教学,还要注重整体衔接的硬性制度要求,以体现新时代一体化体育课程体系建设的时代性和整体性。

缺少有针对性的工作计划和部署。在当前阶段,体育课程的一体化建设在具体的工作布局方面存在明显的不足。从国家的宏观视角来看,尽管体育教育在各个阶段和年级的课程标准上都有明确的要求,但在各个年级的工作安排上仍然存在一定的不一致性。无论是小学、中学、高中还是大学,各个教育阶段的课程建设都是在自己的课程体系内进行的,而没有从一个宏观的视角和学生成长各个阶段的有机连接来推动整体的课程工作计划。在国家级别上,尚未制定出明确的工作计划要求。实际上,为了确保(幼)小中大学整体课程的顺利衔接,国家需要制定统一的具体工作计划。从课程的设计阶段,到制作,再到实施和反馈,所有这些环节都需要通过具体的工作计划来进行全面的规划和约束。我们应该在国家的宏观层面上建立统一的国家标准,并制定适应各个年级和年龄段的体育课程一体化的工作安排要求。这包括统一课程大纲、统一课程标准、统一课程目标和统一具体制度,从而在制度层面实现各方面课程建设的一体化。为了确保体育课程在国家层面得到统一的规划和安排,我们需要在纵向的各个层次、横向的各个地区以及各个校区中实现体育课程的一体化建设,这样才能在一个统一的框架内持续向前发展。

缺少一个统一的工作规划和调度规定。在当前阶段,各个层次的体育课程建设大部分都是各行其是,难以进行有效的资源调配。在小学和中学的课程建设过程中,缺少一个统一的基础课程建议制度来进行规划和调整。初中和高中的体育课程建设是相互孤立的,缺乏紧密的联动基础课程制度,而大学的体育课程建设则是独立于其他体育教育范畴的,课程的设定仅仅是基于大学教育的目标。由于缺少一个统一的规划和调配基础制度,即便是想要与高年级或低年级进行全面的调整和交流,或者与相互关联的地区进行调整和交流,也变得非常困难。尽管在同一地理区域内,相同级别的阶段性体育课程安排可能逐渐走向一体化,但在不同的发展阶段和地理位置,体育课程的建设依然没有相互联系或影响。地区性的体育课程建设缺乏统一的规划、调配和规范性制度章程的规定,也缺乏统一调配的灵活性,这进一步影响了一体化体育课程体系建设的推进速度。统一的基础课程制度规划是在不同学校和区域之间推动体育课程整合建设的关键桥梁。这种调度工作的缺失严重妨碍了不同年级、学校和地区之间的课程动态调整,从而限制了体育课程资源在实际操作中的潜在作用。

为了实现其真正的价值和定位,所有的计划和措施都必须得到实际的执行和落实。在当前阶段,体育课程一体化体系建设所遭遇的最大挑战是如何有效地进行实施。

体育课程的整合目标在实施过程中遭遇了障碍。体育课程的一体化建设是在全国体育教育发展的大背景下进行的。"全国教育大会以及其他重要的政策和文件精神正在得到全面实施,义务教育体育与健康课程标准的修订工作也已正式启动。在教育部课程教材研究所成立之后,首批四个学科一体化课程建设重点项目(包括大中小一体化体育课程)的推进为实现体育课程一体化的目标奠定了坚实和有力的基础。然而,目前实现课程一体化的目标在很大程度上受到实施过程中障碍的制约。尽管在体育课程一体化的建设过程中,各个阶段都有大量的参与和高度的参与度,但仍然存在一些问题。这导致了在体育课程一体化的研发和整体构建过程中,各方的参与仍然是主导,形成了一种多方主导的局面。尽管我们为课程体系的构建设定了统一的目标,但在设计教学内容时,仍然需要考虑到每个人的独特需求。因此,创建一个整合且流畅的一体化课程仍然面临一定的挑战。

体育课程的整合内容建设受到了连接环节障碍的制约。整合体育课程内容的构建主要涉及到具体的课程内容设计、课程的时间表以及教师授课能力的优化等多个方面。衔接部分主要关注各个阶段的课程内容如何相互连接。如何将低年级的课程内容与高年级的课程内容进行有效衔接,构成了体育课程一体化建设的一个关键环节。现阶段,绝大部分的体育课程在内容设计上都与相应年级的学生需求相契合,但由于课程内容的比例、外部环境等外部因素的影响,普通体育课程的完成效率受到了严重影响。因此,我们可以看到很多人更喜欢体育活动,而对体育课不太感兴趣的情况。这种情况导致了一线体育教师在体育课程内容的组织上采取了应付式的教学方式,这种方式完全忽略了应有的统一性、和谐性和连贯性,导致大部分的一线教师只是为了完成教学任务而参加体育课程,这极大地削弱了体育课的教学效果。进一步地,这也导致了教师们没有时间去关注体育课程整合的完成,从而使得原本应当适度衔接的体育课程内容被分解,失去了其整体性和统一性。虽然体育课程表面上看起来是分阶段的、系统化的,但实际上它已经偏离了一体化的方向,这严重妨碍了体育课程一体化的全面实施。

体育课程的整合体系建设受到了要素环节障碍的制约。目前,中国面临的主要问题主要集中在体育教育领域。在经济和社会较为发达的浙江省,21世纪初便开始重视"体育强省"战略的实施。通过这一战略,浙江省加速了体育教育的一体化进程,形成了全省体育建设的共识。从各个体育教育课程出发,积极构建了先进的体育课程教育模式,这在很大程度上增加了体育课程的比重,并提升了学生的体育素养,为未来体育教育奠定了坚实的基础。尽管如此,在全国范围内,许多省份在体育发展和建设方面并没有达到领先的地位,这导致了各地区发展的不均衡性。在那些经济和社会发展相对滞后的区域,尽管课程标准已经明确规定,但在实际操作中,特别是在实际操作中,仍然存在许多不足和问题。从基本设备、员工素质、学生的特性到资源的分配,都存在明显的不均衡和不和谐。因为基础设施的不发达,一些具有先进理念的课程无法满足需求;由于缺乏足够的人员素质,课程内容的深度研究显得相对不足。某些地区为了展现其独特的地域特色,推出了与当地环境相匹配的体育课程,这无疑对学生未来的升学和再教育产生了某种程度的限制。

在所有的制度和机制中,监督都是绝对必要的环节。仅当实施有力的监管措施时,体制和机制中存在的问题才能得到有效的解决。在当前阶段,体育课程的一体化建设必须依赖于监督这一关键环节,以对体系运行中出现的缺陷、不足或过度等问题进行督促整改、监督反馈和监督提升。目前,一体化课程的建设正面临着监管上的挑战。

由于缺乏有效的监督机制,体育课程的一体化建设受到了限制。在当前的课程整合建设中,我们发现监督机制存在不足。目前,各个年龄段的体育课程改革都是由专门的部门来进行评估、监督和反馈的,但是体育课程一体化的整体监督制度还没有建立。这导致了在监管层面上的任务仅限于不同的地域、各个阶段和各个学校。自 2011 年起,我国便开始对体育教育的成效、质量、学生的接受水平以及学生身体能力的提升程度进行全面的监控和评估。研究发现,由于不同阶段和地区对体育教育的监管机制存在差异,这导致体育教育的最终效果也大相径庭,整体体育课程的一体化建设在很大程度上受到了整体监管机制的不足的制约。

由于缺乏有效的监督和操作,体育课程的一体化建设受到了限制。这个原则就像是一个方向性的控制开关。在体育课程一体化的建设过程中,监督环节应该遵循求同存异、平等均衡、稳中求进的原则来发挥监督作用,从而提高问题的反馈力度,以实现体育课程一体化的建设效果。然而,在当前的体育课程一体化建设过程中,所遵循的监管原则似乎存在明显的不足。尽管全国教育大会强调了"健康至上"的教育观念,并要求全面开设体育课程,以便学生能在体育活动中找到乐趣、增强身体素质、完善个性和锤炼意志力,同时也规定了"一、二年级本科学生必须接受不少于 144 学时(专科生不少于 108 学时)的必修体育课程,每周至少有 2 学时,每学时不少于 45 分钟",但由于一体化课程缺乏有效的质量监管,导致即便有统一的课时也无法提供高质量的课程;由于缺乏对一体化效果的有效监管,即便有了一体化的课程设计,课程的实际效果仍然不尽如人意;目前,对于那些负责一体化课程的教师,并没有一个统一的评估和监督标准,这导致了在技术较为落后的地区,教师的教育质量呈现出明显的不均衡性。体育课程的一体化建设所遵循的平等与均衡的监督操作原则,正是解决这一问题的关键途径。通过具体执行监督操作手段,可以实现人才、资金和各方资助等多个要素的平等和均衡。有序且稳定的操作在监管效果上呈现为,尽管有组织,但进展缓慢。很明显,这种情况反映了监管部门对一体化建设缺乏进取心的宽容和放松。

由于监管环境的失位,体育课程的一体化建设受到了限制。在体育课程一体化建设中,拥有一个良好的监督环境是不可或缺的基础条件。监管的宏观环境不仅涵盖了学校内部的监管氛围,还包括了学校之外的社会监督环境。若能在如此广泛的背景下实施监督,无论是在学校内部、学校外部,还是涉及到整个社会,并确保监督无所不在,那么体育课程的整合建设将会更为高效。在监督环境中,起到关键作用的各方,如研究人员、管理团队、教育工作者、学生和家长,都有能力承担起监督的职责。每个人都具备强烈的监督意识,对监督的具体内容有深入的了解,并始终遵守监督的职责和义务,体育课程的整合建设将会稳步推进。然而,在当前的大背景下,主体并未真正履行其监督职责。因此,监督的环境出现了偏差,导致监督并未有效地推进一体化的建设。如果能够建立一个完善的监督环境并及时跟进,那么在一体化体育课程中,学生的身心健康和未来的体育技能掌握将会得到更好的提升。因此,监督环境的质量直接关系到体育课程一体化建设的效果。

完成任何建设项目都需要相关参与者的认知达到一致和协调,特别是在体育课程的一体化建设中,需要多个参与者的认知达到统一和一致。只有当所有参与的相关参与者的观点和理解达到一致的规划和理解时,体育课程的整合建设才能稳步进行。然而,在当前阶段,参与体育课程一体化建设的各方,包括体系建设研究者、政策制定者、各级学校的管理者、教育工作者、学生和他们的家长,对于体育课程一体化的认识和理解存在显著的差异,甚至可能是截然相反的。研究团队期望能够通过一个统一且一体化的教学体系,贯穿学生在体育学习的每一个阶段,从而在增强体质的同时,掌握至少一到两种熟练的运动技巧,并将这些技能作为终身的体育爱好,最终达到全民参与体育健身的目标;负责政策制定的相关机构期望,通过整合体育课程的实施,能够从更广阔的发展视角推动中国教育向更高层次迈进;对于那些直接参与体育课程一体化建设的单位,也就是各个学校,学校的管理团队不仅需要满足体育教育的所有标准,还需要在教师与学生、教师与家长之间建立和谐的关系,这导致了对课程一体化建设的理解受到了多种主观和客观因素的影响。作为学校管理团队中最直接的执行者,他们必须权衡自己的发展利益、利与弊,以实现最佳效果,这也意味着推进体育课程整合建设的积极性可能会降低;对学生而言,由于他们的接受能力、兴趣和对体育课程的适应性存在差异,因此他们对于体育课程整合的理解也存在很大的不同;在智育的基石上,学生的家长对于体育课程的整合建设有着深刻的理解,他们始终将学生的文化表现视为首要的追求,这也导致了他们对体育课程建设的关注度相对较低。不同的参与者对于体育课程整合建设的理解存在差异,这是导致他们面临困境的主要因素。

体育课程的一体化建设涵盖了广泛的内容,包括一体化课程模式的构建、一体化课程目标的确定、一体化课程教材的选择、一体化课程时间的安排和一体化课程的教授。这些方面都应该相互协调和统一,以确保在实现整体目标的过程中能够相互衔接和落实。然而,由于目前所有这些议题都没有达到一致性,这导致了体育课程一体化的实施陷入了停滞。

尽管已经制定了一体化的体育课程模式,但在实际执行过程中,由于不同层级的纵向主体之间的连接存在断裂,这使得其推广变得困难。随着我国改革开放的步伐持续加快,体育教育的课程结构也正在经历密集的改革,这无疑会对每个学习阶段的外部扩展趋势产生影响。总体上,我们的目标是使当前阶段的体育课程建设更为完整和具体,使其在当前阶段的课程改革更为清晰和显著,但在整体的人生规划中,体育系统的课程体系建设仍显不足。因此,在实际的教学活动中,经常出现教学内容与实际学段不同步、重复的情况,以及教学逻辑不够明确、主题不够集中、知识点分散等问题。这些问题导致了各个学段之间的连接不够流畅,使得体育课堂的教学内容在不同学段之间出现了"铁路警察,各管一段"的情况"。从体育课程教材的选择角度来看,实在是令人眼花缭乱。不同年级的教材是经过各省教育机构的严格审核后选出的,但在同一年级的不同地区,所选用的教材却存在显著的差异,这导致了同一年级学生所接触到的课程内容存在很大的不同。尽管为同一年级的学生选择的教材在体质、能力和素质方面具有一定的一致性,但不同地区的教学内容却存在明显的差异,有时甚至偏离了原有的课程结构,这为后续的学习和更高层次的学习带来了不小的挑战。

构建支持体育课程整合的团队是推动实施的主要执行者和执行者。由于采用了分层的管理模式,各个教学阶段的直接教师在素质、能力和对课程内容的掌握上都是基于他们所在年级的差异来发展的,因此对于不同年级或更高年级的课程内容和学生的特性,他们的掌握并不是十分全面。在过去,由于体育教育领域的专业人才短缺,改革和建设工作主要集中在短期内,例如小学教师主要研究小学,中学教师主要研究中学,而大学教师则主要研究大学,这导致了专业人才研究的范围变得相对狭窄。另外,基础掌握能力与当前阶段存在不匹配,这不仅严重妨碍了阶段内一体化课程体系的构建,也进一步影响了一体化课程实施的深度和广度。对于一线教师的培训,目前并没有一个固定的标准,不论是在职前、职中还是职后的培训,都是在特定的阶段内进行的。这种情况使得推进体育课程一体化的团队建设进展缓慢,导致一体化的各项要求无法在实际的一线教学中得到进一步的实施,最终使得体育课程一体化的实施变得复杂、循环,各个阶段之间缺乏连贯性。

统一的目标是:在理念层面上加强顶层建设,提高体育课程一体化建设的共识度,以确保体育课程一体化建设能够取得实际效果,这是提高社会各界认知度的基本前提。考虑到体育课程一体化建设在国民教育体系中的持续、长期和深远影响,特别是其涉及的参与者广泛、验证周期长等特点,这可能导致社会各方对其产生误解或不理解。因此,特别需要实施有力的措施,以实质性地提高社会各方面对体育课程一体化建设的共同认识,并建立社会各界共识度提升与体育课程一体化建设持续完善之间的互动联系。

国家的权威机构制定了明确目标的配套规划,这使得体育课程的一体化建设推广变得困难,不能仅依赖单一部门或单一力量来实现,而需要各部门之间的共同努力和合作。在此背景下,与此紧密相连的权威机构起到了关键的领导作用。通过这些权威机构,我们可以制定出相对合适的规划建议,这包括中长期的规划和相关规划的细分。更为关键的是,我们需要在这些规划建议中明确统一的目标指导,设定各个阶段的具体目标,并特别强调目标的完整性,从而促进教育、体育和国民教育各个阶段的相关部门达成共同的目标。

社会的各个领域都应该从不同的角度共同努力,来宣传和明确实践性体育课程一体化建设的具体效果,这是所有社会参与者都应该清晰理解并持续关心的问题。为了提高社会各方面的共识,我们需要社会各领域的力量发挥其独特的优势。可以通过教育电视台的专题节目、专题体育运动公园的公共展板宣传,以及更灵活、更受欢迎的方式进行宣传,从而全面、系统地解读课程一体化的内涵。宣传的焦点应当集中在目标的实际应用上,确保社会各领域都能清晰地理解目标与实践进展之间的联系,增强实践的参与度,并集结社会各方的力量来支持体育课程一体化建设目标的成功实施。

　　统一的教学方法:从内容层面加强顶层建设,提高体育课程一体化建设的内容标准化水平,加强供给侧结构性改革的思想启示我们,体育课程一体化是否能够发展和完善,关键在于其内容是否能够适应时代的发展和对象的需求。因此,持续地提高课程体系的内容质量和加强其规范性是非常实际和重要的。持续的高质量目标和科学合理的课程设计始终是衡量课程整合建设实践过程的关键标准。

　　在当前和未来的背景下,为了提高中国特色教学目标下的体育课程一体化建设的质量和标准,我们必须关注我国体育教学当前所面临的实际挑战。同时,我们还需要坚定地深化体育教育的改革目标,围绕中国特色的教学目标来提高内容的规范化水平。在此过程中,我们应坚持细致和务实的原则,对课程体系建设中的重复性、不连贯性和目标性进行整合和优化,适时调整内容体系,并尝试探索不同阶段的选修教学方法。

　　始终坚守"以人为中心"的原则,并以满足教育对象的需求为核心,提高体育课程的规范性和水平。体育课程的一体化建设不仅仅是在项目、内容和模式上的简单统一,更重要的是要满足学生在整个体育教育过程中各个阶段的特定教学需求。在不同的教学阶段,我们应当积极地研究如何根据教学对象的需求来制定合适的教学内容。我们应当尊重学生的主观能动性和他们的需求,并积极推进体育课程的整合建设。只有当我们充分地满足学生作为教学内容的接受者的需求,并确保他们在各个阶段的体育教育需求都得到满足和提高,我们才能认为这是一门具有吸引力的优质体育课。

　　我们应当尊重客观的规律,并利用动态的变化规律来提高体育教育在不同阶段的内容标准化水平。体育教育对象的动态变化和教育政策的调整,都应被认为是完善体育课程一体化建设的实际基础。随着营养供应和健康保障水平的不断提升,我国各个年龄段学生的基础身体状况也得到了显著的改善。随着学生健康状况的不断演变,政策设计、教育体系和教学内容也必须作出相应的调整和更新,这是一个不可忽视的客观事实。如果我们能够通过国家核心智囊团队和各地的实证研究,汇聚全国体育课程研究的精髓,制定出一套相对全面、合理、科学,并且不断改进且持续有效的教学课程体系,为各级体育教学提供参考,将极大地推动体育课程一体化的提升和教学质量的提升。

为了更好地进行监督,我们需要强化顶层的监督规划,确保体育课程一体化建设的监管规范得到完善,并在推进体育课程一体化建设的过程中,持续进行监督和检查。在对标准进行优化的基础上,我们应该从多个角度积极发挥监管的角色。教育、体育和卫生三大系统应相互配合,以学生的全面成长为核心目标,进一步促进他们的身体素质和体育素养的提高,这也是建立监管体系的初衷。我们必须构建一个与之匹配的监管框架,整合各方的资源,并建立一个高效的沟通和交流机制,以在整个监管体系建设过程中发挥协同效应。

构建更优化的监管模式,以确保监管流程的规范性。为了提高体育课程一体化建设的实际成效和应用价值,有必要通过国家权威机构来制定更为优化的监督模式,从而构建一个新的流程化监督模式。对监督模式进行优化可以有效地促进体育课程的一体化建设朝着更加规范的方向发展。为了规范监督流程,我们确定了年度的监督内容和重点监督内容,并尝试通过列出监督内容清单和建立监督台账等方式来实现这一目标。此外,我们还将这些方法应用于体育课程的建设实践中,以确定体育课程一体化建设的监督内容和基本标准。除了要对各个学段进行监管外,还需确保各个学段之间的连贯性;我们不仅需要对教学内容和标准进行监控,还需确保团队建设达到最佳状态。在执行监督的过程中,我们必须真实地识别并解决存在的问题,确保优化的监督方式能够对体育课程的整合建设产生正面影响。

构建一个统一的监督平台,以确保监督活动的实际成效。所有的监督方式和模式都应避免过于形式化和表面化,确保监督工作的有效性。为了确保体育课程一体化建设体系在实际操作中得到有效实施,有必要构建一个统一的监督平台。该平台应整合涉及体育课程一体化建设的各个部门、单位、机构、人员和资源,并设立专门的监督专栏和进行专项监督,以解决实现素质教育目标和不同教学阶段效果衔接的问题。

整合学校内外的监督机制,确保监督工作得到有效执行。教育的核心目的是帮助人们获取知识、促进个人成长甚至带来快乐,其根本目标是塑造完整的人格,而智育与体育在这方面都具有相似的特质。为了有效地消除教育体系中对体育轻视的观念和不当行为,我们应该积极地构建一个连接学校内外的监管机制。从学校的视角出发,我们需要建立一个由专业人士组成的监管体系。这些人员不仅精通体育教学,还拥有丰富的体育教学经验。他们专门研究校内课程的内容选择、设置、不同课程的时段分布、不同年龄段课程的衔接情况以及体育课程一体化的人员队伍建设情况。利用这些研究课题,我们可以统一整合资源,并努力"提高中小学骨干教师在师资队伍中的比例",从而使学校的监管体系能够更好地发挥其作用。与此同时,我们还需要积极地推动校外监管体系的建设。这需要有活力的家长主动参与,并与班级和年级的其他家长进行深入的沟通,以共同促进监管效果的提升。这样可以形成一个针对同一年龄段的监管联合和体育课程体系的联动监督机制,从而实现体育教学标准的统一化。

综合来看,体育课程的一体化建设所遭遇的制度、执行和监管上的难题,主要源于对其的认知、内容和团队建设的不一致。为了实现体育课程一体化建设的统一目标,我们可以通过提高社会各界的认知水平,确保一体化教学内容的一致性,并通过建立规范的监管制度来保证监督流程的标准化。这些措施将有助于推动体育课程一体化建设走出当前的困境,拓宽中国体育课程一体化的实践范围,并进一步促进中国体育强国的建设。

(二)体育类非师范专业课程实施路径优化

在体育教学的实际操作中,"体育教学设计优先,体育教学紧随其后",这意味着体育教师在开始体育课之前,应首先规划出该体育课的具体教学计划。从根本上说,体育教学设计仅仅是对体育教学活动的一种初步设想和预期。它主要是对未来体育教学可能出现的问题进行深入分析,并结合体育教育、教学理念和学生的实际学习需求,为教学中可能出现的问题提供解决策略。这也是体育教师在开始体育教学前对其进行的具体规划和安排。因此,在体育教学设计方面,存在着某种程度的前瞻性。

体育教学涵盖了众多的教学元素,因此,在教学活动启动之后,无论是按照课时、周、月的教学方式,学期的教学内容都可能与之前的计划有所偏差。实际上,体育教学设计本质上是对未来教学方案的一种设想,它是基于多种可能因素进行预测的。由于体育教学中存在的"变数",体育教学设计与实际的体育教学实践之间不可避免地会有一些差异。

所谓的学习需求,是指学生在学术领域的当前能力与他们的预期能力之间存在的差距。这个定义为教学活动设定了明确的方向,那就是视学生的学习需求为教学的核心目标。然而,教学目标所涵盖的内容远不止这些,它还涵盖了更广泛的主题和期望。此外,从学习需求的视角看,学生的"学习"情绪往往更为高涨,而教师的"教"行为仅仅是为了在信息传递方面给予学生某种程度的支持。

对学生的学习需求进行深入分析,主要是基于详尽的调查和研究,识别并分析教学过程中可能出现的问题及其性质,并论证解决这些问题的必要性和可行性。这一过程的核心目标主要集中在四个方面。

第一,在体育教学的学习中发现学生可能会出现的问题以及已经存在的问题。第二,细致分析原因,力求在体育教学设计时就预先确定几种解决问题的方案。第三,分析优势与不足,论证解决问题的可能性。第四,分析关键问题的重要性,力争在有条不紊的节奏中有秩序性地优先解决体育教学设计课题。

由于现代体育教学目标的多样性、体育教材的多功能性、体育教学方法和手段的多元化,以及这些要素之间的复杂关系,体育教学过程呈现出复杂性和不确定性的特征。因此,当代的体育教育呈现出动态、非线性和复杂的特点,对于体育教师来说,在开始教学活动之前想要完全掌控并按照预定的方案进行发展是不切实际的。虽然体育教学的设计必须基于当前的实际需求,但为了满足体育教学的进一步发展,在设计过程中还需要有意识地进行一些富有创意的构思。

体育教学课程的执行是一个不断变化的过程,要准确评估这个过程,就必须在教学过程中进行教学观察。进行教学观察的工作人员既可以是体育教师,也可以是学校体育教学管理部门的职员。当观察者深入观察整个教学流程时,他们有责任真实地记录下教学过程中发生的各种情况。在教学活动中,各种体育教学所消耗的时长。教师如何组织和安排各种教学内容,以及他们的教学风格和特色。学习者所提出的问题具有特定的性质和种类。教师处理学习者提出的问题的方式是什么。在教学活动的全程中,学生的专注度和态度表现如何。

在教学评估中,后期的测试与问卷调查被视为关键工具,并在实际操作中得到了广泛应用。在体育教学设计方案实施后的一段时间内,可以开始对教学效果(即学生的学习成绩)进行测试或问卷调查,这个周期单位可以是一个月。

一旦体育教学的设计方案被完整制定,我们就可以开始为方案的执行做准备。要判断方案的实施是否与预期相符,必须通过教学实践来进行验证。因此,评估体育教学设计方案的执行效果成为了判断该教学设计方案是否合适的关键步骤。

精简原则的核心思想是对机构和人员进行精简,而这一过程的关键在于其精确性,因为精简是实现高效运作的基础。通常情况下,一个简洁的学校体育教育组织结构应当满足以下几个核心特点。

首要任务是确保机构的配置是合适的。为确保体育教学任务的顺利进行,我们需要避免不同机构间的工作职责重叠,并努力减少参与的机构数量。接下来,我们需要科学地进行层次的划分。岗位的创建必须遵循其特定的管理职责,尽量减少不必要的管理环节,以避免给组织带来不必要的复杂性和增加管理成本。再一次强调,各个部门的职责分配是合适的。各个部门都有清晰的职责划分,根据岗位分配人员,明确各自的任务,从而降低了工作中的互相推卸责任的情况。接下来,团队的配置是合适的。在体育教学管理系统中,每位成员都承担着明确的任务并充满了工作激情,确保不出现人员过剩的情况。最终,团队成员的专业素养相当高。在精简原则中,"精"与"简"的概念需要紧密结合。这意味着我们需要不断提高教学管理人员的专业素质,确保他们的工作效率,加强体育教学管理系统的整体管理能力,从而真正达到精简的目标。

在构建组织架构的过程中,不仅需要为各个部门明确规定各自的职责,还需要根据这些职责的规模给予相应的授权。这正是体育教学管理中责任与权利相匹配的原则。在体育教学的实际操作中,为了成功完成某项任务,必须明确各个部门的具体职责,并确保这些部门拥有与其相匹配的权利。这是体育教学管理系统中各个部门和层次执行管理职责的基本前提之一,也是激发各部门和人员积极性和主动性,确保体育教学管理工作能够科学、有序和积极地进行的基础,同时也是提高体育管理和教学效率的必要条件。

体育教学管理组织机构所遵循的弹性原则意味着,在管理系统内,每一个部门、每一个环节以及每一名管理人员都有能力为完成特定任务而独立地执行自己的职责,并能根据实际情况的不断变化,自动地调整他们的职责执行方式和方法。在体育教学的实际操作中,弹性原则强调在体育教学管理的组织结构设计中,应为各个部门和层次赋予适当的灵活性,这样他们可以根据自己的职责和实际需求,在自己的权限范围内,进行灵活的工作调整。

体育教学管理的统一原则主要针对的是最为复杂的体育教学活动,这要求各个管理部门在建立和运行过程中,确保管理目标和系统内的命令传递保持一致性。

首要的目标是确保体育教学管理系统中的各个部门和各级管理活动能够有序、有计划地进行,这是一个关键的保障和方向。目前,学校体育教学管理的根本目标是确保体育教学的顺利进行和秩序的正常运行,而最高的目标是使体育教学内容满足学生的终身体育需求。在体育教学的科学管理中,我们必须确保基本目标和最高目标的一致性,这需要管理系统内的员工共同努力,以实现这两大目标。再者,在体育教学管理体系中,所有部门和管理人员都应严格遵循一个上级领导的指示并对其负有责任。为了实现这一目标,体育教学管理组织中应避免出现多人参与的管理模式,体育教学的规章制度在制定、执行、修订和废除等各个环节都应保持一致性,不应因个体或部门的不同而有所差异。

第二节　工科院校体育课程内涵建设

一、工科院校体育课程内涵建设的缘起

伴随着科学和技术的飞速进步,全球化正逐渐将全球纳入一个共享的基础价值观和行为准则体系之中。全球化正在根本性地重塑全球各国在经济设计、生产、销售、消费和服务方面的模式,同时,工程领域也被推至这一变革的前沿,未来工程技术的进步已经吸引了越来越多的国际社会的关注。

在我国的工程教育实践中,由于工程教育与实际操作技能之间缺乏紧密的结合,导致我国的高等工程教育存在着偏重理论而忽视实践、过分强调个人学术研究而忽略团队合作精神、过分重视知识学习而忽视创新能力培养等问题。随着经济全球化的趋势,中国的工程教育正朝着国际化的方向发展,而我国高等工程教育面临的紧迫挑战是迅速培育出与国际标准相匹配的工程师。与国际上工程师的标准要求(例如美国的工程教育认证体系 ABET EC2000)相比,我国的工程教育在培养学生的创新思维、人与人之间的沟通技巧以及系统的综合设计能力方面存在明显的不足。

正是由于这个原因,我国的高级工程教育体系导致了大量的工程专业人才无法满足未来全球化发展的需求,这进一步限制了我国在工程领域核心技术的应用,成为实现"建立创新型国家"目标的一个巨大阻碍。目前,我们所面临的挑战是如何在社会、经济和环境的大背景下,全面考

虑工程技术人才的培训和发展。为了达到创新型国家的愿景，我们正面对着巨大的考验，为了满足未来对工程师的期望，对工程教育进行全方位和深入的改革和探索变得尤为重要。鉴于当前的经济、社会和环境发展趋势，我所服务的成都信息工程学院在西部地区的高等教育机构中，率先采纳并学习了前沿的工程教育方法和思想。

工程教育旨在为学生未来成为具备专业技能、社会觉悟和创新思维的成功工程师奠定坚实的基础。然而，在我国，传统的工程教育模式主要侧重于学科知识，而在历史、社会和环境认知以及责任方面的教育则相对匮乏。考虑到当前的全球竞争和合作背景，学院在深入研究和吸纳CDIO国际工程教育思想以及教育部的卓越工程师培养计划后，对工程教育的核心理念、目标和模式进行了全面的重新审视。利用CDIO和卓越计划的理念，学院对工程类的培养方向、目标、计划、课程结构、实验与实践体系、评估方法、教学策略以及质量管理体系进行了深入的思考和设计，并成功地将其付诸实践。学院根据我国大学扩招后的实际需求和多年的改革培养计划，真正实施了学院的"以人为本、德育为先"的人才培养教育理念和"崇尚应用之创新，追求应用之卓越"的教学理念，创新地提出了建立自然分层、因材施教的培养模式，即根据学生的基础和爱好进行分层培养，个性化发展，重视综合素质培养，并与构思－设计－实现－运作（CDIO）有机结合；我们尝试将因材施教的理念与CDIO紧密结合，强调人与事的结合，人的品质通过工作来展现，而工作则通过人的品质来确保。在所有的教育过程中，我们都注重人文精神的培养，确保培养出的毕业生不仅具有高尚的职业道德，还具有正直和强烈的责任感。

在学院的整体指导下，公共体育被视为工程教育人才培养体系中的关键组成部分，因此，我们应该主动地将课程目标与学院的整体人才培养目标相结合，并进行必要的课程改革。

《全国普通高等学校体育教学指导纲要》是体育课程改革的纲领性文件。先进的工程教育观念与《纲要》中的内涵在人才培养目标方面存在一定程度的一致性。《纲要》明确表示，目前的高等教育体育教学应当坚守

"以人为中心、全方位发展"的教育哲学,并特别强调了"健康至上"、"终身体育"和"素质教育"的核心理念,同时设定了包括运动参与、运动技巧、身体健康、心理健康和社会适应性在内的课程目标。因此,在高等教育体育教学改革中,我们应该强调身体健康和心理发展的双重重要性,同时也要平衡社会和个人的需求。《纲要》建议各大学根据自己的实际需求,选择与其客观发展相匹配的体育课程理念,并根据实际情况进行课程的改革尝试。这为全国的高等教育机构在课程设计上提供了广阔的发展空间。只要不偏离整体的目标,各个学校都可以根据自己的实际情况来设计体育课程,充分利用学校的优势,展现学校的独特风格和特点,并进行与学校实际相匹配的体育课程体系的改革。

二、工科院校体育课程内涵建设的理念及指向

(一)从学科优势出发,融入工科院校学生人文素质培养的总体目标

多年来,中国的工科高等教育呈现出偏重于科学教育而忽视人文教育的趋势,导致在教育和教学活动中,人文教育并没有被赋予应得的重要地位。当前的情况对高等教育机构的学科建设、专业布局和人才培养产生了直接的负面影响,同时也对在校学生的学习和成长造成了障碍。无论是在学校还是在学生群体中,都普遍展现出实用主义和急功近利的倾向,过分强调理工学科而忽视人文学科,过分注重实用性而忽视个人修养,这导致了人文教育氛围的形成受到了限制。人文教育的不足和人文教育与科学教育的分离已经变成了一个严重的现实问题,这已经引发了教育界的警觉和担忧。

自建国以来,受到我国高等体育教育的发展和改革所带来的影响,体育课程的建设一直强调加强学生的体质,采用竞技体育的视觉教学方法,强调体育学科技术动作的完整性,重视运动技术的传授和学生运动技能的提升,要求技术动作要一板一眼,反复练习。却忽略了学校体育作为高等教育不可或缺的一部分,其在"育人"方面的功能并没有得到充分的发

挥。工科院校的体育课程在工程教育背景下缺乏对历史、社会和环境的认知和责任感,也没有充分考虑学生的身体健康、心理健康和社会适应能力。这导致体育的其他教育功能,如娱乐、促进个体、社会感情等,没有得到充分的发挥,职业道德、交流沟通、团队合作等能力的培养也没有得到充分的重视。这些情况不仅不满足工程教育改革的需求,而且对学生的全面素质培养也是不利的。

在工科院校的内涵式发展中,一个显著的特点是始终坚守以育人为核心的原则,同时强调人文的熏陶,并努力将科学与人文的理念融为一体。强调体育在教育中的"育人"作用,已经成为当前教育改革的核心方向,也是这个时代所寄予的新任务。体育,作为学校教育的核心部分,应当利用其独特的教育背景、方法和规律,充分展现其在培养学生方面的独特价值。

体育活动展示了一种更为深刻的人文价值。体育活动在培育人们的公平、公正、透明观念,培养变革和辩证思维,鼓励竞争、合作和创新,以及培养勇气、坚韧、努力的决心,还有自尊、自信、冷静和果断的性格等方面,都是其他教育方式所难以匹敌的。竞技体育比赛的各种形式不仅促进了校园课余体育活动的全面展开,也丰富了校园课余体育文化生活,塑造了学校独特的人文氛围。此外,这些比赛活动在内部增强了团队凝聚力,在外部树立了良好的形象,并提升了学校的知名度;大学的体育课程有助于学生对体育文化有更深入的认识,并能更好地理解体育精神;体育课程的教学方式能够帮助人们更好地适应心理和社会,它在体育活动中教授社会期望的行为、语言和技能,并指导学生如何扮演各种角色,从而促进他们在社会中的积极成长。

因此,在高等教育机构中,强化工科大学生的人文修养和科学精神的培养被视为素质教育的核心要素。人文素质教育,尤其是体育精神教育与科学精神教育的相互融合和渗透,对于推动大学生全面成长和发展具有至关重要的影响。

(二)课程目标从偏重学科体系向体现学习者和当代社会需要转轨

以往的课程设计主要侧重于满足体育学科的需求,强调通过体育教育来提升学生的运动技能和技术水平,从而增强他们的体质,并使他们受益终身。这种目标的设定既不明确,也没有完整地描述其在学校体育教育中的核心功能,导致一线的教师在执行任务时,他们的理解和行动都显得不够明确。经常出现这样的误解和偏见,即认为通过体育教育可以提高学生的运动技巧和能力,增强他们的身体素质,使学生对运动技巧的掌握更为精确和熟练,从而增强他们的运动热情和习惯,最终实现终身参与体育锻炼的目标。体育课程建设的指导思想出现偏差,导致一线教师过分追求体育教学的技术化、体质的强度化和提高运动习惯的重复化,这严重限制了学生的主体作用和个性的展现。这不仅未能有效地激发学生对锻炼的热情和增强他们的身体素质,反而在不同程度上抑制了他们对活动的热情,从而增加了他们在体育学习过程中的恐惧和心理困扰。

大学体育课程的扩展是基于社会和社会中人们对体育的日益增长的需求,这种需求的增长进一步推动了体育课程规模的扩张;体育课程的发展内容会随着所需的变化而发生改变,因此,紧紧抓住这些需求,就等于掌握了体育课程发展的整体框架。对于那些具有高度专业性的工程学院,基于实际需求来思考学校体育课程的改革,是与经济、社会和环境发展相适应的实际行动。目前,工科院校正在进行的工程教育改革强调了现代工程师应当具备的科学技术知识、能力和素质,其中包括"人际交往能力""团队工作和交流"和"社会适应"等基本素质,这些都是体育课程能够做到的。因此,工科院校的体育课程目标不仅应该反映体育学科的发展需求,还应该考虑到学习者和当代社会的需求。

(三)课程教学内容丰富多彩、体现出层次性

在不同的学习阶段,学生对于体育课程的期待各不相同。在小学阶段,孩子们将体育活动视为一种"娱乐",而中学生则逐渐将其视为社交和个性展现的途径,大学生则更倾向于将体育视为一种生活习惯,它是一种

具有深远教育意义的校园文化活动。

在设计工科院校的体育课程时，应充分考虑工科大学生的个性特点，丰富体育课程的教育内容，树立全面的体育观念，突破体育课程在教育时间和空间上的限制，将课外体育活动、社会体育活动以及课余体育训练和竞赛等多种形式的体育活动整合到体育课程中。尽管现在已经开始了选修课的教学，但教学内容仍需要进一步的扩充和完善，以更好地满足大学生多元化的学习需求和与未来社会生活的对接。

(四)教学评价应注重过程、关注结果，体现出促进与激励作用

评价学生在体育教育方面的成效时，应该反映出学生在体育课程培养目标上的实现水平。多年来，因为课程目标的不完善，实施对学生的多元性综合评价变得困难，学校只能简单地采用运动技术水平和运动成绩作为评价标准。这导致了身体状况不佳的学生在面对测试的标准和要求时，感到望而生畏，丧失了继续锻炼的决心和信心；对于身体状况较好的学生，在面对测试时，他们会感受到不适当的压力，这也增强了他们主动参与锻炼的意愿，从而使他们在面对测试的标准和要求时能够轻松应对。这种评估方法只关注了学生在体育教育中的身体状况和运动技巧，却没有对学生在体育教育中的锻炼意识、行为模式、心理承受能力、团队合作精神和竞争实力等方面进行全面的评价，这并没有真实地展现出学生在体育教育中的实际效果。

三、工程教育革新理念之下的体育课程改革构想

通过与 CDIO 模式以及卓越计划的理念、大纲和标准进行对比，我们对传统的体育课程计划和教学大纲进行了深度分析，识别了在知识结构、能力培养和素质教育方面存在的不足和漏洞。根据我们学院的具体情况，我们提出了一系列课程改革目标，包括在课程体系、教学结构与内容、教学方法、教学观念、教学评价方式以及学生考核机制等多个方面进行全方位的改革。基于明确的改革目标，我们进行了一系列关于工程教育背景下的体育课程内容和质量工程的深入探讨，这包括了课程的指导思想、

培养目标、培养方案、课程大纲、教学策略以及评估方法等方面的内容。

(一)课程改革的基本思想和原则

自 2008 年起,我所服务的成都信息工程学院体育部开始探索"CDIO 模式"等前沿工程教育思想与大学体育之间的联系。他们提出了一个以先进工程教育和《全国普通高等学校体育教学指导纲要》为导向的教育方案,强调体育技能和全面素质的培养。这个方案紧密围绕"体育与人、体育与专业、体育与社会"的主题,旨在构建一个既符合专业特色又满足社会需求的课程体系。他们的目标是构建一个集知识、能力和素质于一体的体育课程人才培养方案,并创建一个具有学校特色和时代气息的新型工科院校公共体育课程体系,以实现"素质体育、兴趣体育、终身体育"的大学体育培养目标。

体育与人。在素质体育中,知识、技能和个人素质的均衡发展,以及对体育能力的强调,是其核心要求。在大学体育课程中,除了教授体育相关的技术动作和理论知识之外,还应在体育活动本身的基础上,增加学生在团队合作、人际交流和礼仪气质等方面的教学内容。这样不仅能让学生掌握体育项目本身的技术动作,还能在情感、道德修养、人格魅力、吃苦耐劳精神、人文修养和社会交往能力等多个方面得到全面发展,从而全面提升学生的综合素质,并真正实现"素质体育"的多功能性,实现体育与人的和谐融合。体育与其专业领域。在先进的工程教育观念中,一体化的原则强调所有专业的教学内容都应服务于一个核心目标,即专业人才的培养方向。因此,那些表面上与专业领域关联不深的公共体育活动也应当致力于实现这一目标。为了使这个专业与哪种体育项目相匹配,我们应当确保学生能够熟练掌握这一体育项目。只有通过这种方式,我们所掌握的体育课程才能满足专业的需求,并确保体育与专业之间的完美结合。

体育与社会。在高等教育体系中,体育与社会之间的联系具有双重意义。从社会的角度看,随社会经济的持续进步,体育已经超越了单纯的身体锻炼,如今它已经变成了人们在工作和社交中的主要工具。因此,大学体育课程的内容和授课方式都应该与这一需求高度匹配。从个人特质来看,体育技能的高低并不是公共体育教育的核心目标,真正重要的是对体育活动的热情和积极参与。因此,学校体育教育的目标是确保学生持续保持这种热情,直至他们的一生。这正是我们所强调的兴趣体育和终身体育的真正含义。

体育课程的建设方向是基于工科院校学生应有的社会意识和创新精神,紧密围绕学生的职业素质,以学生的个性化发展为中心,将学生的发展需求、专业的发展需求和社会的发展需求有机地结合在一起,根据不同专业的特点,开设不同类型的体育课程,例如旅游专业的素质拓展、外语专业的瑜伽等,使体育与专业深度融合。随着社会和经济的持续进步,体育逐渐走向生活化、休闲化和大众化的方向。因此,学院持续地将众多的休闲体育和民族体育活动融入到课程中,确保学生在毕业后能够将体育真正融入日常工作和生活中。

在体育课程设计中,我们始终坚守从生物体育观念向人文体育观念的转变和平衡,摒弃了以往主要以运动技术教授为核心的人才培养策略和教学大纲,而是转向了一个以运动技术教授为核心,以能力和素质培养为核心目标的创新模式。这门课程以人为中心,重视情感的培养,强调使用多种策略和方法,旨在激发学生的体育锻炼欲望和提高他们的能力;我们始终把学生放在首位,重视他们的个体成长,并关心他们的身心健康发展。

体育课程旨在为高等工程教育培育身心均衡的专业人士。为了确保学院体育课程能够持续健康地发展,学院体育课程的目标应当以满足各个专业的人才培养需求和学生未来的工作环境及经历为出发点。在强调强身健体的核心功能的同时,也要推动学生在运动技术和技能上的进步。这样,学生不仅能培养出终身参与体育锻炼的意识、技能和习惯,还能在心理和情感上得到满足,从而确保学生在身体、心理和社会各方面的适应能力都达到全面健康的状态,为培养能够满足现代工程需求的工程师打下坚实的基础。

现代的工程教育观念强调对多样性和个性化人才的培养需求。在构建体育课程体系时,我们高度重视四个不同层次的需求。首先,我们需要根据学生的身体健康状况来设计不同种类的体育课程;其次,根据各个专业的特点来设计不同的体育课程;第三,根据学生的职业和岗位需求来指导他们选择合适的体育课程;最后,我们还要满足学生在脑力和体育知识方面的需求。因此,我院将体育理论课程的建设视为至关重要的任务,致力于打造一个将理论与实践、静态与动态运动完美结合的课程体系。

体育课程打破了仅依赖单一标准和方法来评估和衡量学生成功和成才的传统模式。学校体育与竞技体育和社会体育存在显著的差异,除了在强身健体方面具有一致性之外,学校体育还特别强调其在教育方面的功能。因此,体育教学的改革不应仅仅关注学生的身体健康,也不能仅仅以提升学生的身体健康为最终目标。除了教授体育技术动作和理论知识,体育教学还应融入体育项目本身,如增强学生的团队协作、交际表达和礼仪气质等方面的内容。这样不仅能让学生掌握项目的技术动作,还能在情感体验、道德修养、人格魅力展示、吃苦耐劳的精神培养、人文素质的熏陶和社会交际能力的提升等多个方面得到全面发展,从而真正实现体育教育的全面目标。

(二)课程改革的总体目标

1.进一步完善具有校本特色的公共体育课程体系

为了进一步完善我院的公共体育课程体系,我们主要从六个关键领域着手:首先,强化学校优质课程《健康体适能》的建设,确保体育专业与其独特性相结合,从而塑造出学校的独特特色;其次,在学院的公共素质选修课程模块里,新增了体育相关的选修科目,这些选修课程主要集中在体育理论、静态运动以及身体轻度运动等方面;第三点是,我们需要进一步增加休闲体育项目,将更多的休闲体育活动纳入课堂教学中。一方面,我们需要扩大太极、瑜伽、健身操等现有体育项目的教学规模;另一方面,我们也应该积极探索新的体育项目,例如增加攀岩、台球、轮滑、器械健身等与民族传统体育相关的休闲项目;第四点,我们在体育专项的组合选修、项目学时的增减以及项目时间的安排等多个方面进行了深入探讨,以便为学生提供更高质量和更具灵活性的选修项目;第五,将体育代表队、阳光体育和体育社团纳入教学大纲,并对免修、免试以及体育学分奖励的相关制度进行完善。第六,我们需要进一步完善学校的大型体育赛事活动,特别是加强春季田径运动会和秋季大学生体育节这两大赛事的宣传和组织,确保它们成为学校的标志性活动。

2. 丰富体育课程教学内容,加强学生能力培养

在体育教学中,我们应该坚持知识、能力和素质的综合教学理念,同时也要考虑到体育文化、技术、运动技能、审美能力、体育修养和现代人的综合素质等方面的教育内容。但在教学内容的创新过程中,我们需要避免过度追求全面性,即过分强调一个体育项目能够满足学生的所有能力和素质需求,而忽视了培养体育的核心知识和能力。

3. 不断改进教学方法和手段,增强学生体育兴趣

为满足工程教育改革的标准,我们需要摒弃过去偏重于教学而忽视学习、过分强调统一性而轻视差异性、过分强调教师的主导作用而轻视学生的主体地位的做法。相反,我们应该更加注重课堂教学方法的多样性,强化对学生学习和练习方式的引导,鼓励师生之间的互动,适当展现学生的个性,并鼓励师生和学生之间的多方互动,以激发学生的参与热情,并最大程度地激发他们的创造力。例如,在课堂上可以组织一场小规模的篮球比赛,学生可以担任团队领导、教练或运动员的角色,并参与比赛的实际操作,而教师则为他们提供评价和指导。只有采取这种方式,我们才能最大限度地激发学生对体育活动的热情和兴趣,从而实现全面提升学生能力的目标。

4. 改革体育学习评价体系和评价办法

目前的体育评估主要是基于学生对特定技术动作的掌握程度来进行的,这在很大程度上忽视了对学生身体健康和其他技能的评估。当前正在进行的工程教育改革强调了知识、技能和个人素质之间的和谐发展,并着重于对学生的学习过程进行评估和考核。因此,在学院体育评价体系

的改革过程中，我们需要从三个主要方面进行：专项技术掌握水平、身体素质水平和学习参与过程。目标是降低专项技术掌握水平在总分中的比重，同时增加学习参与过程的比重。身体素质的考核项目和成绩标准应与体育专项紧密结合，将学习态度、能力素质、课外体育参与、设计与创编（部分体育项目存在）等方面的内容纳入学习参与过程的考核中。同时，根据体育项目的特点，可以适当调整这三个方面的比例和内容。只有通过这种评价体系的改革，我们才能有效地引导学生树立正确的学习态度，培养他们在日常生活中主动锻炼和提升自身的综合素质，从而更好地适应体育教学改革的各项要求。

第四章　现代信息技术与体育课程的整合

随着现代科学和技术的迅猛进步,各种前沿的科学和技术被广泛应用于社会的多个方面,从而不断地促进社会的全面发展和前进。目前,我们已经步入了一个高度信息化的时代,各种先进的信息技术以空前的速度迅猛发展,已经成为推动社会各个方面进步的关键动力。我国的教育机构也应当认识到这一发展方向,积极地采纳各种信息技术手段,强化信息技术与体育课程的融合,从而更有效地促进学校体育教育的进步。

第一节　信息技术与体育课程整合的内涵与特征

一、信息技术与体育课程整合的内涵

目前,信息技术在学校教育体系中已被广泛应用,从而推动了学校教育的持续进步。体育教育,作为学校教育的核心部分,应当融入各种尖端的信息技术,并努力将这些技术与体育课程融合,以达到创新性的发展。信息技术与体育课程的整合实质上就是信息技术在课程中实施的理论和实践,它针对教育领域中信息技术与学科课程存在的割裂等问题,通过信息技术与课程的互动性双向整合,促进师生民主合作的课程实施与教学组织方式的实现,它是以人的学习为本的新型课程教学活动样式,建构起整合型的信息化课程新形态,进而使信息技术与人的学习生活整合成为有机的连续体和统一体。①

随着时代进步的脚步,各式各样的信息技术对每个人的日常生活产

① 梁培根.信息技术与高校体育课程有效整合的策略研究[D].苏州大学,2011.

生了越来越深远的影响。在学校的教学过程中,将信息技术与体育课程相结合,实质上是体育教师在教学过程中超越各种知识框架,将信息技术、信息资源、信息方法、人力资源和体育课程内容融为一体,形成了一种创新的教学策略。

实践和事实都已经明确指出,在体育课程中融入信息技术对于实现教学成果是至关重要的。体育课程主要侧重于直接的感知,但利用信息技术可以有效地突破传统的以语言传达信息和身体练习为核心的体育教学方法的限制,从而增强体育教学的直观性和互动性,提升教学质量;信息技术不仅可以极大地丰富教学工具和方法体系,还能进一步提升体育教学的效率和质量;此外,利用信息技术不仅可以帮助学生增强他们的思考技巧,还能激发他们的创新精神。

信息技术的应用打破了传统体育教学的障碍。在这项技术的推动下,体育教师不仅可以科学地选择他们喜欢和擅长的教学内容,还可以充分利用信息技术和资源来开发更多的教学内容和资源,从而使学生能够充满热情地投入学习,顺利实现体育教学的目标。

二、信息技术与体育课程整合的特征

信息技术与体育课程的融合已被证实是一个极为有效的推动体育教学进步的途径,其主要特点包括数字化、网络化、多媒体化、智能化以及人本化等多个方面。相较于传统的体育教学方法,在这些领域中,它展现出了显著的优越性。

(一)数字化特征

在信息技术与体育课程融合过程中,数字化成为了一个显著的特点。信息技术主要涵盖了硬件设备、软件平台以及信息资源的数字化处理,实施数字化不仅能加速信息传播的速度和覆盖范围,还能提升信息资源共享的效能。数字化技术的显著特性是其大容量,通常以 M(兆)作为表示单位。由于其小巧的体积,便于存储、携带和远程传输,这为网络化的教学模式提供了坚实的基础,在体育教学领域,信息化技术的应用也同样适用。目前,数字化技术不仅在各种文化课程中得到了广泛应用,在体育课程中,特别是在体育理论课程中,体育教师可以充分利用多媒体技术进行视频教学。在各种视频技术的帮助下,可以有效地激发学生的学习兴趣,从而提高体育教学的效率,推动体育教学的进步。

(二)网络化特征

目前,我们的社会已经步入了一个高度网络化的信息时代,网络对我们的生活产生了深远的影响。得益于计算机网络技术的强大支持,各类设备和资源实现了深度整合,这使得传统的体育教学方式从封闭模式转变为开放模式,从而极大地推动了体育教学的进步和发展。将信息技术与体育课程融合,是充分发挥计算机技术、网络技术和信息技术进步的成果,从而实现在线学习。这样极大地扩展了学习资源的范围,打破了空间和地域的限制;教学过程从课堂内扩展到课堂外,从校园扩展到家庭和社会。[1]

另外,随着网络化的兴起,学校体育与社区体育、竞技体育之间的交流和沟通得到了加强,这极大地转变了人们的思考模式和日常习惯,促使人们形成了更加主动的学习方式和习惯。信息技术和课程的融合赋予了网络这一神秘的力量,这不仅打破了长达数千年的传统教育模式,还为体育的学习、欣赏和交流提供了更为广泛的途径。

(三)多媒体化特征

在信息技术与体育课程融合过程中,多媒体化成为了一个显著的特点。在这种创新的体育教育方法中,所有的教学资源都可以被有效地融合和应用。借助信息技术,体育课程教学可以充分利用图形、影像、声音、动画等多种手段,实现虚拟现实的功能,对学生的视觉、听觉、触觉等感觉产生一定的刺激,这对学生获取体育知识和技能具有极大的帮助,这是传统体育教学方法所不具备的。在多媒体信息技术的支持下,进行体育教学活动通常有助于提升体育教学的效率,并进一步促进体育教学质量的

① 梁培根.信息技术与高校体育课程有效整合的策略研究[D].苏州大学,2011.

提升。

具体而言,信息技术与体育课程整合的多媒体化特点主要表现在以下几个方面。

(1)众多心理学的理论研究都指出,当多个感官同时被感知时,其学习效果明显优于仅依赖单一感官的学习效果。

(2)通常情况下,现代多媒体技术能够传输大量的信息,并且传输速度极快。借助多媒体系统中的声音和图像压缩技术,我们可以高效地捕捉和再现大量的语音、图像、图像和动态画面信息,这在过去的技术环境中是难以达到的。

(3)在多媒体化的背景下,技术手段在信息传输方面表现出较高的质量,并且其应用领域也相当广泛。鉴于多媒体系统的技术处理都是数字化的,利用这种数字化技术,我们可以重现和重建各种教学环境,这对于帮助学生更好地掌握复杂的技术是非常有益的。

(4)多媒体化的教学方式通常都是易于操作和使用的。这套教学系统主要依赖于鼠标、触摸屏和声音选择输入,同时还配备了键盘输入功能,使得操作更为直观,使得任何人都可以毫不费力地进行操作,为体育教师的教学过程提供了极好的辅助工具。

(四)智能化特征

众多的高科技工具都展现出智能化的属性,这也是信息技术在这方面所具备的独特之处。当前,各类教学工具和软件都展现出了一定程度的智能化,借助这些尖端的信息技术,学生和体育教师都可以找到更为先进的学习方法。例如,最新推出的智能辅助教学系统能够精准地掌握学生的学习能力、认知特性以及他们目前的知识水平;对于学生的学术进程,此方法提供了很好的辅助和方向指引。因此,信息技术所展现出的这种智能化属性,对于提升体育教学的品质起到了至关重要的角色和影响。

(五)人本化特征

在社会进步的过程中,人被视为关键要素,对社会的整体进步有着至关重要的影响。教育的核心思想在于培育学生的独立性格和增强他们的创新能力,所有的教育活动都应以学生为中心,这正是其以人为本的特质。在运用信息技术进行教学活动时,体育教师应致力于创造一个和谐且民主的教学氛围,以学生为核心来组织教学活动,并着重于激发学生的学习热情。

随着时代进步的脚步,各式各样的信息技术得到了广泛的应用,体育教育的数字化和媒体化可以显著提高学生的学习效果,并增强他们的学习效率。此外,通过现代信息技术工具的应用,学习者可以更加主动地学习,进而实现个人的成长和进步。借助各类信息技术的应用,体育教学资源得以广泛共享,人与机器的互动更为紧密,同时信息的反馈也变得更为迅速和高效。学习者可以根据自己的实际情况,自由选择他们感兴趣的内容,真正做到"因材施教"。显然,将信息技术融入体育课程可以最大限度地挖掘学习者的独特性和潜力,从而促进他们的进一步成长。

总体来说,在体育教育过程中,创造一个充满人文气息的体育教学环境显得尤为关键。通常而言,一个健康的人文环境主要涵盖了现代教育观念、当代教育思想、教育技术的相关政策和法律规定,以及学习环境和氛围等多个方面。如果想要更好地整合信息技术与体育课程,缺乏一个健康的现代教育文化环境是很难实现的。在创建这样的环境时,我们必须重视人的作用,坚守人本主义的核心理念,并努力达成发展目标。

第二节　信息技术与体育课程整合的理论依据

信息技术与体育课程的融合并不是没有方向的,而是基于一系列的理论支撑,这些理论涵盖了建构主义学习、多元智能、教育学、系统以及自主学习等多个领域。

一、建构主义学习理论

建构主义的观点是,知识的获取并不是通过教师的教授,而是学习者在特定的社会文化环境中,利用他人的协助和必要的学习资源,通过构建意义的方法来获得的。该理论一旦被提出,便激起了社会各界的强烈关注,并对未来学术理论研究产生了持久而深远的影响。

建构主义主张在教师的引导下,以学生为核心进行学习。这意味着,我们既要重视学生的认知主体性,同时也不能忽略教师的指导角色。教师更像是帮助和推动意义构建的人,而非仅仅是知识的传递者和教导者。在那个时代,这个理论展现出了卓越的前沿性和前瞻性,对于推动社会教育的进步起到了正面的作用。建构主义的学习观点强调,学生应被视为信息处理的中心和意义的主动构建者,而非仅仅是被动地接受外部刺激或被灌输的目标。在实际的教学活动中,教师需要采纳创新的教育观念和模式、创新的教学手段以及全新的教学设计方案,这样才能有效地推动教育事业的持续进步。

(一)建构主义的知识观

建构主义的理论家们持有这样的观点:知识并不是对实际情况的精确描述,它更多地是一种阐释和假设,而不是问题的终极解答。反之,随着人类文明的不断发展,它将持续地经历"革命",并伴随着新的假设的出现;另外,单纯的知识并不能完美地总结世界的法则。在面对具体的问题时,我们不是简单地使用它,而是需要根据实际情境进行进一步的创新。因此,教师并不被视为某种知识的"权威",教材也不是用来解释现实的"模板"。

另外,建构主义的学者们也持有这样的观点:知识不可能以具体的实体形态存在于个体之外。尽管我们通过语言符号为知识赋予了某种形式,并且这些观点也得到了广泛的接受,但这并不代表学习者会对这些观点有相同的解读。因为这种理解是由学习者根据自己的实际经验和背景来构建的,而这取决于他们在特定环境下的学习经历。

总的来说,建构主义者以各种不同的途径,在一定程度上对知识的客观性、可靠性和确定性提出了质疑。尽管这种知识观可能过于激进,但它对传统的理论提出了挑战,并对推动整个社会的教育发展产生了深远的影响。

(二)建构主义的学生观

建构主义的观点高度重视学生的实践经验,坚信只有当他们积累了足够的经验时,他们才能对事物有正确的理解,并进一步推动自己的成长。在某些情况下,尽管某些问题他们可能还未有过直接的接触和经验,但当这些问题真正出现时,他们通常能够根据自己的经验为这些问题提供合理的解答,这正体现了过去经验的重要性。

建构主义者强调学生在体验世界时的多样性,他们认为每个人在日常活动和社交互动中都有自己独特和个性化的体验,每个人都有自己独特的兴趣和认知方式。因此,在面对具体的问题时,每个人都会根据自己的经验和背景来形成自己的观点和理解,这也突显了经验在问题解决中的关键作用。

(三)学习的建构性

建构主义的学习观点强调,在学习环境中,"情境""协作""会话"和"意义建构"这四个核心元素是不可或缺的,它们构成了学习者进行学习活动的关键基石。随着信息技术的持续进步,建构主义学习理论的应用领域也在逐渐拓宽,目前,这一理论已经成为信息技术与课程融合的核心学习理论基石。体育是一门集理论与实践于一体的特殊课程,信息技术与体育课程的有效整合,可以创设更佳的学习"情境""协作""会话"机会,更能体现"意义建构"理论。这些能极大地促进体育教学质量的提高。①

二、多元智能理论

(一)多元智能理论概述

如今,多元智能的理念在多个行业中都得到了广泛应用,特别是在教育领域,其应用的频次也相对较高。目前,这种理论在全球教育领域中获得了飞速的传播与扩展。这套理论与当下的教育改革理念和趋势相契合,它强调学生的潜在技能和个性化成长,对于发掘和培育人才,以及学

---

① 培根.信息技术与高校体育课程有效整合的策略研究[D].苏州大学,2011.

校整体教育的进步,都带来了深刻的影响。

一般来说,多元智能理论主要包括言语/语言智能;逻辑/数理智能;视觉/空间关系智能;音乐/节奏智能;身体/运动智能;人际交往智能;内省智能;自然观察者智能;存在智能等九个方面。这几个方面的智能对人的发展将产生极为重要的影响。

(二)多元智能理论和信息技术与体育课程整合

至今为止,信息技术在教育领域得到了广大的应用,利用这种技术,体育教育的改革和创新型人才的培养都取得了显著的进展和突破。信息技术与体育课程的融合已经逐渐成为现代体育教育的发展方向。为了实现这一目标,我们需要依赖先进的教育理论,其中多元智能理论为我们提供了一个科学的理论框架。如前所述,建构主义理论为信息技术与体育课程的融合提供了坚实的理论基础,而多元智能理论则为体育教育的未来方向提供了明确的指引。多元智能的观点是,智力具有多样性,也就是说,智力不仅仅是一种技能,而是一系列的能力。

多元智能理论高度重视学生多方面智能的成长,并强调在推动学生多方面智能发展的过程中,也要确保他们在优势智能方面的成长,这样才能确保学生在全面和个性化的层面上得到发展。在多元智能理论的指导下,实施信息技术与课程的整合意味着要创建一个数字化的学习环境,并建立一种"主导与主体相结合"的教学结构,以促进学生多元智能的发展,这对于培养学生的创新意识和能力是非常重要的。值得一提的是,为了推动学生多元智能的全面发展,有必要为他们营造一个积极的学习环境,以满足各种不同学生的学习需求,这样才能达成人才培养的最终目标。

三、教育学理论

(一)教学过程最优化理论

在教育学的整体理论架构里,教学过程的最优化理论具有至关重要的作用。这个理论最早可以追溯到 20 世纪 70 年代初,由苏联的教育家巴班斯基首次提出。这一思想一经提出,立即在当时的教育领域产生了巨大的影响,并至今仍在产生深远的影响。

1.教学过程最优化的概念

在体育教学体系里,教学流程被视为至关重要的步骤和内容,体育教学的质量和成果在很大程度上依赖于教学过程的最佳实践。体育教学过程的优化意味着"教师有目标地选择一种能够确保教学过程的最优方案。这可以确保教师和学生在投入最少的时间和精力的情况下,获得对该条件最大的收益,从而使每一个学生得到最好的发展,使教学效果达到最好。这种效果体现在学生身上,即确保每个学生都得到适时、最合理的教养、教育和发展"。

2.教学过程最优化的内涵

体育教学过程的"最优化"的内涵突出表现在以下几个方面。

(1)遵循体育教学的基本规律与原则。

(2)充分考虑体育教学环境与条件。

(3)制订与选择合适的教学方案或计划。

(4)合理地组织与管理体育教学过程。

(5)在规定的时间内,争取获得最大可能发展的效果。[①]

3.体育教学过程最优化的具体实施内容

(1)结合具体的教学实际,全面分析教学任务,提出建议和对策。

(2)深入学生实际,确定体育教学组织内容。

(3)依据教学大纲突出体育教学的重点与难点。

(4)分析具体的体育教学条件,确定合理的教学方法。

(5)开展差异化教学。

(6)确定最优化的教学进度,取得理想的教学效果。

(二)有效教学理论

有效教学是关于教学质量提高的一个非常重要的理论,国内教育学专家主要对这一理论进行以下解释。

---

① 许文鑫.中学体育课堂有效互动的理论与实证研究[M].北京:科学出版社,2015.

(1)利用经济学理论对有效教学的效果、效益、效率等进行阐释。

(2)有效教学的内涵集中体现在"有效"和"教学"两个方面,要从这两个方面对有效教学的概念作出界定。

(3)以学生发展为价值取向来界定有效教学。

(4)从表、中、深三个层面来阐述有效教学的结构。

(三)相关的教育理念

1.情感教育理念

多项相关研究指出,人们的情感状态在很大程度上会对其认知和实践活动产生影响。在大学的体育教育过程中,情感这一关键变量对教学活动的整体质量有着不可或缺的作用。学生对体育的兴趣主要是基于他们的内在需求,因此,在体育教学过程中,教师需要主动去了解和开发学生的这些内在需求,以满足他们多样化的需求。

此外,体育教师还需要巧妙地激发学生的运动积极性,激励他们以积极的心态参与体育活动,并努力克服他们的消极学习情绪,例如焦虑和自卑等。在体育教学活动中,情感教育是不可或缺的一部分。将情感教育整合到体育教学中,需要关注学生的学习态度、自尊、情绪和情感,同时也要关注学生的个人发展需求和情感互动关系,这对学生的全面发展具有极其重要的意义。

在体育教育中,"育人"不仅是一个核心目标和功能,同时也是情感教育的核心部分,因此,强化学生的情感教育显得尤为关键。这里提到的情感是指个体在情性方面的心理素质,这是个体在实践中受到先天遗传因素、后天环境因素共同影响而形成的积极的情感心理特征。大学生的情感素质具有相对的稳定性,并且与大学生的年龄特征、心理特征相适应。情感素质涵盖了人与人之间的情感、道德上的情感、审美上的情感以及理性的情感等多个维度,因此在日常教学活动中,我们应当重视对学生这些情感的培育。

2.开放教育理念

开放教育这一教育观念最早可以追溯到 20 世纪 60 年代,并在首次提出后立即激起了广泛的社会关注,现在也占据了不可忽视的地位。开放的心灵是开放性教学思维的核心,这也显示了开放教育观念在哲学上的深远意义。随着时代进步的脚步,这个理论的影响也日益增强。

目前,在学校体育教育领域,科学和技术得到了普遍应用,各类信息技术也受到了热烈的追捧。因此,在教育和教学过程中确立开放的教育观念是为了更好地适应时代的进步和需求。传统的教育方式往往过于固定和封闭,缺乏活力。而采纳开放的教育观念可以帮助我们改进传统的教育方式,增强课堂教学的开放性,并优化教学效果。在整个教学流程中,开放教育的观念都应该被融入,并在教育和教学的每一个环节中都得到体现。例如,教学的目标、内容、环境、资源、方法和风格等关键教学元素都应展现出其开放的特质。

从宏观角度看,开放教育的核心理念是"以人为本"。在高等教育体育课程中,我们必须始终坚守"以人为本"的原则,以学生为中心,围绕他们进行开放式的教学,寻找与时代进步相匹配的开放教学方法,这样才能有效提升教学品质,并促进学生的全方位成长。

3.创新教育理念

随着现代社会的持续进步,教育领域已经提出了一个以改革传统教育方式为核心的教育创新观念。创新教育涵盖了丰富的内容,如发现教育、思想教育、人格培养和心理教育等,无论采用哪种教育方式,其核心目标始终是激发学生的创新和创造才能。创新教育观念的提出和实施不仅全面落实了素质教育的理念,还有效地推动了学生创新能力的提升。

在今后的教学中,我们要充分贯彻创新教育的理念,需要注意以下几个方面的要求。

(1)体育教师需要确立现代教育的前沿观念,对传统的填鸭式教学方式进行改革,并最大限度地发挥其教育引导功能。

(2)体育教师需要精心设计科学且合适的体育教案,选用的教学内容应当能够有效地激发学生的学习热情。同时,教师还需要设计和执行创新的教学策略,以激活课堂氛围,优化教学环境,并在一个良好的教学氛围中促进学生创新能力的全面提升。

(3)在日常的体育教学活动中,体育教师需要积极地提高自己的教学技巧、业务能力和整体素质。他们应该参与多种培训活动,确保自己的教学能力和综合素质满足素质教育和创新教育的标准,这将极大地推动学生的创新能力的成长和提高。

(四)体育教育的规律与原则

1.体育教育的规律

(1)身心并动规律

体育教学与其他学科的教学有所不同,它主要是通过身体活动来进行的。学生需要通过实际的身体练习来完成身体锻炼的任务,从而达到增强体质的目的,这也是体育教学与其他学科教学之间的一个显著差异。从这里我们可以观察到,体育教学遵循一种身心同步的原则,这构成了体育学科独有的教育模式。体育教学,作为体育教育的核心部分之一,在其教学活动中也遵循身心同步的原则。在体育教学过程中,教师和学生的学习行为都是思维和身体活动紧密相连的。尽管身体活动更为频繁,但智力活动仍然占据了主导地位。

教师对教学内容的解释是思维活动的核心展现,而为学生展示动作和指导他们进行练习则是身体活动的主要方式。学生在接收和理解教师提供的教学信息时,需要运用大脑进行思考和脑力活动,同时,他们在观摩和模仿练习时也需要进行大量的身体锻炼。通常情况下,在体育理论的教学过程中,思维活动更为频繁,而在体育实践教学中,身体活动也更为频繁,这意味着教师和学生的身体活动主要是由思维驱动的。在体育教学活动中,教师不仅需要向学生传授各类体育项目的基础知识和技能原理,还需确保学生在参与体育活动时能够受到一定程度的运动负荷刺激,从而有助于提升他们的身体素质。因此,学生所受的教育不仅包括知识的传授,还涵盖了身体健康的教育。在体育实践课程中,教师需要合理地安排运动量、运动负荷和练习密度,根据学生的身体素质和体育基础来制定合适的运动处方,通过多样化的练习方法来增强学生的体质和提高体育技能。体育教师在教学过程中应遵循身心并重的原则,明智地选择教材和筛选教学内容,采用多种教学方法和模式,充分发挥教学理论在实际教学中的指导作用,鼓励学生在课堂上多加思考和练习,避免盲目练习而不加思索,这样可能会对他们的学习效果产生不良影响。在体育课中,学生应该多听、多看、多思考、多练习,并将他们的思考与身体锻炼紧密地融合在一起。为了激发学生的主动思考能力,教师需要巧妙地采用启发式的教学策略,激发学生的主动思考,确保他们对所学内容有深入的理解,并在此基础上加强学习和实践,从而提升学习成果。

(2)教、学、练结合的规律

在体育教学中,教与学、练的融合被视为一个核心原则。体育教学的实践过程中,身体活动是不可或缺的,这也构成了体育教学的一个显著特征。在体育实践课程中,教师不仅要展示技术动作,还需结合语言解释,将身体语言与口头表达紧密融合,这样可以有效地向学生传授体育相关的知识和技巧,而这些教学内容则是基于他人的知识和研究成果。学生通过听教师的授课、观察教师的示范行为以及学习他人的知识和研究成果,实现了一种间接的学习模式。学生在进行观察之后,还需要亲身参与各种模仿和创新的练习,这样可以通过不断的实践来提升他们的运动技巧。

在体育的教育过程中,无论是教师还是学生,他们都扮演着关键的角色,如果缺乏任何一个核心元素,都很难形成一个完整的教学流程。部分教师过于专注于自己的教学和任务完成,而忽略了对学生学习和练习时间的合理规划,这导致了课堂教学成果未能达到预先设定的目标。教、学、练这三者都是不可或缺的。教师在教学过程中传递知识和技巧,而学生则通过学习来继承这些知识,并通过在课堂内外的持续练习来进一步深化和完善他们的认知和研究成果。

综上所述,要想取得理想的教学效果,就必须将教、学、练紧密结合起来进行,这样才便于完成教学目标和任务。

（3）德智体美劳并进规律

在体育教学中，强调德、智、体、美、劳的均衡发展是至关重要的，这种观点与现代体育教育的标准相契合，并被视为体育教学的核心原则。现代学校教育鼓励将体育、德育、智育、美育和劳育紧密结合，这五个方面在学校教育中都是不可或缺的。学校教育的核心目标是培养在德、智、体、美、劳各方面均衡发展的合格人才，让他们为国家的建设做出有意义的贡献，而学校培养这些人才的主要手段是通过教学。无论在哪种环境下，具有教育意义的教学活动都能起到关键的教育作用，有助于学生的全面成长和才能的培养。

在进行体育教学时，我们必须全面实施德智体美的教育策略，并对思想教育、知识教育、美学教育和技术技能教育之间的联系有一个准确的理解，同时也要妥善处理它们之间的相互关系。德育、智育、体育、美育和劳育这五个方面是紧密相连的，它们共同构成了体育教学中德、智、体、美全方位发展的教育原则。一旦我们对德育、智育、体育、美育和劳育之间的相互关系有了深入的了解，我们就能更准确地理解体育教学中如何促进身体健康、提高教育质量和知识水平等关键任务。这些教学任务是相互依赖和相互推动的，因此在教学活动中，应该将它们紧密地结合在一起。具体的教学任务可以根据不同的教学需求和目标进行调整，但不能仅仅集中于某一特定的重点任务，而忽视其他方面的任务，以实现最佳的平衡。这意味着，在体育教学过程中，教师不仅需要教授知识和提升学生的知识水平，还需要合理地分配技术课程的运动负荷，以促进学生的身体健康。同时，还需要将思想品德教育和美学教育整合到教学中，确保学生在体育课上不仅能学到知识和锻炼身体，还能提升自己的美学修养和道德水平。显然，在体育教育过程中，我们需要遵循德、智、体、美、劳五个方面同步发展的原则，并将这五个领域的教育方法紧密结合，从而更好地促进学生的全面成长。

在实际的体育教学过程中，体育教师需要根据具体的实际需求，合理地规划德育、智育、体育和劳育等多个方面的时间分配,并将这些因素有效地整合在一起。主要目标是传授体育相关的知识和技能,同时也要将道德和审美教育融入教学内容中,以促进学生全面成长。

2.体育教育的原则

（1）直观性原则

体育教学呈现出鲜明的实践导向,其中,直观的教学方式是其显著的特色之一。在实际的教学过程中,我们应该使用直观的教学方法,例如示范、录像、挂图等,这些方法可以刺激学生的视听器官,使他们通过观看和听,再结合自己的思考和心理活动,从而更好地理解体育教学的内容。如果学生对动作的结构、路径和方向有深入的了解,直观的教学方法首先会激发学生的感性思维,接着在这种感性思维的基础上,学生会进行理性的分析和判断,从而更好地掌握教学材料。

在体育教学过程中,体育教师需要特别强调技术动作的各个环节和结构,明确指出动作中的重点和难点,以及它们在动作结构中的位置、作用和与其他动作的关系等,这样可以帮助学生建立一个整体的视角,既能掌握整个动作,又能准确把握教学的重点和难点。

在体育实践教学过程中,学生首先需要对当前的教学阶段有一个初步的了解和掌握,然后才能进入到教学改进和提升的阶段。在这个阶段,教育者需要引导学生根据自己的实际情况进行更高层次和更高水平的练习,而不是简单地机械模仿教师的行为。在这个阶段,强调与实际情况的结合是一个关键前提。如果训练与实际情况脱节,不仅会导致学习效果不佳,还可能对身心健康造成不良影响。

在体育教学活动中,体育教师有责任激发学生的主动思考能力,并引导他们积极地参与到实际操作中,这样做有助于显著提升体育教学的整体质量和成效。

（2）智体合一原则

智体合一主要是指在体育教学过程中,将思维和实践操作紧密结合,以促进学生个人能力的全面发展。体育教学与其他学科的教育有所不同,它主要采用身体活动作为教学的核心方式。在传统的体育教育体系中,过分强调通过提升学生的体能来掌握运动技巧,却忽视了智能教育的重要性。这导致学生对运动技术的基本原理和内涵缺乏深入的理解和认识,从而直接影响了他们的自主学习和训练积极性,也限制了他们在实践中对所学运动技能的应用和发挥。遵循智体合一的教育理念能够引导学生从"注重身体"的状态转向"结合体能和智能"的状态,这对学生的整体成长起到了至关重要的推动作用。

在进行体育教育时,我们必须严格遵循智体结合的核心理念。体育老师需要着重解释体育技术动作的关键点,同时也要让学生明白所学动作的重要性,以及该技术动作在国内外的发展程度。通过这种方式,学生在学习和练习新技术时能够形成一个刷新的技术观点和价值观,这不仅可以提高他们的学习能力,还能进一步推动体育教育的进步。

在体育教学的巩固和提升阶段,指导学生进行穿插练习,并对动作的原理和细节进行解释和强调,这样可以使学生对所学的动作有更全面、深入的理解,并让学生充分感受到练习过程中身心的变化,当学生进入自动化阶段后,鼓励学生适度创新,这样才能有效地教学,发挥应有的教学效果。

(3)掌握知识结构与培养能力相结合原则

在体育的教育过程中,培育学生的各项能力显得尤为关键。因此,严格遵循知识结构和能力培养的基础准则变得尤为关键。在体育教学过程中,我们始终坚持结合掌握结构和培养能力的原则,确保学生能够全面掌握体育相关的知识和技能,进一步丰富他们的知识和技能体系,并在此基础上培育他们的实际操作能力。

体育知识和技能的总体框架通常是由其基础定义和固有规律所构成的。在体育教师制定教案或训练计划之前,他们必须对教学内容的总体框架有深入的了解。只有这样,在教学计划的设计中,他们才能确保整体的规划、合理的布局、明确的重点和清晰的逻辑,从而为学生提供系统、有组织的体育知识和技能学习指导,帮助他们掌握完整的知识和技能结构。

在这个信息化的社会环境中,每个人都应当拥有迅速获取和精确处理信息的能力。如果在这方面的技能不足,那么在一个信息更新速度快且复杂的现代社会中适应将会面临不小的挑战。如果体育教育不重视培养学生在这方面的能力,那么这将限制学生向高体能、高智能的体育专业方向发展。传统的"填鸭式"体育教学方法并没有重视培养学生独立学习和探索知识的能力,这进一步限制了他们在社会中的适应性。在新的时代背景下,体育教育应更加注重培养学生的自主学习能力。更具体地说,在体育教育过程中,实施结构与能力培养相结合的原则时,需要特别关注以下几个方面的具体要求。

第一,构建良好的知识结构。体育教师在教学过程中首先需要对体育学科的知识结构有深入的掌握,并对体育理论知识体系中的各个部分以及运动技能体系中的技能间的联系有清晰和深入的认识。接下来,教师应在教学中指导学生深入理解完整的知识结构和动作结构,并进一步细化动作细节,确保学生能够掌握出色的动作,这样才能有效地提高学生的运动技能。

第二,培养出色的体育实践能力。在体育教学过程中,体育教师不仅需要亲自指导学生掌握体育知识和技能,还需要激发学生的思考能力,鼓励他们自我学习和练习。教师还应鼓励学生之间合作组织简单的体育比赛,并引导他们自行探索和创新学习和练习方法,以培养他们的探索意识、探索能力和创造力,这对学生的全面发展是非常有益的。

第三,掌握知识结构和培养实践能力的关系。知识与能力之间存在着一种相互影响和相互补充的复杂关系。不同的能力培养对知识的结构有着不同的需求。在进行体育教育时,首先需要确保学生对体育的知识体系有深入的了解和掌握,接着在此基础上进一步培养他们的运动技能和其他实践能力。在这一过程中,学生不仅可以进一步巩固所学知识,还能确保这些知识在实际操作中得到充分的应用。

(4)精益求精原则

追求卓越同样是体育教育中的核心理念。当学生掌握了基础的技术动作后,通过进一步的加工,可以使学生从最初的掌握逐渐发展到更为牢固、稳定,甚至是超前的掌握,这意味着学生能够将教学内容掌握得更为牢固和精确,这就是追求卓越的教学原则。当众多的竞技体育人才在竞技技能和成绩上都达到了某个层次,要想实现新的突破就变得尤为困难,此时,对已有的技术动作进行深度的加工和改进变得尤为重要。对于那些专注于高强度运动项目的运动员,由于技术动作的复杂性和难度,再加上需要在短时间内完成高级技术,因此必须依赖"深加工"来实现新的突破。这样才能满足运动专项对运动员的高度稳定性和精确性的要求,从而在激烈的比赛中取得优势,取得好的成绩。为了在比赛中取得胜利,运动员需要对自己的动作技巧持续追求卓越,这是至关重要的。

在体育教育中,贯彻精益求精原则需要注意以下几个方面的要求。

第一,重视细节教学。当前,在我国众多学校中,体育教师在教学过程中往往忽视了动作技术的深度加工和精细处理,以及对教学细节的关注不足,这在一定程度上限制了体育教育和训练的质量,对体育人才的培养和发展产生了不利影响。面对这种情况,体育教师有必要纠正这种误区,并在体育教学活动中全面实施追求卓越的基础准则。

第二,提高技术稳定性。在各种体育赛事中,技术的稳健性显得尤为关键。在一场体育比赛中,如果两队的实力相差不大,那么决定比赛结果的主要因素就是双方的心理素质和技术稳定性。因此,在体育教育中,必须重视提高学生掌握技术动作的稳定性,采用一些辅助的教学和训练方法来加强稳定性,指导学生不断重复练习以达到稳定和巩固的效果,这样可以避免学生学过就忘。

第三,与实战结合。体育教学与其他学科有所区别,为了达到最佳的教学效果,它必须与实战紧密结合。这种结合不仅是日常学习和练习的关键,也是熟练掌握技术动作的必要途径。为了增强这种学习效果,体育教学需要与实战紧密结合,通过参与大量比赛来提升自己的实战能力,从而实现理想的比赛表现。

四、系统理论

(一)系统的概念、构成与特征

1.系统的概念

系统主要由若干子系统构成,小的子系统又包含诸多元素,这些要素不是固定不变的,而是处于不断的发展和变化之中。

2.系统的构成

系统的形成与发展需要具备元素、结构和环境等三个基本的前提,只有具备了这几个要素,才能形成一个完整的系统。

(1)元素

系统包含多方面的元素,这些元素之间不是孤立存在的,而是相互联系、相互促进,推动着整个系统的发展,缺少了任何一方面的元素,系统的发展都会受到一定的影响。

(2)结构

一个系统的成长并不是无目标的,它需要在特定的框架内进行,只有当系统结构保持其完整性时,它才能健康地向前发展。每一个系统都拥有其独特的构造。为了系统的全面进步,采纳各种策略和手段来优化这个结构是至关重要的。

(3)环境

环境同样是系统成长的关键因素,正是在这个因素的推动下,系统得以建立和壮大。在没有环境的情况下,系统的存在基础也会被削弱,因此为系统的进一步发展创造一个有利的环境显得尤为关键。

以上描述的是系统形成和发展的关键前提与条件,每一个环节都至关重要,深入理解系统论的核心理念对体育教育的进步有着深远的影响。

3.系统的特征

通常来说,一个完整的系统应具有以下几个方面的特征。

(1)集合性特征

一个系统可以被视为一个有序的整体,其中包含了大量的元素,这些元素相互结合形成了一个统一的系统。因此,我们可以说系统并不是孤立的,而是由各种不同的元素或子系统按照特定的结构有序地组合而成。

(2)整体性特征

该系统由多个不同的组成部分构成,每个组成部分都具有其独特的特性和功能,但同时也存在一些不足之处。为了构建一个更加完善和健全的系统,需要进行全面的优化和组合。因此,我们可以认为这个系统拥有显著的整体性属性。

(3)相关性特征

系统内部的各个组成部分之间存在着极为紧密的相互联系,所有这些组成部分的发展都是为了服务于整个系统,在这些组成部分的紧密协作下,系统得以持续地进步和发展。在整个体育教学体系中,教师、学生和教材都是不可或缺的组成部分,他们之间存在紧密的联系和共同的成长,共同推动了体育教学体系的持续进步。

(4)反馈性特征

为了确保系统的流畅运行,它必须拥有出色的自我调整能力。这种能力是通过反馈机制来培育的,反馈可以帮助系统获取系统内部和外部的各种相关数据。基于这些数据,系统可以进行自我调整,确保其运行的稳定性。从这一点来看,该系统展现出了显著的反馈特性。

(二)体育教学系统要素

体育教学系统是一个高度复杂的系统,它主要是由多个子系统组成的,而这些子系统又是由许多不同的要素所组成的,这些要素的特性和功能共同决定了体育教学系统的功能和独特性。

在进行体育教学时,为了制定一个合适的教学计划,我们首先需要深入了解系统中的各个组成部分,以及它们各自的特性和功能。

一般来说,体育教学系统主要有以下要素构成。

1.学生

在体育教学活动中,学生扮演着关键的角色,所有的教学活动都应该以学生为中心,这反映了"人本主义"的核心思想。如果学生希望实现全面的成长和发展,他们必须构建一个健全的体育知识和技能体系,这包括在体育理论、体能和技能等多个方面实现共同的成长和发展。

2.体育教师

在体育教学活动中,体育教师扮演着关键的角色,他们的指导对于体育教学活动的流畅进行是不可或缺的。体育教师不仅需要拥有丰富的专业知识和技能,还应具备优秀的教学组织和管理才能。在实际的体育教学活动中,体育教师需要充分发挥自己的主导作用,组织和管理整个教学过程,以提高教学的效率和质量。

3.体育教学内容

一个完整的体育教学内容体系主要包括以下五个部分。

(1)身体教育:促进学生身体素质的发展和提高。

(2)保健教育:为学生提供良好的卫生、安全等教育。

(3)竞技体育:丰富学生的体育知识与运动技能结构体系。

(4)娱乐教育:培养学生良好的体育意识和习惯。

(5)生活教育:培养学生快速适应社会的能力。

4.体育教学方法与手段

在进行体育教学时,选择适当的体育教学方法和手段显得尤为关键。体育教师需要根据当前的教学现状和学生的特性来选择合适的教学方法和手段,并持续创新,以适应体育教学的发展和需求。随着现代科学和技术的不断进步,各式各样的信息技术逐渐被融入到体育教育中,从而显著提升了体育教学质量。

5.体育教学媒体

在体育教学中,教学媒体扮演着至关重要的角色,如果没有这些媒体,整体的教学过程可能会受到阻碍。因此,在体育教学体系中,体育教学媒体扮演着至关重要的角色,这方面的建设和发展需要得到加强。通常情况下,体育教学的媒介主要可以划分为传统的教学媒介和现代化的教学媒介两大类。目前,现代教学媒体已被广泛应用,因此在体育教学设计过程中,设计人员需要更多地考虑到现代教学媒体的内容。

五、自主学习理论

学生的自主探究学习意味着在教师的启示、指导和协助下,他们会自发地参与到学习的过程中,或者像科学家那样,为了实现某个科学发明,他们会主动地进行实验和尝试,目的是为了成功地创造和发明。加里森持有这样的观点,即自主学习者不仅是学习过程的主导者,还是过程的主导者,他们强调的是自我管理和自我监督的重要性。在自主学习的过程中,控制的焦点逐步从教师转移到了学生身上,而学习者则是根据自己设定的学习目标来确定学习的内容和方式。从这一点出发,我们可以明确地认识到,自主性学习实际上是对传统课堂教学方式的一种革新,它强调对学生的尊重和信任,为学生提供充足的时间和空间,鼓励他们主动地参与学习和社会实践,从而培养他们的自主和独立学习能力。通过网络平台和数字化资源等现代化工具,体育教育得到了极大的便利。学生可以通过收集、探索、发现、创造和展示各种资源来进行自主的探究学习,这不仅增强了他们完成任务的自信,还有助于维持学生的学习兴趣,并能更全面和有效地激发学生的学习主动性和积极性,从而提升学习效率。此外,这种学习方法强调在认知过程中学生的主体性,从而有助于培养学生的主动探索精神和创新能力。

在当代学校教育体系中,自主学习的理念起到了至关重要的作用,这一观点与"人本主义"的核心思想高度契合,并突出了人在学习过程中的核心地位。目前,这种理论在学校的体育教学中得到了广泛的实施和应用,对于提升体育教学的品质起到了关键的引导作用。

第三节 信息技术与体育课程整合的现状分析

一、信息技术应用于高等教育的总体现状

目前,信息技术已在社会的多个方面得到了广泛应用,这一点在高等教育机构中也同样适用。信息技术主要涵盖了教育领域中所应用的计算机技术、互联网技术以及多媒体教学等多个方面的信息技术。为了确保信息技术的使用既合理又高效,我们必须强化信息技术与体育课程之间的融合,并对信息技术的当前应用进行深入研究,这样才能为两者的融合打下坚实的基础。

随着时间的推移,信息技术在大学教育中的应用变得越来越普遍,并且已经取得了显著的效果。目前,信息化技术在几乎所有学校的课程教学中都有不同程度的应用,尤其是在各个课程的理论教学环节中使用得尤为频密。在如体育实践这类的课程里,对信息技术的应用显得不够充分。

从宏观角度看,信息技术已在学校的课程教学、教务管理和教学研究等多个领域得到了有效应用,从而显著提升了教学管理的工作效率。在这之中,某些学校非常注重利用信息化的教学方法,并在此领域投注了大量资金,从而进一步促进了学校教育的进步。

二、当前体育教学方法运用现状

根据相关的研究调查,目前我国绝大多数学校的体育课程仍然遵循传统的教学模式,体育课程主要可以分为理论学习和技术学习两大部分。在理论学习的教学过程中,教师的讲授仍然占据主导地位。在理论教学中,教师是教学的核心,过分强调教师的"教"而忽略了学生的"学",所有的教学设计理论都是围绕"教"的方式进行的,很少涉及到学生如何"学"

的问题。根据这种教学理论所设计的课堂环境,学生参与教学的机会相对较少,大多数时间都是被动的,这使得学生的主观能动性和积极性难以得到充分的激发。虽然技术动作的教学通常是通过形象化的方式进行的,但由于教师的身体素质和所处环境等多种客观因素的限制,很多技术动作在教学过程中很难达到标准化示范,这也导致学生难以根据教师的解释和示范来建立正确的动作概念。体育课本里包含了大量的空中跳跃、高速移动和翻转等技术性动作。对于学生来说,很难清晰地看到这些瞬时完成的动作,这也意味着他们很难迅速构建一个完整的动作描述。在这种情况下,教师只能不断地进行示范和讲解,这不仅影响了教学的进度,而且过多的讲解和示范还可能导致学生产生错误的认识。

综合来看,随着体育教育的持续进步,过去那些单调和传统的教学方式已经不能满足学生的实际需求和达到教学目的。在当前的信息化社会环境中,仅当我们采纳前沿且多样化的教学策略和手段,并将信息技术融入体育教学,体育教学的进步才能得到真正的推动。

三、体育教学部门所拥有的信息技术资源现状

通常情况下,信息技术资源可以被划分为硬件和软件两大类。硬件主要包括计算机、网络、多媒体和声像等实体设备,它们为体育教学提供了关键的支撑和保障。从宏观角度观察,我国众多学校在计算机和网络办公设备的配置上仍显不足,仅有极少数学校配备了固定的多媒体教室。令人惊讶的是,近30%的大学体育教师并没有固定的工作空间,因此大多数教师只能返回家中,依赖计算机和网络进行办公。相较于体育教学部门,其他学科或课程通常拥有更优质的办公环境,配备了专用的计算机实验室或多媒体教室,其信息技术硬件设施明显优越。为了确保信息技术与大学体育课程之间的高效融合,我们不仅要有完备的硬件支持,还需要具备丰富的软件资源。这些软件资源主要涵盖了教学软件、在线课程和其他数字化教学资源。网络资源被视为现代信息技术的中心,但由于

高校网络教学资源在学科上的分布不均、缺乏高质量资源以及资源种类过于简单,体育教学软件资源变得尤为稀缺。首先,教育管理部门和学校难以投入资金创建专门的网络教学资源网站;其次,体育教学所需的资源种类繁多,每个学校都使用了自己的教材。由于学校的地理特点、学生的多样性、课程内容的复杂性和独特性,很难制作出满足教学需求的通用教学课件。至今还没有出现一个相对理想的体育教育网站。尽管互联网提供了丰富的体育教学资源,但这些资源都相对分散且缺乏系统性,因此需要进一步的收集和整合,以便更好地应用于具有各自特色的体育教学环境中。目前的网络资源状况难以满足多样化学生对学习资源的多样化需求,因此,网络教学资源的建设已经变成了在多元化背景下,信息技术与高等教育课程整合的一个瓶颈问题。这个问题在未来仍需特别关注和解决。

四、体育师资队伍信息技术素养的现状

在信息技术与大学课程的融合与进步中,体育老师起到了至关重要的角色,他们的信息技术能力水平会直接决定体育教育课程改革的成功与否。身为一名出色的体育教师,不仅需要拥有卓越的信息技术能力,还必须拥有前沿的体育教学理念,熟练掌握现代教学手段和方法,并具备基础的信息技术知识。此外,还需要有出色的信息技术处理技巧,这样才能成为现代体育教师,并对体育教学的持续发展起到至关重要的推动作用。

目前,总体来看,我国学校体育教师关于信息技术的使用情况主要体现在以下三个方面。

第一,很多体育教师并没有从观念上重视起来,没有意识到信息技术对当今体育教学的影响。

第二,很多体育教师都安于现状,按部就班地采用传统的教学手段进行教学,在一定程度上打击了学生学习的积极性。

第三,尽管体育教学具有高度的互动性,但很多教师错误地认为,即

使不使用现代信息技术，也能达到理想的教学效果，这是一种误解，因为他们没有与时俱进，没有跟上时代的发展步伐。

第四节　信息技术与体育课程整合的思路

加强信息技术与体育课程的整合非常重要，在整合的过程中一定要理清思路，确保整合的科学性与有效性。

一、选择适宜的教学内容与信息技术有效整合

体育教学内容是体育教学体系的重要组成部分，我们在选择教学内容时，要重点把握以下四个方面。

第一，选择的体育教学内容一定要符合教学目标。在进行体育教学时，各种教学内容都有其特定的目标，因此在选择体育教学内容时，必须确保它有助于这些目标的达成，并选择与体育目的相一致的内容。

第二，体育的教学内容需要方便地与信息技术融合在一起。所选的体育教学内容应与信息技术产生积极的相互作用，从而有效地推动两者的整合和进步。

第三，体育的教学内容必须富有吸引力，这样才能真正点燃学生的学习热情。为了达到这一教学目标，体育教师不仅需要在体育教学内容上进行创新，还可以对现有的教学内容进行重新设计和改良，以增加教学内容的吸引力。现代信息技术受到了学生们的热烈欢迎，通过加强信息技术与体育教学内容的融合，可以显著提升体育教学的效果。

第四，体育教学内容要与学生的运动水平相适应，体育教师要充分利用好学校教育资源，创新出富有特色的、让学生感兴趣的教学内容。

二、延伸体育学习环境，转变体育学习方式

为了更好地利用信息技术在体育教学中，我们还需在体育课程改革

中加大对体育学习环境的建设力度,进一步拓展体育学习环境,改变体育学习的方法和方式,这将为信息技术与体育课程的融合提供有力的支撑。

关于学生体育学习方式的转变,要重点注意以下几点要求。

第一,转变教学的时空观念。过去,学生的学习主要集中在学校环境中,但通过信息技术的应用,他们可以选择网络远程教育的方法,而学习的场所可以选择在家里或图书馆等地方。除了通过书籍进行学习之外,你还可以利用互联网接入虚拟学校进行学习。

第二,把信息技术从学习对象转变为一种学习的工具,通过这一工具的利用,能很好地提高体育教学的效率。

第三,信息技术的利用,会对学生的自主学习、主动探究、合作交流等学习方式产生有利的影响。

第四,体育教师要想方设法地为学生构建一个良好的网络学习环境,为学生的学习奠定良好的基础。

三、增加投入,加强信息技术的硬件和软件建设

在信息技术的应用架构中,计算机、网络和多媒体设备被视为核心的硬件组成部分,它们的存在和进步对于信息技术的广泛传播和应用起到了至关重要的作用。因此,为了满足体育教育的标准和学生的学习需求,我们需要进一步加强校园网络的建设,并配备计算机、多媒体和视听设备。另外,强化学校信息软件资源的建设同样具有极高的重要性。与传统体育教学相比,这些数字化课程资源和教学管理软件具有显著的优越性。因此,如何充分利用信息技术在学校体育教育中的潜能,成为一个值得深入探讨的议题。

尽管如此,我国许多学校在数字化基础设施的建设上仍未达到信息化教学的标准,无论是在硬件还是软件方面,信息化建设都面临着一些挑战和问题。因此,在未来,强化这两个方面的建设将被视为一项至关重要的任务。

第五节 信息技术与体育课程整合的模式

信息技术与体育课程整合的模式可以采取以下几种方式,通常都能取得不错的成果。

一、基于教学过程的整合模式

通常,体育教学的全过程可以分为三个主要阶段,分别是"课前阶段"、"课内阶段"和"课后阶段",这三个阶段都是不可或缺的。在这之中,"课前"和"课后"这两个部分被统称为"课外阶段"。因此,可以将基于教学过程的整合模式划分为"课外模式"和"课内模式"两个主要类别。

在利用信息技术的过程中,众多国家高度重视"课前"与"课后"的教学融合,因此出现了众多的"课外整合模式",这对于提升体育教学的整体质量起到了至关重要的作用。然而,"课内整合教学模式"的问题相对来说是比较复杂的。各个学科都有其独特的教学特性,根据不同的评价标准,我们可以将它们分类为各种不同的教学模式。

从学科的视角来看,主要采用了语文、数学、体育等多个学科的课内综合教学方法;从教学策略的角度来看,课内整合教学模式主要包括自主探究、团队合作学习和角色模拟等多种策略;从技术支持环境的角度来看,课程内整合了网络、仿真实验等多种技术支持的教学模式。

上述内容都是基于教学流程的整合策略的核心部分,在体育教学过程中,强化信息技术与体育课程的融合对于提升体育教学的品质起到了至关重要的作用。因此,对这一领域的深入研究变得尤为关键。

二、基于技术支撑环境的整合模式

根据不同的技术支持环境,我们可以将其分类为基于网络、多媒体和仿真实验等几种类型。其中,前两种模式在学校教育中得到了广泛的应用,接下来我们将重点分析这两种模式。

(一)基于多媒体教室的整合教学模式

仅从文字描述就可以推断,这种模式是在一个多媒体的教室环境中实施的。在整合和执行教学过程中,通常会使用教师预先准备好的多媒体演示课件。这种方法有两个显著特点:一是利用图像、声音、视频等多种多媒体素材来再现宏观或微观现象,二是对学生的思想和情感进行渲染和铺垫;另一种情况是,学生主要通过听和看来参与,而实践和动手的活动相对较少,他们主要依赖计算机、网络等现代信息技术来完成这些活动。现在,部分学校已经采纳了多种策略和手段,对多媒体教室进行了特定的优化。例如,在教室的四周安装了几台联网的计算机,并规定学生每四到六人配备一台计算机。通过这种合作式的学习方法,教学活动能够获得良好的效果。

(二)基于多媒体网络教室的整合教学模式

这种教学方法所依赖的环境是多媒体网络教室。在这种教学模式中,学生可以选择每人配备一台计算机或两人配备一台计算机,这样可以更好地强调学生的实践操作和独立学习能力。值得强调的是,这种教学模式在执行过程中对教师提出了极高的标准。它不仅要求教师在网络环境中具备出色的课堂组织和管理能力,还要求教师能够有效地整合网络资源,合理地设计能够体现学生自主性和激发学生探究精神的学习活动和任务。此外,这种整合方式由于其硬件设备的高昂成本,许多学校难以负担,导致其在市场上的普及率相对较低。

三、基于教学策略的整合模式

在当前的体育教学实践中,采用基于教学策略的整合方式被认为是一种相当有效的教学策略,这种模式不仅具有创新性,还能实现其他教学方法难以达到的教学效果。教学策略可以定义为在各种教学环境中,为了实现不同的教学效果所选择的策略和手段,这主要在教与学的互动过程中得到体现。根据不同的教学策略,将信息技术与课程融合的教学方法可以被分类为自主探索、团队合作学习、示范、授课、讨论、辩论和角色模拟等多种形式。鉴于整合教学模式中使用的策略种类繁多,从当前的执行情况来看,整合教学模式可以进一步细分为接受式、探究式和研究式三个主要类别。这三种模式都能与体育课程通过信息技术实现深度融合,这对于推进体育教育的进步起到了至关重要的角色。

根据不同的教学标准分类的教学模式,在信息技术背景下对体育教学都有一定的影响,但其效果也存在差异。体育教师需要根据实际情况选择最适合的教学模式,加强信息技术与体育课程的整合和管理,以促进教学质量的提升。

第五章　体育信息服务建设研究

第一节　智能穿戴与运动健身

一、智能穿戴设备的研究概述

伴随着电子通讯领域的持续壮大,智能手机产业已经达到了一个前所未有的高速发展阶段。在这段时间里,像苹果和三星这样的智能手机巨头在手机技术创新上遭遇了难题,人们开始将更多的精力投入到智能穿戴技术中,导致各种先进的智能穿戴设备如同春天雨后的竹笋一般纷纷出现。

鉴于智能穿戴设备需要与人体直接接触,它天生就有检测身体质量的能力。因此,众多制造商纷纷推出了带有健身功能的智能穿戴设备,这为体育领域带来了前所未有的发展机会。鉴于智能穿戴设备是科技进步的新趋势,关于它的确切定义,目前尚未有一个统一的观点。百度百科对智能穿戴设备的定义是:"'穿戴式智能设备'指的是利用穿戴式技术对日常穿戴进行智能化设计,从而开发出可以穿戴的设备,例如眼镜、手套、手表、服装和鞋子等。"李杨的观点是,"可穿戴设备"指的是使用独立的操作系统,并具有系统应用升级和可扩展功能的智能设备,这些设备是人体佩戴的,能够实现持续的交互"。

(一)智能运动穿戴产品的设计要素

1.造型设计要素

为了确保产品设计既美观又能吸引用户,我们必须重视其造型、色调和所用材料这三大视觉元素。产品的外观设计是形成心理印象的主要元素;这也代表了功能的外部呈现以及颜色和材料的结合。也就是说,产品外观的深层含义是通过不同的大小、形态和布局来产生各种情感导向的。例如,四边形如方形和矩形能够将观众的情感导向更为稳定和严肃的方向;当加上圆角后,观众的安全感会得到增强;圆形和椭圆形的设计能够展现出包容性,这有助于创造一个完整且充满活力的环境。在人机工程学的指导下,电动工具展现出丰满而柔美的设计线条,为人们带来了强烈的力量、自信和勇气的情感导向;在家具设计中,同样饱满和柔和的线条起到了一种宁静和舒适的情感导向作用。

另外,随着科技和时代的不断进步,同类型的产品在功能、使用方法等多个方面也在不断演变。因此,通过产品的外观设计,我们可以更好地传达出产品的使用和操作特点,这具有很强的指示作用。

2.色彩设计要素

色彩,作为视觉审美的中心要素,对人们的视觉体验和情感状态产生了深远的影响。考虑到运动穿戴产品的特定需求和形态要求,我们提出了智能运动穿戴产品色彩的通用原则:

(1)专为青少年设计的运动装备通常使用较为明亮的颜色,例如红色、绿色或橙色;关键的操作键,例如开关按钮,需要使用产品的主色进行准对比色或次对比色,这样人们就能更容易地找到它;为成年男性设计的服装产品通常倾向于使用色调较轻和相对淡雅的颜色。除了普遍接受的准则之外,在配色组合方面,还存在一些必须遵循的基本原则。

(2)当涉及到单一色彩的应用时,可以通过调节色调来提升产品的层次感和对比度,例如采用不同的灰色调来增加产品的层次感。

(3)当需要使用两种颜色时,首先选择一个作为主色,接着使用主色的准对比色或次对比色作为辅色,这样可以增强产品的生动性。

(4)当需要使用多种颜色时,应选择相同的色调,也就是相同的色调,例如粉红、粉蓝、粉黄、粉绿和粉紫色等。

(5)避免使用所有颜色,并努力将其限制在三种颜色范围内。频繁使用颜色可能会使人觉得混乱,缺乏中心思想。

(6)当需要吸引观众的目光时,建议使用警示色彩,例如黄色或橙色。

3.材质设计要素

在产品设计中,材料的使用体验主要反映在视觉与触觉方面。在产品操作过程中,不同的材料质感会带来各异的心理感受,例如,金属材质的触感可能会让人觉得坚硬、冷淡、理智和充满高科技的氛围;有机塑料给人一种温馨、温馨、感性和充满人情味的感觉。从这一点来看,产品的视觉体验有助于有效地传达产品设计在"情感"方面的需求。

(二)交互技术的智能运动穿戴产品的设计原则

1.趣味交互性原则

有趣的元素能够增强用户的沉浸感,并更有效地激发他们对运动的热情;出色的交互体验不仅使得用户能够更为轻松地操控产品,还助力于产品达到运动辅助的关键功能。如果用户的交互体验不佳,那么他们与用户之间的"沟通"就会受到影响"。趣味性的互动不仅仅局限于基础的互动功能,它还增强了人性化和情感化的元素,引导交互方式朝向更为积极的情绪方向发展。长时间接触某些产品可能会让人感到审美上的疲惫,与此同时,产品的趣味性也会随着时间的推移而逐渐减退。因此,更新与产品相关的衍生功能成为提升产品趣味性的关键,同时,智能穿戴设备也被赋予了运动指导和社交功能;可以以产品为中心,构建一个集游戏、社交、监控和控制为一体的综合服务系统。例如,基于 Switch 手柄设计的纸板附件、能够激发用户创意的乐高积木,以及 Apple Watch 提供的可替换表带和表盘。

2.操作简单性原则

传感器的功能各异,因此其交互方式也有很多限制。例如,心率血氧传感器只能在 5 厘米的范围内使用,电子罗盘只能在水平方向上使用,声音交互需要减少噪声,并且动作识别的背景需要与人体分离。因此,设计师需要站在用户的角度来思考,以减少在使用过程中不必要的操作步骤和注意事项。另外,由于智能穿戴产品体积相对较小,功能交互界面也相应缩小。然而,随着消费者对更多功能的需求增加,智能穿戴设备开始采用集成化和更高级别的触控屏幕来实现交互功能。因此,在讨论除屏幕外的穿戴和工作模式时,我们更应该强调屏幕的集成性,以增强用户之间的信息交流效率。同时,操作界面的设计也应遵循简明易懂的原则。

3.反馈明确性原则

在人与机器的互动中,信息的循环传输是至关重要的。当产品从用户处收集信息,并通过内置的超微型芯片进行计算后,它会选择预定的信息传递给用户,从而形成一个完整的循环。因此,在信息循环的尾声,当我们向他人传达信息时,应当坚持以人为中心的方式,确保反馈信息既简洁又直观。因此,智能运动穿戴产品的工作模式应根据用户的感官体验进行分类。例如,当用户佩戴这些产品进行运动健身活动时,屏幕需要关闭,并通过震动和声音来反馈相关信息。

4.其他设计原则

在设计智能运动穿戴产品时,除了遵循上述三个基本原则外,还必须注重产品的安全性。这类产品与人体紧密相连,因此对其舒适的外壳和安全的硬件配置有着至关重要的需求;接下来,我们应当坚持可持续的设计理念。鉴于电子产品的持续迭代设计,每年都会有众多新的产品问世,因此加强智能穿戴功能、扩大其应用范围以及构建产品回收服务系统变得尤为重要;除此之外,我们还应该在遵守生产条件的约束和控制生产成本的基础上,努力提升生产的效率。

三、智能穿戴设备的分类及功能

智能穿戴设备的种类繁多,"从可穿戴智能设备使用部位的产品分别来看,30%的产品佩戴在手腕上,穿着或佩戴在身上及头部的产品分别占26%和22%,没有明确佩戴部位要求的产品有15%,而双脚似乎是最不被智能可穿戴设备青睐的部位,只有7%的产品选择了脚部"。大体来看,智能穿戴设备种类与功能主要是在体育活动中的价值。

随着可穿戴设备在各个领域的广泛应用,所能实现的功能也在不断地增加,同时融合的技术种类也在逐渐增多。然而,传感技术、无线通信技术、显示技术、电源管理技术以及大数据等多个相关技术始终是不可或缺的。

(一)可穿戴式设备的分类

可穿戴式设备的种类繁多,分类的方式也随之增多,按照不同的分类方法可以划分为不同的类型。

1.按功能分类

目前市面上的可穿戴设备主要被用于医疗保健和健身运动领域。Shaji 和他的团队在印度的贫困农村地区应用了一种可穿戴的设备,该设备能够监测人们在进行散步、慢跑等活动时的心脏状况,从而实现预防心脏疾病的目标。Bajpai 及其团队利用可穿戴传感器来监测用户在活动中的中心率变化,这有助于计算用户的热量和卡路里消耗,进而对用户的健康状况进行评估,并据此为用户设计合适的健身方案。通过使用可穿戴的设备,人们能够更精确地感知和量化自己以及外界的信息。因此,根据其功能,可穿戴设备可以被分类为两种:一种是可以自我量化的,而另一种则是可以在体外进行量化的。

(1)自我量化

通过对用户的心率、肌电、脉搏、血压、血氧和体温等个人数据的定量分析,我们可以将其划分为运动健身和医疗保健两大领域。在运动健身部分,可穿戴的设备主要包括手表、手环和腕带等,它们的主要功能是测量用户所在环境的 pH 值、气压、海拔高度、行走的步数、消耗的卡路里以及潜水的深度等关键参数。Seong 和他的团队设计了一款腕带通信平台,该平台能够通过点对点的方式直接与其他设备和传感器建立连接,从而实时获取用户在活动过程中生成的数据。在医疗保健领域,主要任务是对用户的心率、血压、血糖等与健康状况密切相关的生理指标进行监控,这些主要的监测方式包括使用手表和胸带等。Thomas 和他的团队开发出了一款生物手表,这款手表可以检测到心电、血压等生理指标,进而评估人体的健康状况。

（2）体外量化

通过使用可穿戴的设备，我们可以增强用户对外部信息的感知能力，并帮助他们处理这些信息。用户可以利用设备内的传感、处理、连接和显示功能来增强他们对外部信息的感知，或者感知那些他们原本无法感知的信息。在体外，量化技术被广泛应用于各种领域，如休闲娱乐、信息咨询和远程控制等，其中主要的设备类型是手表和眼镜。Mizuno 及其团队使用配备小型温敏传感器的可穿戴眼镜来测量鼻部皮肤的温度，并根据鼻部皮肤温度的波动来评估个体的生理和心理状况。Ham 和他的团队设计出了一种智能眼镜，它可以在增强现实的背景下选择并操作虚拟的二维和三维内容。

2.按佩戴位置分类

根据位置的不同，可穿戴设备可以被分类为头箍、头盔、眼镜、挂件、臂环、腕带、手环、手表、戒指、服饰和鞋等。

手腕上的可穿戴设备主要以手环和智能手表的设计为核心。手环是运动健身领域的主要工具，它可以记录用户在运动过程中消耗的能量、运动的时间、距离等信息，一些手环还可以监测用户的睡眠状态。这款智能手表不仅配备了手环功能，还增添了心率、体温和陀螺仪等多种传感器，以便更全面地监控用户的运动状态；智能手表不仅能够与智能手机建立通讯连接，还能在其屏幕上展示手机接收到的各种通知，并能对手机进行基础操作，因此，智能手表的未来发展正在受到广泛的社会关注。

（二）可穿戴式设备的相关技术

可穿戴式设备使用的主要技术包括传感技术、无线通信技术、电源管理技术、显示技术、大数据等。

1.传感技术

可穿戴设备是一种可以安装在人体、动物或物品上的设备，它能够感知、传输和处理信息，并具有动作检测、环境感知、手势识别、语音控制、生理信号监测和影像感测的功能。因此，传感器成为了可穿戴式设备的核心组成部分。可穿戴式设备的传感器主要包括运动传感器、生物传感器和环境传感器。随着传感技术从嵌入式技术向微机电系统技术的转变，传感材料也逐渐从半导体材料转向纳米和纳米硅材料，这使得传感器逐步走向微型化和智能化，从而推动了可穿戴式设备向植入式技术的发展。

(1)运动传感器

运动传感器的主要组成部分有：加速度传感器、陀螺仪、电子罗盘传感器以及大气压传感器等。运动传感器在可穿戴设备中的应用已经变得非常普遍，其主要功能是检测屏幕的横屏和竖屏；计步器；双击应用程序，比如手环或手表，由于操作空间有限，可以通过双击功能来启动其中的一个应用程序；对震动进行检测；如手势的识别技术等。在这之中，陀螺仪被用来测量设备的偏移角度；电子罗盘传感器具有方向检测功能，可作为导航辅助工具；大气压传感器有能力测定用户所处位置的气压和海拔，从而为天气预测提供依据。我们可以利用运动传感器来监测、记录和分析用户的运动状态，进而计算和统计用户的运动量，从而为用户量身定制合适的运动计划。

(2)生物传感器

生物传感器，如心率传感器、体温传感器、血压传感器和血糖传感器等，主要用于收集人体的生理信号。这些传感器的主要功能是监测用户的身体状况和病情，并及时发出警报，从而降低患者患病的风险。这不仅为医生提供了一个可靠的诊断依据，提高了诊断的准确性，而且也让家庭成员能够及时了解到用户的具体情况，这在一定程度上推动了可穿戴设备在医疗保健行业的广泛应用。谷歌目前正在开发一款智能隐形眼镜，专门用于对糖尿病患者的血糖进行实时监控。这款眼镜利用生物传感器来检测用户眼球表面的泪液，从而确定血糖水平，并将这些检测到的血糖值发送给移动智能设备，使用户能够随时了解自己的血糖浓度。

(3)环境传感器

环境传感器的种类繁多，包括但不限于温湿度传感器、紫外线传感器、pH 值传感器、气体传感器、气压传感器、环境光传感器以及颗粒传感器等。在我们所生活的环境中,有许多可能对人体健康造成伤害的元素,例如空气污染、水体污染、噪声污染、光污染、电磁辐射和 PM2.5 污染等,这些都可能导致多种慢性疾病的发生。因此,利用环境传感器来监测环境中的温度、湿度、紫外线强度、pH 值、气压和颗粒大小等关键参数,是实现环境监测和健康提醒的关键。随着工业化进程的加速,PM2.5 的污染问题日益加剧,雾霾天气对人们的日常生活和健康带来了巨大的威胁,因此,对 PM2.5 等颗粒物的监测变得尤为关键。夏普公司研发的 PM2.5 传感器使用虚拟撞击器技术来区分 PM2.5 粒子,并通过光学传感器来测量 PM2.5 粒子的数量,从而能够精确地测定环境中 PM2.5 的浓度水平。

2. 无线通信技术

在可穿戴的设备设计中,用户需要在一个或多个设备之间进行互动。由于无线通信技术具有很高的灵活性和自由度,它可以增强这些设备的移动性和简洁性。现阶段,在可穿戴设备中广泛应用的无线通讯技术包括蓝牙、无线高保真和近场通信等。此外,适用于可穿戴设备的无线通讯技术需要满足如下标准:体积紧凑、高度灵活、组网简便、能耗低、辐射能力出色、抗干扰性能出色以及安全性极高。基于可穿戴设备所追求的不同功能,用户可以选择多种无线通讯技术,或者是将这些技术进行综合应用。

(1)蓝牙技术

最初由瑞典的爱立信公司所发明,并在蓝牙 1.1 的基础上经过持续的优化和进步,逐步推出了蓝牙 1.2、蓝牙 2.0、蓝牙 2.1、蓝牙 3.0、蓝牙 4.0 等版本。这些版本不仅实现了设备之间短距离(通常不超过 10m)的无线通讯,还具备低能耗、强抗干扰能力和低辐射特性,能够为固定和可穿戴设备提供连接,并能同时传输语音和数据信息。随着可穿戴设备向微型化方向发展,为了确保用户的穿戴体验是无感的,功耗成为了一个至关重要的考量因素。蓝牙技术以其极低的能耗为特点,能显著减少设备的整体功耗。因此,这项技术已经在智能手表、手环、腕带、医疗保健和健身等多种可穿戴设备中得到了广泛应用。

(2)WiFi

WiFi 是 IEEE 802.11 系列中的一种通信技术,能够实现个人电脑和手持设备之间的无线连接。WiFi 不仅覆盖面积广泛,而且传输速度快,功耗低,同时还具有健康和安全的特点。博通公司推出的这款嵌入式设备的互联网无线连接平台具有低能耗和低成本的特点。通过在 WICED 平台上集成 WiFi Direct 功能,实现了可穿戴设备 WiFi 联网功能的大幅简化。WiFi Direct 与蓝牙有许多相似之处,它们都允许设备通过点对点的方式进行连接,并且可以同时连接多个设备,与蓝牙相比,它们的传输速度和距离都得到了显著的提高。

(3)Zig Bee

Zig Bee 技术是一种能在有限的距离内完成无线通讯的方法,并且它具备低能耗的优势。相较于已经成熟的无线通讯技术,如蓝牙和 WiFi 等。Zig Bee 的设计相对简洁,虽然其传输速度稍显缓慢,但其可靠性和成本都相对较低。Zig Bee 的最大优势是其网络组建的便捷性,能够构建庞大的网络规模,方便管理多个网络节点,主要用于人体生理参数监测的医疗保健领域的可穿戴设备中。Wang 及其团队设计了一款基于 Zig Bee 技术的穿戴设备,专门用于健康环境的监测,并对 Zig Bee 在不同距离下的传输质量进行了深入分析。

(4)NFC

NFC 代表了一种高频无线通讯技术,它能在较短的距离内(通常不超过 10cm)与兼容的设备进行迅速的识别和数据交流。相较于蓝牙技术,NFC 技术在操作上更为简洁,且连接速度更快;NFC 技术起源于无线射频识别技术,并能与 RFID 技术兼容。然而,NFC 技术具有广泛的应用范围,不仅可以进行读写操作,还可以直接集成到可穿戴设备中;相较于红外线技术,NFC 技术在数据传输速度和功耗方面表现得更为优越,能够实现无电读取功能。考虑到 NFC 技术所带来的众多优点,将其融入到可穿戴设备中,并与智能手机或其他电子设备进行连接,可以轻松地完成数据的传输和移动支付等任务。

3. 电源管理技术

由于电池的体积和充电时长所带来的限制,它已经成为限制可穿戴设备进一步发展的主要障碍,那些续航性能不佳的产品可能会降低用户的使用体验。因此,在可穿戴式设备的发展过程中,迫切需要解决的问题是开发一种体积紧凑且续航时间较长的电池。目前市场上流行的可穿戴设备电池主要分为两类:一类是一次性的高容量和高密度锂电池,这类电池需要用户频繁更换,同时也有助于降低制造商的生产成本;还有一种类型是可供充电的电池,与单次使用的锂电池相比,它的储电量更低,但用户可以多次使用。此外,除了传统的 USB 充电方式,可穿戴设备电池的无线充电和能量采集充电也是目前受到广泛关注的充电方法。无线充电技术是利用充电器和设备间的电感连接来传递能量,从而达到设备充电的目的;能量采集充电指的是将采集到的设备周围的能量转化为可储存和收集的电能,借助这一技术,可以在任何时间和地点为可穿戴设备进行充电。我坚信,随着可弯曲电池技术的进步,众多的充电方法将变得可行,并且那些尺寸适中、续航能力强、使用方便的电池将被广泛应用于可穿戴设备中。Pu 和他的团队开发了一种新型的、适用于可穿戴设备的、具有自我充电功能的电源系统,该系统由纱质超级电容器和纸制摩擦电纳米发组成,不仅提供了舒适的穿戴体验,还具有可弯曲的特性。

4. 显示技术

当用户购置可穿戴的设备时,他们首先想到的不仅仅是设备的外观设计,更重要的是设备屏幕的展示效果;在可穿戴的设备设计中,显示屏需要具备弯曲、透明和轻薄等多种特性。因此,在可穿戴设备技术领域,柔性显示技术和透明显示技术逐步崭露头角,成为研究的焦点。

(1)柔性显示技术

柔性显示技术以其轻薄、低能耗、可弯曲和高柔韧性等特点而受到赞誉,这不仅为设备带来了更加多样和舒适的外观设计,还使其更加符合人体需求,同时也有效地降低了设备的能耗。因此,柔性显示技术在可穿戴设备中得到了广泛应用,尤其是在智能手表等高端设备上。现阶段,柔性显示所采用的主要技术有电子纸技术和有机发光二极管技术。在这其中,电子纸作为一种类似于自然纸的电子显示屏,具有轻薄、可重写、便于携带、可弯曲和极低功耗的特点。OLED是一种利用有机材料作为发光元件的自发光显示设备,它具有大的可视角度、更轻薄的设计、高亮度和高效发光、良好的机械性能和能够实现软屏显示的特点,例如 ChEong 等人就提出了一种可弯曲的 OLED 显示屏。柔性显示技术在可穿戴式设备中的进展仍然是初级阶段,从简单的可弯曲到可以卷绕和折叠,以及从柔性显示向触控、电池和电路板等其他柔性显示技术的转变,都还有相当长的路要走。

(2)透明显示技术

透明的显示技术使用户能够清晰地看到屏幕背后的内容,它具备轻巧、便于携带、低能耗以及支持三维展示的特点。透明显示技术已在某些可穿戴设备中得到应用,例如谷歌眼镜的镜片技术。尽管透明显示技术仍然面临着高成本和有限亮度的问题,但随着相关技术的日益成熟和材料的持续更新,这些问题将会得到有效解决。因此,透明显示技术预计将在可穿戴设备中获得更广泛的应用。

5.大数据

随着可穿戴设备集成功能的逐渐增加,可以监测的数据也在不断增加。但是,目前大多数的可穿戴式设备只是简单地进行信息提醒(例如通知功能)、数步数(例如追踪功能)、提供互联网或游戏接口(如谷歌眼镜)等操作,不会分析数据,也不能向用户反馈有意义的信息。因此,我们有必要将传感器收集的大量数据融合到一个强大的分析平台中进行深入分析,以便向用户反馈这些数据所揭示的用户的运动和健康状况,并提供针对性的解决策略,从而真正解决人们在日常生活中可能遇到的各种问题。

大数据处理的核心步骤主要涵盖了数据的收集、处理与整合、数据的深入分析以及数据的详细解读这四个环节。鉴于从可穿戴设备传感器获取的数据源具有不同的结构(包括结构、半结构和非结构数据),我们首先需要采用数据处理和集成技术,将这些数据源整合为一个统一的格式,以便于后续的数据处理工作;接下来,我们采用数据分析技术对统一结构的数据进行深入研究,并通过可视化手段将这些分析结果反馈给用户。

尽管当前大数据技术仍然面临用户隐私泄露的问题,但随着大数据、云计算和移动互联网三大技术的持续进步和整合,这将为使用可穿戴设备的用户提供更为出色的体验,并为他们的隐私提供更为坚固的保护。

四、智能穿戴设备在体育活动中的应用领域

(一)大众健身领域运用分析

在健身领域,可穿戴技术的运用中,"量化自我"应用在市场上受到了极大的欢迎。利用可穿戴技术,人们可以从多个角度跟踪自己的身体和生活状态,融合个性化的学习资源,并提供实时的形成性评估反馈,进而有目的地调整自己的行为模式。利用可穿戴技术,例如活动跟踪仪这种载体,由于其高度的移动性,可以有效地监测你日常生活中的各种活动,如运动强度、脉搏频率、运动距离以及睡眠模式等。在这个领域,Nike+、小米手环等产品受到了广泛的欢迎,它们能够通过无线技术将数据传送至电脑或智能手机以进行评估。近期推出的这款智能网球传感器不仅能协助用户记录每日的累计击球次数,还能分析各种技术动作的使用状况,以及最高击球速度、每分钟击球次数和所消耗的热量。该传感器还能清晰地告知用户关于运动强度和目标任务完成状况等关键信息,从而让用户更全面地了解自己的技术能力和运动量,实现与用户的有效交互。相较于活动跟踪仪,智能手表的使用范围更为广泛。这些手表不仅可以用

于电话通话或作为导航工具,还允许用户访问互联网、记录体育活动和健康数据。调查结果显示,智能手表的价格被视为最主要的购买影响因素。

这款腕部感应可穿戴设备拥有生物识别功能,能够对心率、活动强度、卡路里燃烧和睡眠模式进行监控和数据存储,是一款理想的日常活动穿戴产品,同时也是一种心脏健康记录设备。对于那些追求多种运动目标的消费者,无论是维持身体健康、减轻体重还是参与马拉松锻炼,都是可以考虑的选择。

(二)学校体育领域运用分析

学校体育,作为体育教育的基石,正逐步得到更多的关注和重视。如何进一步优化和完善学校体育课程,实现课内课外活动的有机结合,使体育教学不仅仅局限于课堂教学,同时寻找更多有效的拓展途径,已经成为体育教育专业人士面临的一个紧迫问题。在 2016 年 5 月发布的《国务院办公厅关于强化学校体育促进学生身心健康全面发展的意见》文档中,明确了推动学校体育发展的基础准则,其中第一条特别强调了课堂教学与课外活动之间的紧密衔接的重要性。然而,目前关于课内与课外整合的研究大多聚焦于构建俱乐部模式和课程改革调整等领域,这些研究具有一定的宏观视角,但其实际效果并不明显。我国的学校体育教育一直在经历改革,而占据学生大部分时间的课外体育活动无法得到适当的监管,这是一个亟待解决的问题。利用可穿戴技术的交互特性,我们能够利用该技术所提供的数据来记录和了解学生的运动路径,进而构建一个"互联网＋"的高校学生体育课外管理模式。在 2015 年,Coffman 和 Klinger 的实证研究揭示了可穿戴技术可以为教育工作者在教学过程中提供"无缝的访问、交互操作和创造内容",从而激发学生的学习兴趣和创造能力,促进合作能力和提高反馈。

伴随着信息科技的持续进步,手机计步类可穿戴式 App 在智能可穿戴设备如"乐动力、咕咚健身"的产业链中逐步成为人们日常生活的一部分。以"乐动力"为例,它不仅具备基本的计步功能,还能够记录用户的出行路径和每日的卡路里消耗。此外,它还融入了丰富的社交功能,允许用户通过新浪微博进行登录,并在新浪微博的好友链接中查阅好友的步行和排名情况。对于学生来说,通过对数据的深入挖掘,他们不仅可以更准确地了解自己的活动量并进行自我量化,还可以详细记录日常生活中的各种运动活动。某些软件经过进一步的更新和优化,甚至可以将运动消耗的热量转化为实物礼物,这不仅增加了吸引力,也增加了趣味性,从而激发学生对体育锻炼的兴趣,并将体育课程扩展到课外的主动锻炼中。随着技术的持续进步,某些软件只需学生拥有一部智能手机,就能解决之前提到的可穿戴设备价格高昂和学校体育教学实施困难的问题。

对教师来说,他们能够利用可穿戴技术所提供的信息来深入了解学生的实际情况,并据此设计出符合学生需求的个性化学习计划。众所周知,只有通过适当的体育锻炼,学生们的身体才能更为健壮地发展。中等强度的体育锻炼可以带来良好的锻炼成果和心理影响。过高或过低的运动强度都会对身体健康产生不良影响,而过度的强度则可能对身体造成伤害,进而降低人体的免疫功能。缺乏足够的运动强度不仅会对健身效果产生负面影响,还可能导致运动相关器官遭受不必要的磨损。因此,教师可以利用可穿戴技术来了解学生在课堂内外的锻炼状况,并对其进行深入的分析和指导,以确保学生的体育锻炼能够达到最佳效果。

在体育课程的课外评估中,传统的体育教学成绩评价主要依赖于终结性评价,这种方式往往缺乏全面性和客观性。因此,现代学校体育课程的评价应综合考虑过程性评价与终结性评价的原则。利用现有的可穿戴技术功能,我们能够对学生的各种活动进行实时的观察和监控。通过这些可穿戴技术所提供的数据,我们能够更好地了解学生的运动状况,并记录下他们的运动路径。这批数据可以为体育成绩的评估提供一个客观的参考依据。同时,这也标志着高等教育机构在学生体育课程管理方面的创新平台已经找到了新的路径,进而构建了一种以"互联网+"为核心的高校学生管理模式。这可以作为一个客观的标准来辅助体育成绩的评估。同时,这也标志着高等教育机构在学生体育课程管理方面的创新平台已经找到了新的路径,进而构建了一种以"互联网+"为核心的高校学生管理模式。

五、智能穿戴设备在体育活动中的价值

根据 Fjord 对 27 种著名的可穿戴智能设备的深入研究和分析,大约 70％的这些产品主要用于运动和健康领域,23％用于社交通信,而剩下的 7％则用于监控和改善睡眠质量"。在市面上的所有智能穿戴设备里,绝大多数都拥有相似的功能,即收集和整理人体的运动数据,这进一步证明了智能穿戴设备在体育界的巨大潜力和价值。

(一)监督运动情况,调节运动状态

智能穿戴设备具备实时向用户传递其运动参数(如心跳、血压和能量消耗等)的能力。目前市面上的智能穿戴设备能够对用户的各种活动参数进行实时监控,并能迅速地将这些实时运动数据传送到相应的智能穿戴设备上。因此,当人们进行如跑步、游泳或骑自行车这样的有氧锻炼时,他们可以随时查看自己的心跳、血压等相关数据。在进行体育活动时,可以根据给定的参数来调整自己的运动状态,这样,参与体育活动的人可以随时调整自己的身体状况,从而更好地控制和调整自己的运动表现。

(二)纠正动作,高效训练

目前,一些公司在可穿戴技术方面取得了更为深入的进展。例如,体育类的可穿戴技术公司 Moov Lumo Lift 和 Wahoo 的可穿戴设备能够捕获手臂和腿部的各种动作。这些设备利用人工智能算法和能够测量 3D 空间运动状态的传感器,可以将使用者在游泳、跑步或射箭等运动时的身体姿态与理想的运动模型(即从专业运动员的运动过程中收集的运动数据)进行比较"。因此,对于那些刚开始接触体育运动的人,通过对比这些数据参数,他们可以更加明确地了解如何规范自己的行为,并在学习体育运动时能够更为科学和高效地进行训练。

(三)预防运动员的运动损伤

智能可穿戴设备能够实时地将运动员的身体数据传送给医疗保健人

员,并根据运动员的身体状况进行专门的运动训练定制,对运动员的疲劳状况进行分析建模,实时了解运动员的竞技状态变化。因此,当运动员参与比赛时,他们的身体状态可以维持在最理想的竞技水平。通过收集运动员的运动相关数据,大数据的处理已经变得完全可行。在日常比赛中,运动员也可以利用可穿戴设备来收集运动数据,并可以根据运动员受伤前的身体状况数据进行数据建模。这样,医疗保健人员可以实时跟踪运动员的身体状况,并在运动员受伤前进行预警,从而减少运动损伤。

(四)提高运动员的竞技水平

未来将进入一个被称为"物联时代"的时代,在这个时代,人们有能力通过先进的智能设备来对汽车、电器等各种设备实施智能化的控制。在体育界,智能穿戴技术能够与运动员所使用的设备和他们的装备进行智能整合。当运动员在比赛中使用这些设备时,他们可以在这些设备上增加数据收集工具,并与智能穿戴技术相结合,这样可以帮助运动员更精确地识别自己的动作长处和短处。例如,球类运动员可以利用足球传感器的反馈和击球点的信息来调整自己的动作,从而不断提升自己的竞技表现。在智能穿戴设备里的智能眼镜具有虚拟场景再现的能力,这有助于运动员更深入地适应比赛的环境和氛围。"NFL(国家橄榄球联盟)已经制定了将智能穿戴技术融入 NFL 比赛的计划,NFL 的球员们正在利用可穿戴设备为他们未来的职业体育生涯做好准备"。随着科技进步,智能穿戴设备变得越来越精确,能够在运动员完全不注意的情况下记录运动数据,从而不断提升运动员的竞技水平。

第二节　全民健身工程与 GIS 融合

一、全民健身的基本认识

(一)"健身"与"健心"之间的关系

"健全的身体中蕴含着完整的精神",这揭示了心理与生理之间的紧密联系。当生理状况良好时,人们的思维更为敏捷,洞察力更强,精神状态也更为旺盛。与此同时,人们的心理活力得到了提升,他们对活动的兴趣也随之增强,展现出了强烈的生命活力。与此相对,身体上的轻度不适可能导致人的情绪变得低沉,兴趣减退。在生理层面上的疾病,尤其是更为严重的情况下,可能会引发人们的恐惧和抑郁等负面情绪,从而导致各种不健康的心理状况。身体的健康构成了心理健康的根基。在古代中医的心理学观点中,人们常说情绪会对身体的健康产生影响。《素问·阴阳应象大论》中提到:"过度的喜悦会伤害到心,过度的愤怒会损害肝脏,过度的忧伤会伤害肺部,过度的思考会伤害脾脏,而过度的恐惧则可能损害肾脏。"许多心理学领域的专家曾经指出:"持有悲观的心态可能导致疾病的发生;而持有乐观的心态则有助于战胜疾病。"一个健康的心理状况可以有助于改进人体的生理功能,并增强身体对各种疾病的抵抗能力。反之,如果在心理上产生过度的反应,这可能会引发生理上的异常,从而导致心源性的疾病。这表明一个健康的心态对于身体的健康起到了至关重要的作用。在我们的日常生活中,心理健康与生理健康之间存在着紧密的联系和相互作用。心理健康不仅是身体健康的精神支柱,而且身体健康也构成了心理健康的物质基础。身为一个身体和心灵都是一体的个体,我们的身体与心灵是两个密切相关的部分。因此,全民健身与全民健心是相互补充、相互推动和和谐统一的两个方面。

(二)现代人的身心状况

在当前市场经济的激烈竞争环境下,由于生活和工作节奏的不断加速,住房、职业、婚恋关系以及人际关系等多方面的问题逐渐成为现代社会压力的主要来源。抑郁、焦虑、抱怨、愤怒、浮躁、悲观、失落等消极情绪是比较常见的。根据世界卫生组织提供的数据,全球各地的心理健康风险正在增加,尤其是焦虑和抑郁症,这两种疾病影响了大约一亿二千万的全球人口。现在,人类已经从传染病和躯体疾病的时代过渡到了心理疾病的时代。近几年,无论是政府官员、企业职员还是学生,由于焦虑和抑郁导致的自杀事件屡见不鲜,令人深感遗憾。通过对生物、心理和社会因素的综合研究,现代医学发现心身疾病的数量正在逐渐增加,这已经对人类的健康构成了严重的威胁,是导致死亡率上升的主要原因之一。根据医学领域的数据,情绪与76%的疾病之间存在某种联系。因此,在预防和矫正身体疾病时,除了健身和药物治疗,还需要保持心脏健康和进行必要的心理干预,正如人们常说的,心脏疾病需要药物治疗。现在,世界卫生组织已经将健康教育和健康推广纳入了预防和控制疾病的三大策略中的一个。

(三)全民健身工程的发展现状

1.对全民健身与全民健康内涵的认识不足

在我国的体育强国项目中,对于全民健身和全民健康的真正含义的理解仍然存在一些不足,例如对全民健身和全民健康的应用范围和方法的界定不清晰,这也是导致全民健身项目实施缓慢的主要原因。全民健身和全民健康的内涵是非常丰富的,需要考虑的影响因素也是多种多样的。从一方面看,政府对于全民健身与全民健康之间的联系了解不够,对于推进全民健身项目的关注度也相对较低。有些政府高层仍然仅仅停留在口头宣传的层面,对于全民健身和全民健康的真正含义缺乏深入的认识。从另一个角度看,社会大众对于健身与健康之间的联系了解尚浅,过于专注于个人的职业成长,过分追求短期成果,而忽略了长远的发展,对体育健身的需求评估不足,这并不有利于身体健康的进一步提升。探究背后的原因,这主要是因为在这个阶段,社会大众面临着巨大的体育消费压力,他们对于体育锻炼的重要性缺乏足够的认识,因此不太愿意进行大量的体育方面的投资。

2.指导文件不健全,不适应全民健身工程的实际要求

全民健身的发展涉及到多个关键环节,如设计、展示、实施和反思。因此,我们需要一个标准化的指导文件来统筹管理全民健康发展的所有相关环节。然而,目前我国在全民健身和全民健康领域的指导方针和相关制度尚未完善,也没有建立起一个全面和制度化的执行细节。由于缺少标准化和系统化的指导文件,我国的体育强国事业难以得到有效的支

持和保障。

3.全民健身基础设施不完善

传统上实施的体育健身策略是基于发展目标的不同阶段来制定的，这些策略在发展任务完成后，会经过深入的反思来进行持续的优化和改进。在全民健身的大背景下，社会公共体育健身的基础设施面临着更为严格的标准，这无疑给政府和社会的财政支出带来了相当大的负担。政府不仅是高中全民健身活动的引领者和组织者，而且其对全民健身工作的高度重视程度也会对全民健身工程的整体发展状况产生显著影响。然而，根据目前的实际状况，政府在相关职能方面存在不足，缺少全面了解全民健身事业发展路径的手段，以及相关资金和资源投入的明显不足，这些因素共同导致了全民健身基础设施整体质量难以得到有效提升。此外，在完成基础设施的建设后，还需要进行一系列的优化和审查，只有在完成这些后，进行适当的维护和管理，我们才能达到预期的发展成果。然而，在我国全民健身工程的实际操作中，全民健身的基础设施尚未完善，相关的实施方法也不够合理，这些都是需要仔细考虑的问题。

二、GIS 在全民健身运动中的应用

(一)GIS 在全民健身活动中应用的目的及意义

将地理信息系统(GIS)与公共体育领域相结合，不仅是我国在 GIS 技术应用方面的首次尝试，也标志着 GIS 技术应用领域的一次创新。GIS 技术能够以直观和形象的方式展示地域人口分布和健身设施的位置等信息，同时还能分析这些信息之间的相互联系。这不仅有助于展示全民健身工程的实施效果，还可以帮助我们总结和评估全民健身项目的阶段性进展。从另一个角度看，GIS 有潜力挖掘数据的深层价值并建立相应的规划模型。通过对 GIS 所提供数据的深入分析，我们能够构建出具有针对性和前瞻性的规划模型。如果体育管理部门想要更深入地推进全民健身活动，他们可以利用 GIS 所提供的相关信息和数据，这将有助于提升全民健身事业的管理质量，使其更为科学和系统。

(二)GIS 在全民健身活动中的应用分析

1.GIS 实现全民健身工程的数据检索

为了构建全民健身工程的分布图,管理部门收集了该地区全民健身工程设施的使用面积、服务区域的居民数量、全民健身设施的总数、当地的经济增长数据以及全民健身设施服务区的交通状况等关键数据,并采用 GIS 技术进行了分析。借助 GIS 系统,我们可以对这批数据进行有序的整理和编辑,从而为数据管理和统计分析创造更为便利的环境。居民可以根据自己的实际需求,点击他们关心的区域,从而获取全民健身项目的相关数据。居民还可以划定一个特定的区域来查找相关数据,以便更快地获取他们感兴趣的信息。

2.GIS 便于全民健身工程设施空间分布的资源配置

利用 GIS 技术,我们对全民健身设施所在地区的土地使用、交通流量、附近居民数量以及全民健身设施的承载能力等多方面的数据进行了综合分析,这有助于管理部门更清晰地了解城市的人口分布和体育资源的现状。在全面规划地区全民健身项目的过程中,应根据广大人民群众的实际需求,并综合考虑交通、设施配套等多方面的因素,对全民健身设施的选址进行深入分析,以确保体育资源得到最合理的配置,从而实现其最大的效益。

(1)我国全民健身设施布局的现状分析

我国接下来的改革焦点将集中在政府的理性转型上,特别是以公共服务作为转型的核心,这也标志着我国改革步入了一个至关重要的阶段。这意味着,政府需要遵循"人为核心,全面发展"的理念,为广大民众提供高品质、全面和完善的公共服务,同时增加全民健身设备的空间布局,进一步推动公共社区服务的进步。全民健身设施的建设不仅是社区公共服务的一个重要组成部分,也是城市精神文明建设的一个关键环节。在全国公共服务建设的转型过程中,优化全民健身设施的空间布局成为公共服务建设的核心议题,这需要与社会经济的进步保持一致,并与城市的公共服务建设保持同步。尽管如此,城市的扩张速度是空前的,城市化的步伐也在持续加速,这也伴随着一系列复杂的挑战。目前,全民健身体育设施在规模、空间布局和公共服务能力方面存在严重的不足,这导致它们无法与社会经济和城市建设的发展步伐保持一致。目前,城市中的全民健身设施建设状况令人担忧。由于资金短缺和全民健身体育设施建设规划的不统一,各个部门和工作人员往往只关心自己的利益。在全民健身设施的建设和体育场馆的开放等方面,他们往往只关心如何为自己谋取利益,而忽视了资源的最佳配置,导致全民健身体育建设在整体性和规划性上都存在明显的不足。与此同时,全民健身的资源短缺问题并未得到有效解决,资源的分布也显得不平衡,有时甚至出现了资源未被充分利用的状况。在某种程度上,这引发了健身设备的多次建设和资源的过度消耗等问题。

(2)GIS 在体育领域中的应用

GIS 的中文全称为"地理信息系统",指的是以计算机网络系统为技术基础,采用检索、存储、采集、显示和分析等综合性技术手段,来分析地理环境信息的系统。戴立乾提出的观点为:"当前 GIS 的发展动态可分为:嵌入式 GIS、GIS 与 CAD 融合、Web GIS、三维可视化 GIS、推演 GIS 共五个方向。"该观点一定程度上吻合现阶段在我国体育领域中,GIS 技术的运用范畴。我国最早应用 GIS 技术的体育领域是定向运动中的制图过程。之后,范冲等人在《GIS 在定向运动中的应用》一文中,提出了将 GIS 的空间分析能力与 CAD 强大的图形编辑功能相融合的一个成功案例:也就是中南大学测绘与国土信息工程系,利用 GIS 技术中的大比例地形数据,对中南大学校本部成功制作了 1:10000 定向越野地图,并成功举办了相关的定向越野赛事。在当前经济快速增长的背景下,我国的整体国力持续上升,其在全球舞台上的重要性也日益凸显。我国综合国力的不断提升,赋予了我们举办大规模国际体育赛事的能力。随着大众对于娱乐的需求持续上升,我国承办大规模的国际体育赛事变得日益重要。

根据当前的实际状况,进行模拟演练被认为是一种非常有效的方式,用以提升政府部门在面对突发状况时的反应和应急处理能力。实战模拟训练面对的挑战包括组织的复杂性、高额的资金需求、涉及的多个部门以及难以常态化的各种问题。利用 GIS 技术在图形上进行模拟,可以避免上述的难题,并逐步成为相关部门进行有效模拟的方法。曾建明曾利用 GIS 技术在"3S"集成、空间决策系统、地理数据建模和空间数据整理等方面的绝对优势,研究探讨了发生于乌鲁木齐红山体育中心的突发事件,以及相应的应急管理措施,提出了有针对性的应急处理方法,对科学的评估和应对突发事件进行了可靠的创新。另外,第六届亚洲冬季运动会是我国首次在国际性大赛中采用 GIS 技术,也是亚冬会首次采取动态的 GIS 电子地图服务系统。

(3)GIS 在全民健身设施空间布局中的应用

通过将地理信息系统(GIS)融入到健身设施的城乡空间布局评估、管理和规划中,并将体育地理学与现代地理信息系统(GIS)技术相结合,实现了全民健身设施空间布局的可视化和地图化。通过对市区全民健身设施的数量、地理位置以及该单位服务区的人口状况进行全面而深入的分析,我们不断地改善了全民健身设施规划中存在的不足之处。同时,结合市区全民健身设施及其周边的信息环境,我们为全民健身规划提供了强有力的支持和保障。本研究以各县区和各行业部门的健身设施现状和未来发展为研究对象,利用地理信息系统(GIS)对健身设施的分布、人口密度、行政管理区域以及收入和经济状况等多方面的详细数据进行了全面分析。结合对健身设施空间的实地调查,我们能够绘制出健身设施的空间分布规划图。在当前的环境下,我们需要对健身设施的空间布局进行优化和实施。根据每个区域的地理空间特点,我们应根据实际情况制定相应的策略,合理地确定健身设施的位置和种类,并指出现有空间布局中的问题,进而为健身设施的布局提供有针对性的建议或完善方案。

夏菁建议,借助 GIS 技术,我们可以优化城市地区的体育和健身设施的空间布局。陈旸以城镇地区健身服务体系的建设情况为研究基础,借助 GIS 系统的辅助工具,并结合空间布局分析,致力于完善城镇健身服务设施的布局,从而展示出一个新的发展方向。张峰筠利用 GIS 系统中的信息统计技术,为新一代健身设备的空间布局提供了强有力的信息支撑,并构建了一个与人口集中分布密切相关的统一策略。顾校飞利用GIS 系统技术,将市区居民的集体居住区作为健身空间的布局需求点,采用零散化的方式进行构建,并将网络信息视为完善选址过程中的有力辅助工具。

一直以来实用性的 GIS 系统主要是 Client/Server,C/S 架构形式的使用。而本文讲到的 GIS 技术在健身方向上的运用大多以 C/S 结构的形式出现,而使用 Browser 和 Server,B/S 架构的技术很少。利用 PHP 网络编程技术和 My Sql 技术,创建以 B/S 架构技术和 GIS 技术为基础的全民健身设施空间分布研究系统,为全民健身设施的空间布局奠定基础。

本研究基于 B/S 技术的 GIS 系统,对全民健身设施的空间分布进行了深入的分析和研究。通过对全民健身设施空间分布图的详细研究,我们成功地推动了全民健身设施空间分布地理信息系统的进一步发展,使其能够在多个方向上应用于全民健身设施的空间分布,例如在全民健身项目网站上进行设施空间布局的数据收集和统计;对全民健身设施的空间进行了可行性和定位的深入分析;全民健身设施的规划、管理以及决策支持;对全民健身运动设备的实际情况进行了监测和研究;此外,还提供了基于互联网的方式来实时查找和查询公众的健身设备。通过运用 GIS 技术对全民体育设施进行实时的动态监控,并结合遥控感知或航空测量数据来规划全民健身设施的空间布局,可以确保健身设施得到高效的使用和实时的监控;基于 B/S 架构的网络全民健身设施实时查询技术,可以实现对网络上所有公民体育设施进行实时的查询和监控。人们不只是能够查找到这些建筑的具体地点、名字和设备,还能了解到靠近居民和附近社区的健身中心的交通状况。

3.实现全民健身体育设施的网络化即时查询与检索

地理信息系统(GIS)有能力将相关数据上传至网络,以便人们能通过网络方便地查询周围的全民健身和体育设施。人们有机会查询自己钟爱的体育场所以及这些场所的具体状况,并能进一步了解这些场所周边的交通状况。这一功能为市民和管理机构提供了一个强有力的支持,以实现全民健身体育设施的网络化。

4.GIS应用于全民健身工程的阶段性总结与评估

GIS系统通过收集和分析区域内的健身路径、篮球场等体育健身设施的完成数量、资金投入情况、各级社会体育指导员的培训人数,以及各社区和农村地区开展体育健身活动的情况,然后利用图表更加立体地展示这些数据和分析结果。清晰地展示了所处地区的体育健身工程的建设覆盖范围、资金来源和使用状况,以及各级社会体育指导员的数量和分布范围。同时,也展示了居民参与体育锻炼的具体需求和各级体育组织的完善水平,以便决策者能从这些信息中获得有用的参考信息,以便进行更为及时和准确的工作评估。

(三)GIS应用于全民健身活动的发展态势

1.信息的全面化、准确性、及时性

为了确保数据分析的准确性,并为体育产业的生产实体和广大居民提供准确的信息服务,GIS应用技术与全民健身工程的融合创新发展需要全面而准确地掌握信息获取的各个方面。与此同时,我们需要根据全民健身工程的整体规划和建设进度,适时更新相关数据,以便人们能够实时获取体育信息,从而更好地推动全民健身活动的顺利进行。

2.更加趋向智能和便捷化

当前的体育健身App在数据获得、传送、查询等环节,综合使用起来还比较烦琐,距离使用者的要求还有一定差距。它的未来发展应将人们推进人体数据化时代,使得人们借助体育健身App可以更加便捷地了解自己、认识自己、完善自己。

3.趋向生活必需化

随着科技的进步,体育健身App的功能将变得更加全面,会整合更多的体育产品、服务内容和项目,使用体验也会逐步改善。当人们意识到使用它的好处后,很容易就会形成使用习惯,使体育健身App成为生活的一部分。

第六章　大数据应用背景下
体育专业建设研究

第一节　高校课余体育锻炼智能管理的构建

一、对高校课余体育锻炼智能管理的分析

(一)高校课余体育锻炼智能管理的必要性

课余体育锻炼是一种多功能的活动方式,但在管理这类活动时,由于需要大量的人力和时间,实时监控学生的锻炼状况变得尤为困难。为了确保每位学生的课余锻炼都能达到预期效果,我们必须实施有效的管理和监督措施。在 2014 年,教育部发布了《高等学校体育工作基本标准》(简称《标准》)。为了从根本上改变大学生体质逐渐下降的趋势,该标准规定了女生的 800 米和男生的 1000 米作为必须测试的项目,只有当这些项目达到标准时,学生才有资格获得毕业证书。但是,在实际执行过程中,大学生在进行 1000 米体测时偶尔会突然死亡。储朝晖这位相关领域的专家强调,我国的青少年普遍缺乏足够的体育锻炼,身体状况欠佳,甚至出现了跑步时突然死亡的情况。这主要是因为我国的教育体系过于偏重于文化课程,而对学生的课外活动和体能培训并没有给予足够的重视,经过长时间的积累,导致了上述的问题。目前,许多大学生在课余时间并不进行体育锻炼,他们害怕过度劳累和出汗,这导致了他们的身体状况普遍不佳。因此,学校需要制定策略来指导他们,并明确学生参与体育活动的要求。在高等教育机构中,课余体育锻炼呈现出两个明显的发展方向:首先,这种锻炼方式仅限于表面,缺乏实际的执行,这对学生实现锻炼目

标并不有利;其次,那些有锻炼意愿的学生可能会受到多种外部因素的制约,导致他们无法参与课外的锻炼活动。因此,探究高等教育机构在课余时间如何对大学生进行体育锻炼的时效性管理显得尤为关键。大学生参与体育锻炼可以通过课余时间的体育锻炼、体育教学等方式进行,但由于他们固有的惰性,学校应该制定相应的制度来督促处于体育锻炼初级阶段的学生。只有这样,才能提高学生参与体育锻炼的积极性,同时通过合理的奖惩措施和激励机制,促使学生坚持锻炼,最终形成良好的锻炼习惯。体育制度被视为学校体育活动的关键指导方针,通过建立体育制度,我们可以确保体育活动的组织、计划的执行等各个环节都受到严格的规范。因此,学生想要养成健康的锻炼习惯,学校的体育锻炼规定和制度是不可或缺的。

自 21 世纪初,伴随着现代信息技术在体育界的普及,体育活动经历了迅猛的增长。由于体育的独特性,它呈现出直观和具体的信息方式,因此,对体育信息的有效管理显得尤为重要。在我国,诸如人工智能、物联网、网络空间安全、大数据和云计算等信息技术服务已经在多个领域得到广泛应用,并且已经深入到竞技体育的各种项目之中。传统的课外体育管理方式已经不能满足现代高等教育机构在课余体育方面的发展需求,有限的体育教师数量已经不能单独负责那些耗费大量时间、影响范围广泛、工作量巨大的课余体育活动的出勤和监管工作。目前,大部分的四年制高等教育机构在大三和大四已经没有体育课程,而三年制的大部分学院在大一也有体育课,但在接下来的两年则完全没有。大学阶段对于学生来说是一个关键的转变时期。如果在这段时间里体育锻炼的连续性被中断,学生的终身体育连续性将会受到破坏,这将导致学校体育和社会体育之间无法建立有效的联系,从而对学生的终身体育产生严重的负面影响。因此,结合现代信息技术与各种智能设备(如打卡机、智能穿戴设备、手机等),并结合学生的课后活动,我们需要对这些设备进行持续的监控,确保体育锻炼的连续性得以维持。

(二)高校课余体育锻炼智能管理的重要性

传统的考勤制度消耗了管理人员大量的时间,这导致了其他工作的分配时间不足,统计结果不及时,容易出现数据遗漏,从而影响学生的处分情况。管理团队和教育工作者未能及时了解考勤和锻炼的实际状况,这大大削弱了监控的效果;由于教师和管理员不能为学生提供即时的教育和自我教育,这导致了他们的管理热情几乎被消耗殆尽。为了根本性地解决大学生体质逐渐下降的问题,高等教育机构的体育教学需要与时代同步,不断地进行创新。在当前阶段,学生对于体育锻炼缺乏热情和主动性,这成为了大学体育面临的主要阻碍。我们的提议是,通过利用现代计算机网络、数据库技术和智能监测设备等手段,实现大学生日常课余体育锻炼的数字化和自动化管理,从而鼓励大学生在新的环境下更加积极地参与课余体育活动。在当今社会背景下,计算机已经成为办公中不可或缺的工具。在管理大学生的课余体育活动时,利用计算机技术对相关系统进行优化和完善,将有助于我们更深入地了解大学生体育锻炼的实际情况。尽管互联网信息技术已经深入渗透到我们的日常生活中,但通过对我国高等教育机构的课余体育活动进行深入分析,我们发现这些活动大多仍然沿用了传统的校园管理和教学模式。目前,大多数高校对学生的课余体育活动都是无组织、无约束的,并没有为学生设定具体的锻炼要求,也缺乏对常规课余体育活动的统一和高效的管理。这种情况导致了我们在很大程度上对现代信息技术的浪费,同时也对校园体育教育和课后体育锻炼的整体管理效率产生了负面影响,进一步导致学校体育和学生发展出现了与时代脱节的现象。近年来,由于校园长跑猝死事件的频繁发生,大学生的体质问题已经引起了社会的广泛关注。鉴于全国范围内青少年的体质在近30年内持续下降,高等教育机构需要采取有力的策略来提高青少年的身体健康和增强其体质。鉴于当前的情况,我们应当结合互联网通信技术和智能设备,对学生的课余活动进行智能化的管理,并对他们的课余锻炼设置明确的标准。为了更好地适应当前年轻人的运动习惯,我们引入了"互联网＋课余体育锻炼"这一创新策略。在确保学习效果的同时,我们积极地指导和鼓励学生进行体育锻炼,使他们在课余时间能够真正地投入到体育活动中,使体育锻炼成为他们的日常习惯,从而全方位地提升学生的身体健康水平。

因此,我们需要创新和改革,将信息技术服务与高校课余体育锻炼的智能管理相结合,利用互联网技术和学校课余体育锻炼的发展和实际需求,对校园内每一个学生的课余体育锻炼过程采用现代科技技术和相应的监测设备相结合的方法进行信息化的监督和管理,这样可以为学校的工作效率、老师的教学效率和学生的锻炼效率的提升提供强大的支持动力,最终提高学生的身体素质和体质健康水平。鉴于学生和教师的双重需求,以及时代进步的需要,学校在课外体育活动中积极地建立智能管理体系显得尤为重要。课后体育锻炼的智能监控结果和评估分数不仅可以展示智能管理的成效,还为大学生健康状况的相关研究提供了精确和科学的数据支持。

(三)高校课余体育锻炼智能管理的特征

1. 创建和谐的锻炼环境与氛围

创建一个和谐、和谐的锻炼氛围和环境,可以有效地激发学生对锻炼的热情。采用智能管理策略来打造一个积极的校园锻炼氛围可以产生一种不可见的动力,持续地吸引和激励学生们主动参与锻炼,从而在不知不觉中营造出一种学习和锻炼的氛围。在一个优质的锻炼环境中,大学生能够培养出特定的心理和思维模式,这对他们的人格发展产生了深远的影响,从而自然地激发了他们对课外锻炼的热情。

2. 减轻课余体育锻炼管理者工作负担,便于评价奖励

通过在学生的课余体育活动中实施智能化的监督机制,不仅有助于解决传统高校课余体育锻炼考核方式所引发的各种问题,还能为体育锻炼的管理人员减轻压力和负担。此外,这也有助于管理者在学生课余体育活动方面实施更高效和快速的实时监督管理,进一步促使学生养成自觉进行体育锻炼的良好习惯,从而为高校课余体育管理的进一步改革和推动打下坚实的基础;此外,这也有助于提高考勤管理的科学性、准确性

和规范性,为体育成绩评估提供数据支持,从而为表现出色的学生提供更加公平和公正的奖励,积极地引导和鼓励他们在课余时间进行体育锻炼,以提高他们的运动积极性。

3.拓宽锻炼的时间范围,充分利用场地设施

鉴于高等教育机构的教学特色和某些学校场地有限的情况,我们不应为学生设定固定的锻炼时间。相反,学生应该合理地规划他们的课余体育活动时间,并根据这些时间选择合适的锻炼项目和场地。这样,参与课余锻炼的学生就不会过于集中在同一个地方,从而解决了场地和设施不足的问题。相较于传统的管理方式,学生在时间、空间、交往和自由度等方面都有更好的表现。学生可以随时参与各种锻炼活动,这为他们提供了更多的锻炼机会,极大地激发了他们的锻炼热情和积极性,延长了他们的锻炼时间,从而全方位地促进了学生的身心健康。

4.能调动学生的锻炼兴趣

对于那些愿意参与锻炼的学生来说,他们对锻炼的渴望既短暂又强烈,而且很容易受到外部环境的干扰而迅速消失。因此,我们采用智能管理的方式来控制这种短暂的兴趣,鼓励他们持续地进行锻炼,以激发他们对锻炼的热情,并最终培养他们的持久兴趣。

5.可提高学生参与课余体育锻炼的次数

课后的体育锻炼与传统课堂有所不同,它并没有明确的纪律要求。学生在课余时间有更大的锻炼选择自由。部分学生因为某种原因能够持续进行锻炼,但绝大多数学生则根据自己的兴趣和爱好,通过多种方式选择参与锻炼。由于缺乏明确的外部环境规定,学生可能会因为自身的惰性而放弃体育锻炼。因此,利用课余锻炼智能管理体系中的智能打卡机制来鼓励学生进行体育锻炼,并通过制定相关规定来减少学生的惰性,增加他们的锻炼次数,从而有助于增强他们的体质,是一个非常有效的方法。

6.可提高学生的人际交往能力

体育活动在人与人之间的互动中起到了积极的推动作用。当人们在

锻炼时进行深入的交流,这有助于消除他们的孤独感,为身心带来愉悦,并帮助他们建立一个健康的心态。相关的统计数据显示,对于大学生来说,体育锻炼不仅是提高身体健康的重要方式,同时也是一种正面的社交策略。然而,在仅仅 90 分钟的课堂时间内,受到教学内容和各种纪律规定的制约,学生间的互动变得非常有限。在这种情况下,课后的体育锻炼可以作为一种扩展,它不仅不受课堂限制,而且在学生之间的沟通和交往方面具有很高的自由度。更重要的是,学生可以在智能打卡这种半强迫性的方式的监督下进行体育锻炼。学生在个人兴趣的驱使下进行体育锻炼,从而在锻炼过程中逐步建立起健康的人际关系。

7. 使学生在课余体育锻炼中树立终身体育的意识

学生在课余时间不仅要培养对体育锻炼的热情,还需要掌握相关的体育知识和技能,只有这样,他们才能在课后的体育活动中培养出健康的习惯。通过采用智能化的课余体育锻炼管理策略,我们不仅可以确保学生在课余时间有足够的体育锻炼时间,还能为他们提供更多的运动知识和技能。这不仅能激发学生的锻炼热情,还能在学习过程中互相激励,促进学生之间的和谐关系,为他们创造一个积极的锻炼环境,从而对他们的终身体育产生正面影响。

(四)高校课余体育锻炼智能管理的可行性

随着时间的推移,智能逐渐成为我们日常生活的一部分。在当前阶段,传感器技术被广泛应用于持续监测运动员的心率、血压和速度等关键数据。通过这些数据的整合,我们可以量化运动员的运动表现,并根据运动员的当前状态提供有针对性的建议,进而帮助他们调整运动的节奏和速度。这表明智能管理已经逐步成为人们日常生活的一部分(481)。为了实现这一目标,我们可以构建一个结合计算机技术和互联网技术的新型高校课余体育锻炼智能管理软件,该软件可以通过相应的监测设备来监控个体的课余锻炼,实时显示学生的课余锻炼数据,不再依赖传统的点名、登记和人工考勤监控等方式。目前的年轻人,特别是"90 后"和"00后"的学生群体,他们的体育锻炼方式呈现出社交化和智能化的特点,他们的健身需求已经无法通过传统的健身方式来满足,这也反映了体育锻炼正在向智能化方向发展。

1.校园一卡通打卡监督

关于校园内的一卡通锻炼打卡,这种打卡考勤方式在多个地区已经得到了应用,并且一些高等教育机构也开始在学生群体中推广运动打卡制度。因此,我们可以采用目前流行的打卡机与学生的校园卡相结合,为学生在课余时间进行相关的打卡和考勤活动。我们可以为学生设定明确的打卡时间、地点和次数,鼓励他们在课余时间积极参与体育锻炼。这种做法不仅大大减轻了体育老师的工作压力,还为他们节省了大量的时间来监控考勤,从而减轻了管理人员的工作负担。目前,在高等教育机构中,学生可以随时携带校园卡进行锻炼。只要是安装了刷卡设备的场所,学生都可以使用校园卡进行锻炼。只要是可以进行锻炼的地方,学校都可以安装刷卡设备,确保学生可以随时在校园内进行锻炼。

2.人脸识别打卡监督

目前,人脸识别考勤系统在众多考勤管理应用中得到了广泛使用,它主要由人脸识别设备和考勤管理软件组成。众多的人脸识别考勤系统中,考勤机可以单独操作,无需与电脑连接就能完成人员的面部登记、考勤记录等任务。如图2所示,这是一个人脸识别设备。该系统允许人们站在机器前方进行面部扫描和识别。一旦识别成功,机器会发出语音提示,这极大地增强了管理层的监控能力,避免了学生时代替他人打卡考勤的问题,从而提高了考勤的准确率。这款脸部识别系统具有极高的识别能力,并能从多个角度进行输入。尽管最初输入的脸部数据可能会发生变化,但站在机器前它仍然能够准确地进行识别。高等教育机构可以借助这款尖端的人脸识别设备和各种先进的通信网络技术,在互联网技术的支持下,实现高校课余体育锻炼管理信息系统与专用身份验证终端设备之间的“实时”信息交流。我们采纳了集中化的管理策略,所有的数据都被集中在课余体育锻炼的管理中心,确保了数据的统一性、保密性和精确度。

关于人脸识别打卡系统：当学生进入学校后，他们的面部特征会被输入到人脸数据库中。学生在进行指定的锻炼打卡时，会在人脸识别考勤机前进行人脸识别。在考勤管理软件中，管理人员可以清晰地查看学生的锻炼打卡情况。此外，管理软件还允许管理人员进行排班、倒班、换班等操作，并对学生的出勤通知和锻炼情况进行相应的数据处理。最终，数据报表将展示学生的锻炼情况，根据这些报表，学校可以对学生的锻炼情况进行深入的分析和研究，从而更好地促进学生的身体素质提升。人脸识别系统的显著特性包括：在人脸识别过程中避免了代打卡现象、识别速度快且方便、无需物理接触更为卫生，并且对细菌传播具有高度的抵抗力，即使在黑暗环境下也能准确地进行识别。如果将人脸识别机这款设备用于学校的课后体育活动，学生在锻炼过程中无需携带任何物品，也不需要生物接触，就能迅速地进行识别，从而减少了打卡和排队的时间。

3. 指纹面部打卡监督

目前，指纹面部签到打卡机在众多公司和企业的管理中得到了广泛应用。这款设备配备了高清彩屏、指示灯、18 颗红外灯、指纹采集区和双摄像头。它能够通过指纹和面部的对比来识别签卡者。当考勤者面对打卡机时，高清彩屏会展示其面部特征。如果手指放置在指纹采集区，如果考勤成功，绿色指示灯会亮起，但如果失败，红灯则会亮起。这里的 18 个红外灯在夜晚都能被识别，因此人们不必担心在夜间被打卡，同时双摄像头也不会受到光线的干扰，因此识别率相当高。因此，高等教育机构可以考虑将这种结合指纹和面部识别功能的设备用于课外体育活动的打卡记录，从而提升管理的效率并减少作弊的可能性。许多高等教育机构采用"指纹打卡"方法来指导和监控学生养成锻炼身体的好习惯。实践已经证明，这种方法可以有效地推动学校体育事业的快速发展，解决学生锻炼时间不足和体质下降等问题，对于增强体质、培养学生的意志品质和终身体育锻炼的意识具有非常显著的效果。因此，高等教育机构应当大力推广和普及指纹打卡系统在智能管理方面的应用，以便在课余时间进行更为便捷和高效的锻炼。这不仅为高校体育管理改革提供了新的方向，还需要配备专门的监管人员进行定期的检查,以防止出现作弊或偷懒的行为。

4. 智能穿戴设备打卡监督

目前,随着科技的快速进步,智能可穿戴设备已经从一个简单的概念转变为深入人们日常生活的实用产品,实现了对身体数据的实时监控。实时监测和反馈人体数据对于学生了解自己的身体状况以及推动课外锻炼的进展具有至关重要的作用。如果这些数据能在学校环境中得到应用,将极大地有助于提升学生的身体素质、调整他们的身体状况,并有助于发掘更多的体育才能。

我国的高等教育机构在可穿戴智能设备领域也展现出了许多创新之处。浙江大学的李越研发了一种手表设备,这款设备的能耗较低,不配备按键,并结合了三轴加速度传感器和蓝牙的低能耗技术,同时还具备智能计步和睡眠监控等高级功能。随着可穿戴智能设备技术的持续进步,其功能也日益丰富。借助这些先进的智能设备,人们能够更加迅速和全方位地了解自己的健康状态,从而提升他们的生活品质。在过去,由于科技发展的滞后,很难准确地收集学生的数据。但在科技迅速进步的今天,人们开始利用穿戴技术来收集更多的信息,并对这些数据进行整合和分析,从而进行深入的对比研究。现在,随着智能穿戴技术的广泛应用,实时收集学生的身体和运动数据已经不再是遥不可及的梦想。

二、高校课余体育锻炼智能管理的建设策略

伴随着移动技术和互联网时代的计算机技术进步,智能管理的核心是结合现代计算机技术和高等教育体育管理的实际情况和特性,专门设计并建立一个数据库。通过这个数据库和相关的监测工具,我们可以监控学生的体育锻炼情况,并将这些数据上传到云端服务器。在服务器上,管理者可以传递和接收这些信息。为了满足学生多样化的体育锻炼需求,智能管理系统在学校的各种运动设施中安装了监控设备,以有效地监控学生在课余时间的锻炼活动。这些设备包括但不限于打卡、指纹识别

和人脸识别等。学生可以根据自己的个人兴趣和爱好,自由选择不同的运动场地进行锻炼,并在这些场地上的监控设备上完成运动打卡;此外,你还可以利用个人的智能设备,如手机或运动手环、运动手表等,进入学校指定的"课余锻炼 App",进行课后体育锻炼的打卡操作,并将自己的课余体育锻炼情况实时传送到学校的课余体育锻炼管理系统中;那些满足课余锻炼标准的学生,他们的课余体育锻炼数据会经过筛选后被纳入课余体育锻炼的管理系统中,这样做是为了更好地监控每位学生的课余体育锻炼状况。这种管理方式的应用范围非常广泛,不仅覆盖了各个年级的学生,还充分考虑了学生的个体差异和各种兴趣爱好。此外,锻炼的项目和时间都具有很高的灵活性,这有助于学生培养独立锻炼的能力,增强他们对锻炼的热情和积极性,并能适应不同年级的学生。采用这种智能化的管理方式,我们可以显著提升传统管理的工作效率,不再需要像过去那样手动监控每一个学生,这不仅节省了管理人员的大量人力和时间,而且使得这种管理方式更为高效和真实。

(一)高校课余体育锻炼智能管理建设应该秉持的理念

1. 要求覆盖面广

在高等教育机构的课余体育活动中,信息化和智能管理的广泛覆盖是其建设过程中必须坚守的核心理念。本研究涉及的范围非常广泛,即在课余体育锻炼的信息化管理过程中,需要在校园内的所有学生运动场所安装监测设备,以便为学生的课余锻炼提供更多的可选场地,从而为学生和教师带来更多的便利。

2. 特征信息化

赋予信息化特征是我们第二个必须坚守的核心思想。上面提到的建设项目旨在为学生提供一个更加优质的校园体育锻炼环境,助力学生和教师提升他们的学习和科研效率。同时,充分利用互联网设备和相关平台,为整个校园的学习和生活带来更多的便利和好处。因此,在高等教育机构中,强化信息化建设对于智能管理课余锻炼具有至关重要的作用。

在这一进程中,我们需要强调信息化的核心地位,并将这些信息有效地转化为有用的资源和支持力量,以便为教师和学生创造一个优质的体育锻炼环境。我们致力于将信息技术转化为特色,并将互联网技术扩展到学校的课余体育活动中。例如,通过使用一卡通管理系统,学生可以在课余时间自行前往运动场地的打卡设备进行打卡,这不仅为学生提供了更多的锻炼时间选择,还有效地提高了教师的管理效率。尽管我国的一些高等教育机构已经采纳了一卡通的管理方式,但在这些学校里,一卡通的应用主要局限于特定的领域。因此,将信息化和智能管理的理念应用于课后的体育活动中,不仅可以显著提升校园管理的效率,还能进一步推动校园信息化的建设与进步。

(二)高校课余体育锻炼智能管理的制度与实施方案

1.建立管理制度

对于学生在课余时间进行体育锻炼,实施了强制性的行政措施,即"运动打卡"。这要求学生在课余时间必须完成特定的锻炼任务。打卡的次数、时间和距离等都被视为个人课余体育锻炼的一部分。只有当课余体育锻炼次数达到规定的标准时,学生才能在体育课上获得合格成绩或占据一定的比例。此外,它还与学生的体育课程、评选优秀、推免以及毕业等活动紧密相关,这促使大学生更加主动地参与课外体育活动。课外体育活动在不断创新管理方式的过程中,不仅满足了学生的体育锻炼习惯,还激发了他们对锻炼的热情,并鼓励他们积极参与体育活动。这种以卡顿形式进行的"强制"运动是一种更为有效的激励手段,特别是对于那些懒散和厌倦体育活动的学生,它不仅能提升学生的身体素质,还能促进校园体育文化的发展。在信息技术的监督和管理下,我们鼓励大学生在课余时间进行规范的锻炼,以科学的方式管理他们的身体健康,并按照既定的标准进行锻炼,这也有助于数据的准确统计。从另一个角度看,"打卡"活动能够减轻体育教师的监督压力,有助于学生培养主动锻炼的好习惯,进而增强身体健康,并最终实现"终身体育"的目标"。

2.实施方案

(1)课余体育锻炼的时间段

随着科技的日益进步,对人类生活进展的探讨也变得更为复杂。因此,人类在生存、日常生活和运动等多个领域的研究逐渐变得更为深入。探索日间人体活动的最佳时机已经成为全球体育研究人员的焦点话题。在相当长的一段时期内,人们普遍认为早上是进行体育锻炼的最理想时机。这样的观点实际上是不准确的。在早晨进行体育锻炼的时候,人体内的所有生理系统,尤其是心脑血管系统,都会处于一个不太稳定的状态。由于锻炼时处于空腹状态,血糖没有达到适合锻炼的范围,因此在上午9点之前,大气中的有害物质浓度会相对较高。由于缺乏降尘干扰大气的构成,锻炼过程中人体会加速吸收毒素。根据该大学研究中心的研究,16:00 至 18:00 是进行锻炼的最佳时间段,其次是 21:00 至 22:00。因此,对于大学生来说,最佳的锻炼时间是下午或晚上进行体育活动53。学校有权为学生设定特定的锻炼时段(如 6:30－22:30),在这段时间内进行锻炼打卡是被认为是有效的,而在其他时段打卡则被视为无效。

(2)合理安排运动量和运动强度

从科学的视角来看,体育锻炼对人体的影响不仅仅是运动的量,还涉及到运动的负荷,即运动的强度和数量的结合。当大学生进行课外锻炼时,他们应当重视运动的负荷,平衡运动的量与强度,并根据自己的身体状况和锻炼目标来适当调节运动的强度。如果大学生参与体育活动的主要目的是为了锻炼,那么在运动过程中,应特别注意运动的量,并根据锻炼后的身体和心理反应来确定运动的量。如果锻炼后能让人感觉精神焕发、精力旺盛,并且不会出现疲惫或困倦的情况,那么这表明运动的量是合适的。相反,这意味着身体对运动的压力过大,不能适应这种强度的锻炼,因此需要进行适当的调节。

(3)锻炼数据指标的采集

针对大学生的锻炼需求,我们可以为他们设定合适的锻炼时间、强度和负荷标准。经过对这些锻炼数据的筛选和筛选,合格的数据会被收集,并最终被整合到课余锻炼系统平台中。

(4)锻炼打卡要求

学校需要明确规定参与课余体育锻炼的学生群体(如:大一大二、大一大二大三和所有在校学生)、锻炼的路程和速度要求(包括男生和女生)、锻炼的次数、课后锻炼的开始和结束时间、评分的具体规则以及需要注意的事项等。为了防止产生不真实的运动数据,我们鼓励学生培养主动锻炼的好习惯,并设计了不同顺序的限时识别程序(可以是两次或更多次),从而产生不同的识别标准并控制运动识别的次数。

(5)制定评价标准

为了激发锻炼的热情,确保锻炼的品质得到提升,并培育良好的锻炼习惯,我们应当建立明确的评价准则,并为这些评价结果制定相应的奖励和惩罚措施。因此,学校需要在更广泛的层面上对学生的锻炼次数设定明确的量化标准。学生可以通过课余锻炼打卡来记录他们的锻炼情况,这将作为评估他们日常课余体育锻炼的标准。例如,课余体育锻炼的有效次数会被纳入学期末的体育成绩中,占总分的 20%。具体来说,20 次可以获得 5 分,21 次可以得到 6 分,而 50 次可以得到 20 分。在学期结束时,学校会利用智能管理系统来评估每位学生的日常锻炼表现,并将这些评估结果与各种奖励和惩罚措施相结合,以此来鼓励学生更加积极地参与课后活动,增强身体健康,并培养他们的锻炼习惯。

(三)完善高校课余体育锻炼智能管理的的措施

1. 努力提高执行人员的综合素质

为了达到智能化和信息化管理的目标,我们需要紧紧抓住新的发展趋势。首先,在全面的人员培养过程中,我们需要提升管理和执行人员的综合素质。智能化管理是一个持续发展的过程,在这一过程中,我们需要完善相关硬件设施,建立网络基础设施,并加强对相关人员的培训和管理。同时,我们也在不断地更新系统和人员培训机制,以在信息管理领域实现持续的动态发展,从而不断地为学校带来创新的管理模式,并为学生的全面发展提供必要的支持和协助。在进行系统管理时,行政和执行人员需要具备高度的专业素养和专业能力,运用先进技术来推动创新和发展,并对在职能管理过程中出现的各种问题进行独立解决,同时也要密切关注智能化和信息化的进展。我们需要树立以服务校园和学生为核心的管理观念,创造一个高品质的发展氛围,提升管理团队的总体能力,为相关的管理人员提供专门的培训,并根据各种专业和需求招募杰出的技术和管理人员,同时结合大学的管理任务,推进课后体育活动的管理和建设。为参与智能管理的个人管理者提供心理培训是学校实施信息化智能管理的关键,这不仅可以提升他们的整体素质和服务能力,还可以鼓励技术人员协助学生更好地进行体育锻炼和课程学习,从而更好地服务于学生和教师。

2. 对智能管理建设进行明确的规划

为了构建一个全面而系统的课后体育锻炼信息智能管理平台,硬件和软件设施的建设工作是不可或缺的。从硬件配置的视角出发,学校应当增加资金投入,升级相关的硬件设备,开展课后的体育活动,并融入信息技术的智能管理手段。在执行过程中,我们需要一套完善的材料和设备,对硬件进行升级,以达到体育锻炼的智能化管理和建设目标。在软环境的构建上,我们从上到下确保了计算机网络的全面覆盖,并为学生和教师提供了相关知识的培训。结合智能管理,我们鼓励学生和教师在使用过程中保持积极的管理态度,确保智能管理在课余体育锻炼的每一个环节都得到实施。通过整合日常锻炼信息,我们开展了有针对性的专业培训和灵活的锻炼模式,这将有助于智能管理在课余体育锻炼信息构建中的整体流程和工作的顺利进行。

3. 选择科技公司与之合作

毕竟,教育是学校的核心业务,在开发智能打卡信息服务支持平台时,我们不能把所有的部分都纳入到管理中,也不能充分利用所有相关的人才资源。因此,为了确保相关的平台建设能够持续并有效地进行,学校应当考虑与技术公司建立合作关系。通过这样的平台建设,我们鼓励学生进行智能化的打卡练习,并在技术允许的情况下,建立一个智能管理的课余锻炼信息运营支持平台。根据以往的管理发展经验,仅依赖学校的单方面努力是不足以有效地完成智能管理信息化平台的建设的。这个平台的建设需要依赖其他外部分支机构和科研机构的共同合作,在学校相关部门的指导和管理下,实现优质平台的建设,科学合理地配置技术和人才,以实现内部资源的优化处理。同时,在基于市场导向的技术管理背景下,当寻找技术合作伙伴时,我们需要明确学校平台建设的具体要求,并在相应的需求调整中寻找最佳的平台建设方案。结合我们的观点和需求,平台建设应尽可能地满足各方的利益,支持智能管理在课余时间进行信息化运营,为平台建设提供必要的技术支持,以确保平台建设的顺利和有序进行。随着时代的不断进步和社会、科学的持续发展,构建完善的高校课余体育智能打卡平台将成为未来的发展方向。为了实现全民运动的目标,构建一个高质量的素质教育平台是至关重要的。面对这一现实,所有高等教育机构都应该尽自己最大的努力,共同解决在智能信息化管理平台建设过程中遇到的各种问题。

三、课余体育锻炼手机 App 打卡智能监督与评价系统

智能手机的广泛应用有助于加强运动智能平台的管理和监督。在移动手机日益普及的今天,智能手机的进步使得课后锻炼的监控和使用手机 App 进行打卡变得更加简单、高效,学生也能更直观地了解自己的锻炼状况。

(一)整体结构框架

我们的监测系统是通过软件开发的,允许学生在学校指定的手机 App 上进行运动打卡。当学生完成打卡练习后,系统会生成相应的数据。这些数据可以通过云端服务器自动上传到云端数据库,从而在电脑中管理和监督数据信息。管理者可以在后台电脑端操作,对所有学生的数据进行分析、使用、监督和管理,这不仅优化了学生数据管理的格局,还节省了人力资源,提高了管理效率。根据应用程序的数据分析记录,管理者可以分析不同阶段学生的锻炼情况,根据相应的锻炼目标,制定锻炼任

务和计划锻炼要求,以满足锻炼计划的实现,实现课余锻炼的目标,监督管理各个阶段学生的锻炼情况,避免某一阶段学生不锻炼,或者出现集中时间段锻炼的情况。

(二)数据指标的选择

在锻炼的过程中,学生的身体状况和锻炼效果可以通过心率来体现,心率可以用来判断锻炼的效果,进而用心率的数据来展示他们的运动表现。参照相关教材中关于心率的描述,我们采用了科学的控制方法,并结合了多位专家和学者对运动状态控制的看法。我们确定了学生最大心率的 70%～80% 作为有氧运动的目标范围。因此,有氧运动的心率范围等于最大心率的 70%～80%(最大心率=220-年龄)。例如,如果你的年龄是20 岁,那么你的最大心率应为 200,而有氧锻炼的心率范围应为 140～160次/分。

(三)课余体育锻炼手机 App 智能监督与评价系统的功能实现

1.学生手机端功能需求

(1)学生资料分析

为了有效地管理手机 App,首要任务是对学生的基础资料库进行完善。在学生注册并使用应用程序的过程中,他们需要完成个人信息的填写,包括但不限于学号、姓名、性别和专业等基础信息。完成身份验证后,他们还需要绑定相应的账户,以便获取相应的验证消息。在使用应用程序的过程中,他们还需要做好运动记录,并根据任务需求来实现锻炼的目标。同时,管理人员在后台负责基本资料的管理和数据的分析,对比不同阶段学生的锻炼情况,及时关注学生的运动情况,了解学生的身体状况。

(2)锻炼计划设计

我们可以制定一个全面的锻炼方案,并确保每个月的每日锻炼计划都得到明确的执行,以满足不同锻炼周期的目标任务。在制定锻炼方案时,可以明确各种身体状态下的锻炼状况、目标和要求,确保学生能够准时并按量地进行锻炼。在体育领域的专业人才管理指导下,通过对锻炼计划数据的深入分析,我们可以为学生量身打造各种有针对性的锻炼方案。这款应用软件的手机内置了日历功能,可以清晰地显示锻炼的周期、时间和日期等信息,并在指定的日期提醒学生准时完成锻炼并打卡,同时在指定的时间内指导和督促学生完成锻炼任务。

(3)锻炼执行

在开发运动锻炼打卡软件的过程中,我们结合了学校的锻炼发展管理目标,并根据学生的实际锻炼情况来设定相应的运动次数、频率和周期。每一次的锻炼都会根据特定的考核因素进行监督和管理,并结合身份认证来对学生进行评估。我们制定了科学且合理的健康锻炼发展目标和要求,并对不同的锻炼阶段、日期和次数进行了详细的数据记录和分析。这些锻炼记录应该是相对分散的。最后,我们进行了全面的数据分析,例如,我们设定了基本的锻炼目标,即每周至少三次的锻炼频率,并在时间限制中要求每次锻炼的时间至少为三十分钟。在软件中,我们还设计了锻炼次数和间隔时间的功能,并确保在锻炼时间内进行时间间隔的控制,例如,锻炼识别的设置应满足锻炼时长的要求。如果锻炼时间超过三十分钟,那么识别的时间间隔也应与之保持一致,至少三十分钟的锻炼才能有效地上传数据。如果设定的识别时间间隔与实际锻炼时长不匹配,那么这次的打卡记录将被视为无效。该设备配备了计时和暂停两项功能,其中规定了暂停的最长时长为 5min。如果超出这一时限,那么这次的暂停时间将会对锻炼的记录产生影响,导致无法正常筛选并上传相关的运动打卡记录。从多次的运动记录中,我们可以得到相关的数据,这些数据也可以供体育管理机构进行深入分析。

(4)锻炼记录日志

我们对每一次的锻炼记录进行了深入的分析。在系统自动生成相关数据后,这些数据会被自动存储到数据库中的学生相关文件夹中。经过多次锻炼后,我们生成了对应的记录数据,并进一步创建了锻炼日志。例如,基于每周的锻炼次数和记录,我们记录了每日、每周和每月的数据,并进一步生成了图文详细的数据分析,以反映学生的锻炼状况。学生在保存了大量数据之后,还有机会进行自我的纵向对比分析。

（5）交互功能

在软件的开发阶段,除了包含运动锻炼的记录和数据库的管理,我们还增添了社交功能,以满足用户之间的交互需求,并在学生端接收来自管理层的任务推送和其他相关信息。服务后台具备管理学生每次锻炼数据的功能,可以在云端创建相应的操作界面,分析学生在特定阶段的数据,学生可以分享这些锻炼数据,实现交互管理,同时帮助学生了解自己的锻炼情况,并能够比较自己和他人的数据,从而激发学生的锻炼积极性和热情。

2.管理端功能架构

（1）学生身份认证与管理

基于学生姓名、学号、性别、专业等基本资料,构建数据库,进行分类管理,针对不同类别学生数据进行分析,及时发现群体锻炼中存在的问题。

（2）数据查看

在数据库里,我们可以根据各种不同的发展需求来提取相关的锻炼数据,观察学生的锻炼状况,并对其进行科学和合理的分析,从而在相应的锻炼任务中评估学生是否达到了预定的标准。通过分类管理,我们可以生成各种不同的运动数据,并通过对比分析来识别其中的差异和问题,从而进一步完善运动锻炼数据的管理体系。

（3）数据筛选

为了对不同种类的学生数据进行管理和分析,我们会定期对这些数据进行筛选,以便更好地了解群体锻炼的实际情况。通过使用学号、院系等多种检索手段,对群体数据进行分类,从而达到有效管理的目的。对于上传的不同数据问题,我们进行了深入的分析,生成了对应的运动路径,并对数据的真实性和相似性进行了评估,以判断学生是否有作弊的行为。如果发现有违规行为,我们会通过发出警告来提醒学生进行纠正。

（4）发布通知

在进行数据管理的时候,我们会定期地发布各种运动锻炼任务的通知,如每周、每月、每季度和每学期的通知,以确保学生按照既定的运动目标完成所需的锻炼。在学生锻炼数据的管理上,我们可以参照学生的反馈和建议,或者通过发布通知来提醒和指导学生如何正确地进行锻炼,以满足任务的需求。根据学生的不同锻炼需求,我们可以调整任务管理,并及时进行锻炼效果的评估。对于那些积极参与运动的学生,我们会给予明确的奖励,同时也会处理不良的作弊和伪造数据的问题。

当前,高等教育机构在利用互联网进行课余锻炼方面的效果并不显著,学校和各个院系在对学生课余锻炼的组织和管理方面存在不足,同时在课余锻炼的监督方面也缺乏有效的协调和配合,管理模式相对传统且与现代社会脱节,课后锻炼的监督也不够严格,往往只是走过场。结合现代技术和课后锻炼管理的智能管理方式所占比例较小,其智能化程度也不高。这导致了课余锻炼的氛围并不浓厚,完善的课余锻炼智能管理考核机制也不够完善,相应的奖励和惩罚措施也不够有力,学生在课余锻炼中的主动性受到限制。

通过智能管理,高等教育机构的课后体育活动能够实现课堂与课外活动的有机融合,从而激发学生对锻炼的兴趣和意识。学生可以根据自己的喜好选择体育锻炼的内容,并将课外的体育活动纳入大学体育教育的管理体系中。通过有目标、有计划的方式管理学生的课余锻炼,不仅可以丰富学校的体育文化环境,还可以构建一个新的大学生课余体育锻炼体系。

通过结合手机 App 的运动软件和监控设备,我们可以将学生的锻炼数据上传到云端服务器。这种方式使得学生身份的验证和识别变得简单,并能有效地进行学生资料的信息安全管理,确保信息不被外泄。此外,在课余时间进行锻炼时,我们不会因为排队而浪费宝贵的时间,也不受时间和地点的限制,真正实现了随时随地、方便快捷的锻炼方式。

这些数据仅仅反映了体育锻炼的效果,更重要的是,我们希望能够通过有效的监督来鼓励学生主动参与课余体育锻炼。智能管理在课余体育锻炼中的主要作用是引导和督促,旨在培养学生的锻炼习惯,增强他们的体质,并确保他们的身体健康。如果没有与评奖、推免和成绩等相关的激励措施,那么鼓励学生参与课余体育活动的制度就显得多余了。

教育部应当积极支持高等教育机构在课余体育智能管理方面的相关政策,并增加资金投入。学校应该更加重视学生的课余体育锻炼,并实施具体的行动措施,推广智能化管理,每个学校应根据自身的实际情况制定专门的智能化管理制度,确保学校课余锻炼管理层对学生的监督到位。

鉴于学生的行为倾向与他们对锻炼的热情在某种程度上是正向关联的,他们对锻炼的个人看法和心理体验会直接决定他们的锻炼热情。因此,一方面,我们需要优化高等教育机构的课外体育活动环境,扩充运动场地和设备,并运用高效的智能监控手段进行管理。从另一个角度来看,我们还需要进一步强化学生在体育思想和道德教育方面的理论指导,以便让他们更深入地认识到课外体育活动的重要性,提升他们的体育意识,并培养他们主动参与体育锻炼的习惯。结合互联网通信技术、数据库技术和监控工具,对学生的锻炼进行监控仅仅是一种管理策略,它在思想教育过程中发挥了辅助角色,并不能完全替代思想教育的角色。因此,我们绝不能忽视思想教育所占据的重要位置。

为确保锻炼打卡的效果,并防止某些学生采用投机取巧的方式(例如穿轮滑鞋、骑自行车或滑滑板),我们应该组织教师和学生监督团队进行随机检查;此外,为了确保学生打卡的流畅性,我们还需要避免人流密集的情况,并注意打卡的时间不应过于密集,这样可以确保学生在一天中的每一个时段都能进行有效的刷卡锻炼,并在打卡地点安装充足的设备。学生在课余时间的锻炼也可以通过多样化的打卡监控手段来进行有效的管理和监督。

考虑到学生的身体状况,在特定的情况下(如有心脏疾病、高血压或其他不适宜参与体育活动的学生,他们可以向学院提出不参与锻炼的申请),由于雾霾等天气因素,学校需要对其锻炼标准进行适当的调整。

第二节　高校体育教学评价体系的构建

一、大数据应用背景下高校体育教学评价体系构建的特点及原则

(一)高校体育教学评价体系构建的特点

随着大数据时代的到来,利用大数据技术来推动高校体育教学评价

体系的重塑已经变得可行。通过对大数据特性的深入研究和分析,我们总结出了在大数据环境下,高等教育体育教学评估体系的几个显著特点:

第一,在评估过程中,我们从个体的主观体验转向了基于客观数据的支持。在传统的体育教学评价体系中,学生的体育成绩是评价的主要依据,而体育教师的评价则更多地依赖于个人的主观感受,因此评价往往缺乏全面性和客观性。然而,借助大数据技术的应用,我们能够精确地记录体育课堂的各种情况,并据此进行全面和客观的评估,从而为体育教师和学生提供一种更为科学和全面的评价方式。

第二,评估方法已从总结性评估转变为伴随性评估。现阶段,高等教育体育教学评估主要是对学生和体育教师进行总结性的评价,这样的评价方式并不能全面地反映出学生和体育教师在教学各个阶段的实际情况。伴随性评价结合了总结性评价和过程性评价,它能够实时追踪学生的学习进展和教师的教学状况,并采纳一个将结果与过程同等重视的评估机制。

第三,评估的内容已经从单一的评价方式转变为多种形式的评价。评价内容的多元性意味着评价内容的多样性。例如,在对学生进行体育教学评价时,不仅要评估他们的运动技能、体育理论知识和体能,还需要评估他们的学习态度、学习能力和运动技能的进步情况等方面的内容。

第四,评估方法已经从手工评估转向了智能化评估。手动进行评估不仅消耗大量时间和精力,还容易产生误差,而采用智能化的评估方式则不仅便捷高效,还具有高度的准确性和精确性。因此,高等教育体育教学的评估方法需要从传统的手工收集、统计和分析转向利用智能技术来搜集、处理和分析大量的评估数据和信息。

第五,评估的反馈方式已从封闭式评估转变为开放式评估。通过对收集的评价数据进行大数据处理和分析,并将其结果向体育教师和学生公开,这不仅能让教师和学生更深入地了解他们在体育课堂上的表现,还能对高等教育体育教学评价的执行进行有效的监督。

(二)高校体育教学评价体系构建的原则

设计大数据应用背景下高校体育教学评价体系需在理论基础上,从体育教学过程的各个方面出发,主要满足以下几条原则:

1.科学性和客观性原则。在大数据时代的大背景和特性下,基于客观的规律和实践经验,我们应当科学且客观地构建高等教育体育教学的评估体系。例如,在选择评价指标时,应基于收集和调查的数据进行合理的筛选,以确保评价指标的科学性和客观性。

2.完整性和全面性原则。即在构建高校体育教学评价体系时评价指标的选取要全面,且不重复出现、层次分明、具有广泛代表性,能基本反映体育教学的全过程。

3.可行性和可测性原则。可行性意味着评估体育教学的方法是实际可操作的,而可测性则意味着评价指标需要有明确的量化标准,例如,选择的指标必须是容易理解和测量的,不能有模糊或不明确的内容。

4.共性和个性相结合的原则。不同学科背景的学生具有各自独特的学习目标和特质,同时,不同学科的教师也采用各自不同的教学手法和风格,因此,在评估不同学科和不同学生时,应采用不同的评价标准。在进行体育教学评估时,我们应当基于体育教师和学生之间的共性,同时尊重各个学科和不同学生的独特性。

5.开放性与及时性原则。在构建高校体育教学评价体系的过程中,开放性意味着需要向广大公众开放,这不仅能帮助学生和教师更深入地理解体育教学评价,还能更有效地监控评价活动的进行。时效性意味着评估、分析和反馈必须是及时的,尤其是在高等教育体育教学评价体系中,反馈环节需要具备高度的开放性和时效性。

二、大数据应用背景下高校体育教学评价体系的构建

(一)高校体育教学评价主体框架

根据评价的主体,我们可以将其分类为两大类:首先是对自己的评

价,其次是来自他人的评价。教学评价受到多种因素的影响,但最核心的是"教"与"学",其中"教"是指体育教师的授课状况;"学"是指学生的学习状况。因此,在构建高等教育体育教学评价体系的过程中,我们应当明确认识到,不同的评价主体有着各自不同的功能和角色,并通过评价指标以及它们的权重来识别这些主体之间的共性和个性。这本书挑选了四个主要的评估对象,分别是体育教师、学生、行业同仁以及体育教学管理部门的工作人员。

1. 对学生的体育教学评价活动

(1)学生的自评活动

学生的自我评价实际上是他们对自己学习质量的一种理解,也就是他们对学习过程的一种自我认知。这种自我评价有助于学生更好地了解学习过程中的问题,从而优化他们的学习方法,并最终提升学习的质量。学生们依据各种评价标准进行了自我审查、概括和评估。这样可以更清晰地认识到自己的长处和短处,并在未来的学习旅程中最大限度地发挥自己的主观能动性,从而推动个人学习的持续进步。学生有机会登录他们的评教账户,以对自己在课堂上的表现进行自我评估。

(2)小组(同学)的评教活动

小组评教的方法是把班级的学生均匀地分成不同的小组,然后每个小组成员都会按照特定的指标进行一对一的评估。这种做法不仅能更有效地激发学生在体育学习方面的主动性,还能在同学间相互推动学习,同时也能从他人的体育学习方式中吸取经验,以优化自己的学习策略。因此,通过组织评估的方式,我们可以更全面地收集关于学生在体育学习中的成长、转变和进步的信息。体育老师会提前输入分组资料,而学生则会登录评教账户,对团队中的其他成员进行评估。

(3)体育教师的评教活动

在体育教学评价活动中,体育教师扮演着评价的中心角色,而学生则是评价的接受者。因此,体育教师对学生的评价具有最高的真实性、直接性和说服力。在评估学生的体育学习状况时,体育教师具有最大的话语权,因此,在对学生进行体育教学评价的过程中,体育教师的评价成为了主要的组成部分。在这项研究里,体育老师有能力登录教师系统,对他们所代理的班级的学生进行体育教学的评估。

2.对体育教师的教学评价活动

(1)体育教师的自评活动

体育教师的自我评价实际上是他们对自身教学质量的一种理解,也是评价教学质量的基础方法。当体育教师进行自我评估时,他们能够明确地看到自己在体育教学中的短板,并据此进行自我完善。体育教师可以登录教师系统,对自己的授课表现进行自我评估。

(2)学生的评教活动

学生与体育教师是决定体育教学成功与否的关键纽带,而学生对体育教师的看法往往是最具说服力的。因此,我们必须重视学生对教师的评价活动。当学生进行评教活动时,我们必须明确认识到学生是评教的主体,而体育教师则是评教的客体。学生作为评教的主体,应当积极地对教师产生影响。学生有机会登录他们的评教账户,以对体育教师的授课表现进行深入的评估。

(3)同行评教活动

同行评价反映了同行体育教师对于体育教师教学品质的一种理解。在这一评价流程中,同行体育教师扮演着核心角色,而接受评价的体育教师则是被评价对象。在进行同行评估的过程中,同行教师不能仅凭个人的主观经验来进行评价,更不能仅凭个人情感或其他非教学相关因素来进行评价,这样可能会忽略对体育教学课堂的具体调查。与体育教师同行的教师有权通过旁听的形式来对其体育教学进行评估。

(4)体育教学主管部门人员评教活动

首先,体育教学主管部门的工作人员对体育教学的内容和目标有深入的了解,其次,他们能够直接获取体育教师的第一手信息,这使得他们的评价具有很高的权威性。体育教学管理部门的工作人员可以通过随机抽查或旁听的方法,对体育教师的授课表现进行评估。

(二)探索构建高校体育教学评价指标体系框架

在大数据应用的大背景下,高校体育教学评价的关键指标即是体育教学评价的具体内容,因此,高校体育教学评价的指标体系应当具备相应的分层结构。体育教学评价涵盖了评价目标层、准则层和子准则层,而本书的评价指标体系则是由体育教师的教学评价指标体系和学生的体育教学评价指标体系共同构成的,如图 6-1 和图 6-2 所示:

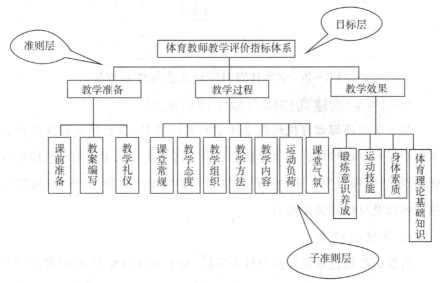

图 6-1 体育教师教学评价指标体系框架

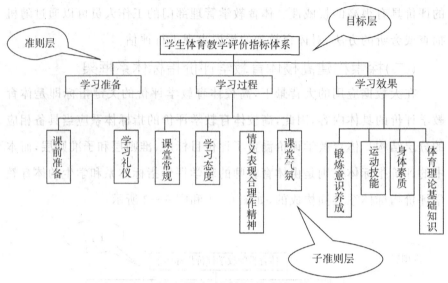

图 6-2 学生体育教学评价指标体系框架

(三)探索构建高校体育教学评价流程

基于当前高等教育机构教学评估的实际情况,我们在大数据的背景下制定了一个高校体育教学评估的流程。这个流程的主要用户包括教学管理者、教师和学生。评估过程主要涵盖了数据的收集、分析、评估结果的输出以及反馈等关键环节。

1.数据的收集

数据的收集过程是在新项目完工后,基于项目的种类、既定的评估方式等因素,最终进行评价数据的录入。在这项研究里,领导、体育老师和学生都可以通过校园网络平台输入体育教学的评估数据,并且该平台还提供了添加、更改、删除等多种操作选项。所收集的主要数据包括体育教师的基本资料(如姓名、教龄、性别等)、学生的基本信息(如姓名、性别、学号、年级、专业等)以及领导、教师和学生的体育教学评价信息。所有这些信息都按照统一格式存储在数据库中,数据库会及时保存输入的评价数据,以确保后续的评价分析能够顺利进行。

2.数据的处理分析

在大数据应用的大背景下,我们可以处理高校体育教学评价过程中收集到的数据,并将大数据相关技术应用于体育教学评价中。这样可以整合分析收集到的数据,深度挖掘并获取大量的信息,使得评价结果更加科学、客观,具有一定的应用价值。

在处理大数据的过程中,数据挖掘技术是常用的手段。数据挖掘涵盖了多种算法,如决策树分类器 C4.5、K-均值算法、支持向量机、Apriori 算法、最大期望估计算法、PagePank 算法、AdaBoost 算法、K 最近邻分类算法、朴素贝叶斯算法以及分类与回归树算法等。在体育教学的评估流程中,我们可以将数据挖掘的步骤总结为三个主要阶段:数据的前期准备、深入的数据挖掘以及对结果的详细分析。

3.结果输出及反馈

评价完成后,反馈环节是不可或缺的一部分,缺乏反馈环节的评价是不全面的。体育教学评价的有效性依赖于最终的反馈机制,如果缺乏这样的反馈,那么体育教学评价将失去其应有的价值和功能。在大数据时代,高校体育教学评价可以借助网络的便捷性和移动智能设备的广泛应用,通过在线反馈机制,及时地向教学管理人员、体育教师和学生提供反馈,从而提升反馈的有效性,以实现体育教学评价的预定目标。

第七章　新时代高校体育工程学科建设研究

第一节　体育工程学的特征与学科定位

一、体育工程学科的本质属性

体育代表了人类历史上的一种文化遗产,而在科技飞速进步的大背景下,体育工程学成为了推动体育这一社会趋势兴盛的关键工具和策略。因此,体育工程学的知识不应仅仅局限于外部的物态文化,例如学科的制度和组织结构,体育工程对体育的价值、愿景和道德观念,还应深入到内部的理论进展,展现不同学科之间固有的、核心的和不可避免的联系。体育活动本质上是人体内部物质之间的互动、持续的变化和持续的运动过程。体育工程学的参与,借助外部环境和物质的辅助,有助于改善和提升人体的运动状态和水平。因此,为了深入了解体育工程学的发展逻辑、其在社会中的价值,以及它如何提高人体的运动效果和技术水平,我们不仅需要对体育工程学的知识体系有一个清晰的了解,还需要认识到体育工程学、体育材料和体育管理学等与体育学有交叉和紧密联系的学科特性。为了确保体育界的持续健康成长并体现体育的核心理念,我们必须为体育工程学的进步设定一个标准化的起始点。

体育的产生是基于人们的需求。因此,在体育活动中,关于真、善、美的评判、价值观、道德伦理以及制度和组织的问题都会浮现。正是这些问题的出现,为体育工程学的进一步发展带来了一系列更为重要和紧迫的议题。因此,体育工程学的进步必须与人文社会科学的理论紧密结合,以更好地指导体育工程学的持续发展。

这个学科所覆盖的领域相当广泛。该学科不仅包括与体育工程有关的自然科学领域,例如材料科学和工程学,还涵盖了体育人文和体育社会学等其他学科。在这些众多学科里,体育不仅与"物性"有关,还与体育中的"人性"有关。这意味着,体育工程学的核心是服务于人类,它展现了"人性"的最根本思想,旨在推动人们的全面健康成长。因此,在体育工程学的进步中,"以人为本"的核心理念应被视为体育工程学科体系的初始思想,这不仅揭示了该学科体系中概念的深层联系,还为理论体系提供了统一的概述。

二、体育工程学的交叉学科属性

目前的学科创新趋势显示,许多不同的学科之间都有可能产生交集。体育工程学的进步正是现代学科交叉创新模式的体现。自从体育工程学诞生,它就展现出了交叉学科和跨学科研究的特点,可以说它是工程学与体育学的交融领域。维多利亚大学基于其体育工程研究的核心内容,认为体育工程学是一个融合了机械工程学、电子工程学、软件工程学以及人体运动科学的多学科交叉应用领域。从某种程度上讲,当前体育工程的诞生和进展确实反映了这一模式的独特性质。首先,从目前人们对体育工程学的定义来看,体育工程学被视为工程学在体育学领域的具体应用,这进一步证实了工程学与体育学在体育工程学科中的最高层次的交融。

换句话说,体育工程学是体育科学与工程学之间的交叉地带,见图7—1。

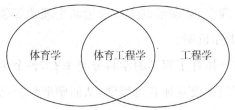

图7—1 体育科学、体育工程学及工程学之间的关系

针对体育工程学的这种交叉领域关系,美国学者彼得认为体育工程学相关的三个工程和科学核心领域:

传统工程学必需的知识:数学、科学和解决问题的能力;

体育科学和医学必需的知识：必要的体育运动、运动员及其对人体功能产生影响的相关知识；

产品的创新和发展知识：创造、革新和为顾客提供服务。

也有研究认为，体育工程学是体育科学、工程学和体育产业发展的交叉融合形成的。从图7—2可以看出，体育工程学是工程学、体育科学和产品发展紧密结合的一个促进设计、进行研发的知识领域、应用领域相关的学科。这种图式也体现了体育工程科学三个主要领域：

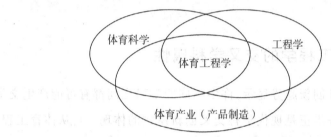

图7—2 体育工程学相关领域

在体育科学的范畴内，与远程体育活动有相似之处，获取与运动员技能和水平有关的数据是关键。体育科学涵盖了有助于运动员在比赛中集中注意力的运动心理学，以及能够调控运动员饮食习惯的运动营养学；

在体育工程科技的范畴内，专注于运动员及其装备的工作原理和动态分析。

上面提到的这些领域实际上是传统工程学和体育学的紧密融合，形成了独特的体育工程学领域。体育科学的研究重点是利用生物力学、人体解剖学、人体生理学、运动解剖学以及运动生理学等领域的知识来深入了解人体的基本工作机制。

另外，从国内外体育工程学的学科分类来看，各个学院根据其独特的属性，在不同的部门中设立体育工程学，从而塑造出自己的独特风格。

三、学科定位

如今，在全球范围内，体育工程学被广泛地纳入工程学的范畴内。通过查阅我国高等教育机构的本科专业目录中的学科分类，我们发现体育工程学(体育装备工程)被归类为工学门类下的机械类,并被视为一个二级学科的试点专业。目前,我国是否将体育工程学的所有学科范畴纳入机械类之下,这是一个值得探讨的问题。当我们将体育装备工程与体育工程学的定义进行对比时,可以明显看出,体育工程学所涵盖的概念深度远远超过了体育装备工程的定义。

从体育工程学的学科命名来看,它与工程学之间存在着不可分割的联系。而从其研究领域来看,体育工程学不只是关于机械的研究,它还涉及到工学的许多其他相关领域的研究。体育工程学的研究领域包括体育运动服装的开发和测试、对流体力学或空气动力学在体育活动中的应用分析、计算机建模等研究、传感器在体育过程监控中的应用等。此外,还有很多与运动医学或运动生物力学相关的研究已经被纳入体育工程学的研究范畴。如果定位出现偏差,工程学专家对体育研究的兴趣可能会受到很大的影响。这也可能导致体育学研究者对体育工程学的理解受到质疑,认为它不应被纳入体育研究的领域,从而限制了体育工程学的进一步发展。

例如,沈阳工业大学,作为我国最早引入体育工程学的学府,决定将其纳入机械工程学院的体系中。聊城大学被安置在体育运动学校内,该学校在学科发展和管理方面呈现出多层次的交叉性质。许多与机械工程专业有关的课程是由机械工程学院的教师负责教授的,而体育运动学校主要负责学生体育相关课程的教学和日常管理工作。尽管都是体育装备工程专业,武汉体育学院却是全国乃至国际上首个在体育专业院校中开设工程类专业的学院,并且已经建立了一个独立的院系管理和教学工作体系。虽然我国的这些学院和大学在特色和学科专业上有所不同,但它们所颁发的学位均为工程学学位。体育工程学在我国的发展速度并不快,很可能受到了体育工程学科的定位所带来的影响。因此,这项研究提出,在体育工程学科或专业的分类中,可以考虑跨学科和交叉领域的设置,这与机械领域中的工业设计相似,经过培训的学生有资格获得工学或文学的学士学位。在授予学位的过程中,体育工程学完全有资格颁发与教育学或工程学有关的学位。这种做法将更有助于推动体育学与工程学研究领域之间的相互认同和共识,消除学科间的认知障碍,并进一步促进体育工程学的健康发展。

基于这种观点,对于体育工程学的学科分类,人们可能会有两种不同的看法:首先,有人认为它可以被划分为教育领域中的一级学科(体育学)的下属二级学科;其次,也有人认为它可以被划分为与工学相关的各个一级学科(例如机械学、材料学)的下属二级学科。这导致了两大实际问题的出现:首先,鉴于体育工程学涵盖了工学的多个子学科,我们是否应该在每个子学科中明确标注"体育"这两个字呢? 其次,如何确保体育与工程之间的和谐共存呢? 我个人觉得,作为一个新兴的交叉学科,如果想要加速其发展,就可以打破传统的学科壁垒和界限,不必在初始阶段就对其进行严格的学科归属界定。对于那些具备进行该学科建设条件的学院和大学,他们可以首先进行学科建设。就像许多新兴学科的建设一样,他们可以先进行建设,然后再进行设立。当这个学科在我国变得更加繁荣,并且其学科领域的成果也更加丰富,在国际上形成了规模较大、优势明显的学科人才时,体育工程学的学科地位和归属将会在国际学科发展的丛林中获得无声的优势。

第二节　高校体育工程学科体系架构构建

架构这个词在很久以前就已经被提到并进行了研究。清代的龚自珍在他的《干禄新书》的自序中提到:"他选择退后并自行起诉,撰写书籍并进行自我纠正,他讨论了关于点、化、波、绞的各种问题,总共有二十多个,而关于结构的问题也有二十多个[158]。"从现代科学的角度看,架构可以被视为人们对一个结构内多个元素及其相互关系的一种主观反映,或者说是一种建构或建立的过程。更具体地说,架构代表了一系列相关元素的抽象模型,这些模型用于指导系统的各种活动。例如,软件架构描述了软件中各个组件间的连接,并对组件间的通信进行了明确和细致的阐述。

构建计算机软件实践时,软件体系架构起到了基础性的作用。学科建设被视为一个综合性的工程,它由学科建设中的各个工作部分所构成。学科建设的成果和效果很大程度上取决于这些工作元素的组合方式和它们之间的相互关系,而这些元素之间的交互作用为学科建设体系的进一步发展提供了框架。

一、体育工程学科知识体系架构

学科建设旨在推动学科知识体系的进步,因此,在确定学科建设的核心目标时,首要任务是构建学科体系的基础框架。体育工程学,作为一个正在不断发展的新兴学科,其内在含义和结构框架也在持续地丰富和发展。受到体育工程研究领域的迅速扩展、相关学科的融合以及工程学和管理学的多重影响,传统的工程学与体育学正在迅速地向体育工程领域进行整合和转型。深入研究基于现代工程科学与体育学的学科结构,对于推动体育工程学科的进一步发展和研究都是非常有助益的。

(一)体育工程学科的研究领域

学科的构建和进步常常与社会的需求和科技的进步保持同步,其研究的领域也常常与社会、政治、经济和科技的焦点和挑战相结合。随着国际体育工程领域学术交流的逐渐增多,国外在体育工程学方面的研究成果和经验的引进,以及相关学科的广泛应用,都使得我国在体育工程学科方面的研究内容变得更为丰富,研究范围也在不断地拓宽。

每一个学科都有其独特的研究目标,并有能力根据这些目标构建与其他学科不同的理论框架。体育工程学是工程学在体育学领域的一种应用,它涵盖了体育设备、工具和软件的设计与检测,以及对运动员的运动表现和技能的持续监控。杜澄与李伯聪等人持有这样的观点:工程本质上是一个跨越多个学科的研究领域。体育工程学的进步与其复杂的跨学科特性是密不可分的。仅从短跑运动员的外部服饰、运动场地和设备就能清晰地观察到,体育工程已经深入到体育领域的每一个细节中,与人的和谐共生将成为体育工程研究的核心议题。在体育工程学的研究中,我们不仅要深入探讨体育工程科技的各种特性和成果,还需要在此基础上深化对体育与工程、体育工程与人类及环境的相互关系、体育工程的产生和发展的驱动因素,以及体育工程管理等相关议题的理解。这是为了将体育工程提升到体育工程知识的高度,并将这些知识应用于体育领域,推动更多先进的体育设备和器材的研发,从而鼓励更多的人参与体育活动,实现体育的最终价值。

体育工程学,作为一个新兴的交叉学科,与其他新兴学科一样,在学科建设初期,各个分支的研究领域并没有同步发展,而是首先形成并迅速发展的分支领域,通常与竞技体育和体育产业的发展紧密相关。鉴于各个领域对专业人员和科研的持续需求,推动体育工程学的进步变得尤为关键,这也对相关领域的人才培训和学科知识结构的完善提出了更高的标准。通常情况下,在某些研究领域或学科创立的初始阶段,很容易出现一些混乱,而且很少有学者能在某一学科领域的研究初期就确定该学科的知识结构体系。此外,没有其他学科像体育工程学那样,在人类学类和机械工程学类之间进行了复杂的交叉,在这种"混乱"中逐步建立了一门新的学科。因此,为了更深入地建立体育工程学的知识体系,我们对国际体育工程学会发布的《体育工程学》(Sports Engineering)、《机械工程》以及我国各级各种体育期刊上的体育工程相关文章进行了深入研究,并对国内外体育工程领域的专业人才培养趋势进行了详细分析。研究结果揭示,由于国内外在体育工程学的发展阶段、研究内容和重点上存在差异,这也导致了国内外高等教育体育工程学科的知识结构体系有所不同。

(二)国内外高校体育工程学科知识体系

经过对我国高等教育机构中体育工程学的深入研究,以及对体育工程专业人才培训高校的详细调查和数据分析,我们观察到国内在体育工程学领域的研究已经确立了明确的方向。其中,水上项目研究是主导方向,而运动器材的流体动力性能研究、可视化智能训练的测试设备与开发、力量素质与运动技术的实时监控与评估以及体育电子信息工程则是四个相对稳定的研究领域;华东理工大学主要专注于体育材料学的深入研究;上海体育学院高度重视体育装备的功能性评估。其他致力于体育装备工程专业人才培养的教育机构,也主要是依据学科的发展趋势和专业需求,来构建学科人才应当掌握的知识体系。

武汉体育学院在体育工程学的研究和发展方面具有显著的代表性,该学院主要将水上活动作为其研究和合作的主要对象。为了建立国内的体育工程学科知识结构,我们对武汉体育学院的体育工程学科知识体系的进展以及其他如沈阳工业大学、聊城大学、上海体育学院、华东理工大学等学校的基本情况进行了研究,并根据这些学校在体育工程学人才培养中定义的学生应当掌握的知识体系进行了总结。通过深入的分析,我们发现目前所有的学校研究基本上都涵盖了武汉体育学院所列出的学科人才应当掌握的知识体系。武汉体育学院的体育工程重点实验室早在20世纪80年代中旬就开始对与体育工程有关的硕士和博士研究生进行专业培训。因此,本项研究以武汉体育学院体育工程学科的知识结构为出发点,根据各个研究领域的特定需求,明确了学科专才应当掌握的知识体系。

接下来,我们将依据学科分类体系中各个学科知识的从属关系,对我国高等教育体育工程学科的知识体系结构进行全面的综合和分类,从而初步构建出国内具有代表性的体育工程学科知识体系框架,具体可参见图7-3。从我国高等教育体育装备工程专业所需的多学科交叉学术知识的视角来看,目前我国高校体育工程的学科结构主要涵盖了机械工程学、电子电工学以及体育学等领域。目前,国内在体育工程领域的主要研究焦点是运动设备的流体动力学特性;关于可视化智能训练的测试工具和其研发过程;对力量素质和运动技巧的监测、评估以及体育电子信息技术的应用;专注于体育材料学的研究方向。

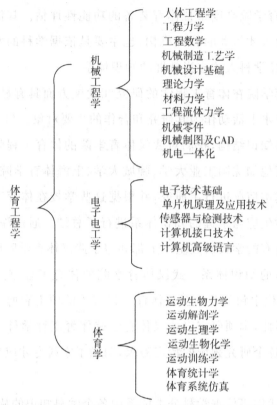

图 7-3　我国高校体育工程学科知识体系结构

(三)高校体育工程学科知识体系优化

从先前的研究中,我们可以观察到,无论是国外还是国内,在体育工程学的知识储备和研究领域,都存在许多相似之处,但同时也有明显的区别。本研究是基于当前国内外高等教育体育工程学科的发展趋势、研究方向、人才培养体系,以及体育学本身和其对工程学未来发展的潜在需求等因素,通过分析国内外高校体育工程学科的知识体系,对该知识体系进行了重新整合。此外,本研究还通过对竞技体育、体育产业、工程学和体育工程领域的研究人员进行现场调查和访谈,对国内外体育工程的需求、学科相关知识的发展等方面,从体育工程学的基础理论、方法论、技术体系和工程应用的角度,对国内外体育工程学科的知识体系进行了整合和分类。

体育工程的学科结构可以划分为四大核心内容:基础理念、方法学、实际工程应用以及技术架构。基础论的内容涵盖了体育学、理学和工程学各个学科的核心理论;该研究方法主要基于公共基础知识,涵盖了数学、力学等领域的研究,为体育工程设计以及与体育工程学相关的研究提供了关键的操作技巧和研究手段;在体育领域,工程应用部分指的是工程学科与体育材料、体育器材装备、体育工程管理等的紧密结合和实际应用。这一部分为高等教育机构在建立体育工程学相关专业和基础课程时提供了关键的参考依据。技术体系部分构成了工程应用部分的基石,它涉及到将体育工程相关的学科理论知识综合运用到体育工程研究的实际场景中。在体育工程学科的建设过程中,高等教育机构可以根据前述的学科知识框架来构建其独特的专业和课程结构。值得强调的是,上述的知识结构只具有指导作用,因为没有任何学科的知识结构是固定不变的,特别是体育工程学这一新兴学科。

二、高校体育工程学科建设架构

(一)高校学科建设:从知识到组织的循环

当我们回顾高等教育机构中学科建设的形成和演变历程时,可以发现学科建设的进展是一个与社会进步产生对立但又统一的有意识的过程,它经历了从传统增长到持续发展,再到可持续发展,最终达到科学发展的认知阶段。

德国高等教育机构进入洪堡时代标志着高校学科建设的开始。从那时起,高校将科学研究和教学视为同等重要的任务,要求在培养人才的同时,也必须进行科学研究,以促进知识的繁荣和发展。在学科建设的全过程中,人自然地站在了学科建设的核心位置,通过对人的全面培养,赋予他们在学科建设和发展中的关键角色。

学科建设的核心目标是完善知识体系,而这一目标的实现主要依赖于科研人员的持续努力,他们对学科的方向进行了深入的研究和方法的筛选,从而产生了科研成果。在科研人员进行科学探索时,为了获得更优质的研究成果,必须创造一个适宜的研究环境。这样的环境为学科组织的科学研究提供了必要的支持,从而对学科建设中的学术环境建设提出了特定的标准。在此背景之下,学者们把学科环境的构建划分为软性环境与硬性环境。通常的研究将软环境定义为包括学科制度、学科发展观念和学科文化在内的多个方面;硬件环境的定义包括学科资源、资金以及科研平台等方面。

学科建设的核心过程是学科知识体系与学科组织(即科学研究者团体)之间的互动和互动。因此,在学科建设的过程中,知识体系的进步与学科组织的发展之间的相互影响关系也随之形成。

从经济学的视角来看,高等教育机构的学科建设是一个与经济学发展趋势相一致的过程,它涉及到学科建设的资金投入和成果产出。此外,这一过程是一个持续不断的循环和提升过程。在学科建设中,学科知识体系与学科组织之间是一个循环的过程。高校的学科建设,是基于现有学科知识体系的一个再生产过程。其互惠对流的关系是:

在高等教育机构中,学科建设所需的资金投入涵盖了人力、财力、物资、信息和时间等多个方面,而作为中介的是学科组织,其产出则是学术组织的持续发展和新学科知识体系的形成。学术组织的成长特点在于学术人才的培养和发展,这主要是通过科研成果的数量、专业建设的水平和人才培养的质量来进行评估,并将这些作为组织的标准。从所展示的图表中,我们可以明显观察到它分为两大核心:学术人才的培养和科研活动。这同样与高等教育机构的教学职能相契合。值得强调的是,学科建设的环境反映了学科建设的资金投入,但随着学科建设的进一步深化,学科建设环境与学科的发展呈现出正向关联,两者将会互相推动并整合为一个整体。

首要的焦点是——人才的培养与发展。在学科建设的旅程中,学术人员首先会获得利益。学科的持续建设不仅推动了学术机构的进步,而且可以被视为一次重生和再创造。正如图5-5展示的那样,学术人才正在从Ⅰ型逐渐转变为Ⅱ型。专业建设构成了学科建设的根基,其专业课程的构建和人才培养计划是对当前学科知识体系的全面整合,是学科知识体系外延的具体表现,也是推动学科知识持续发展的关键途径。此外,对于人才的培育,特别是高级人才的培训,它是学术机构人才储备的关键部分,也是学术机构充满活力和生命力的明显标志。当学术专家的知识储备达到某个水平时,新的跨领域组织将会自然涌现,进而步入下一阶段的循环。

第二个研究中心是科学研究。在学科建设的背景下,学科建设的一个显著特征是科学研究的兴盛和大量的科研成果的涌现。科学的研究成果为原有的学科知识结构带来了进一步的丰富和完善。随着第一个中心——学科人才的培养和跨学科组织的逐渐形成,这些学术研究的成果将进一步展现出其独特的跨学科属性。这标志着我们步入了下一个学科的知识体系的构建和循环阶段。

(二)高校体育工程学科建设架构:知识、组织与环境

在学科建设的过程中,通常会有多个不同的框架视角来描述学科建设的整体结构。基于之前对学科建设基础理论的探讨,我们考虑了相关的元素结构。在学科建设过程中,知识体系的构建、人与组织的互动以及环境因素(涵盖软硬两种环境)都是高等教育机构建设的三大关键组成部分。

在常规的学术研究中,学科建设被视为一个较为宏观的观念,其研究成果将适用于所有高等教育机构中的学科建设相关问题。这本书专门对体育工程学科的建设进行了简要的分析,探讨了学科建设的各个要素的含义和特点。

1.学科知识

在高等教育机构的学科建设中,学科知识既是无边无际的,同时也是有其局限性的,这与学校的办学能力密切相关。各个高等教育机构拥有的学科资源各不相同,因此在学科建设方面也存在明显的差异。在高等教育机构中,学术成就的数量、专业课程体系的健全以及人才培养的质量和水平是衡量学科建设水平的三个最直观的因素,同时也是学科评估过程中最为重视的三个方面。它们构成了学科知识的汇聚点。虽然学术成

就是可以量化的,但它们更多地是基于同行的评估。在学校的学科体系中,某一学科的地位以及在全国的地位,其学术成就被视为一个关键的评估标准。学术成就是在学科建设过程中逐步塑造出来的,但它也存在一定的滞后性,并受到外界因素的限制和影响。例如,受到学术评估机构的限制。通常情况下,高级别的研究课题和奖项常常会被一些拥有学术影响力的研究型顶尖大学所垄断"。目前主要依赖官方评价的评价机制很容易导致在学术成果评价中出现"强者更强、弱者更弱"的现象。体育工程学是一个正在崭露头角的学科领域,任何高等教育机构若想成功构建这一学科,都必须建立在一系列具有标志性的研究成果之上。从国内各大高校的学术成就来看,它们为体育工程这一学科在高等教育机构中的发展提供了创新性的贡献。专业的课程结构可以直观且全面地展示学科的知识内容。通过深入分析国内外的体育工程课程体系,我们可以观察到,在遵守学科知识发展规律的基础上,不同学校的专业课程体系存在一定的差异。实际上,在学科建设的早期阶段,可以根据已有的学科知识和借鉴其他学院的经验,来设计相应的课程;当达到一个较为成熟的发展阶段时,学者们通常会将最新的学术研究成果融入到专业课程设计中,以此来进一步丰富、优化并构建出具有学校独特特色的专业课程体系。人才的培育不仅是学科发展的核心议题,同时也是学科成果的显著展现。学术成就和专业课程结构在很大程度上决定了人才培训的质量。人才的培养既有层次性也有学科的独特性。通常情况下,新兴学科需要从高级管理层开始着手进行人才的培育和发展。高等教育学这个领域正是一个典型的示例。体育工程学也展现出与高等教育学相似的属性。同理,它也表现出一定的滞后性,并受到外部因素的限制。对于那些设有研究生院的高等教育机构,如果学科点的建设存在问题,那么它们的学科点建设将得到一个优质的平台支持。对于那些没有研究生院的教育机构,它们在优势学科上获得博士学位可能会面临很大的挑战。

2.学科组织

一个完善的学科组织结构可以概括为:学科领军人物—专业的学术

管理团队—具有明确分工的学术团队—以及学科人才的培训机构。值得一提的是,这里所说的学科组织主要是指专门针对某一特定学科的学术机构。负责学科管理的职能部门,如学校的学科建设办公室,并不包括在这个列表中。尽管我们也要强调,在每一个学术机构里,管理人员的存在是不可或缺的,他们在学术研究的主题和各种任务的实施中起到了不可替代的角色。在各个学科的组织结构中,学科领军人物无疑是最具影响力的,他们的学术成就很大程度上反映了该学科的整体水平。因此,选择并培养学科领军人物变得尤为关键。无论是国内还是国外的高等教育机构,其体育工程学科的建设都是由各自学科的领军人物主导和组织的。在学科领军人物的指导下,还需组建一个组织结构和分工明确的学术团队。合理的结构和明确的分工可以增强学术团队的凝聚力和学术合力,从而有效地推动学科建设水平的提升。随着学科建设的不断深化,学术团队的建设也在逐渐得到完善。在学科建设的早期阶段,学术团队很可能是由一批在专业知识和兴趣方面具有相似特点的学者临时组建而成的;面对学科建设的共同任务,学术团队的知识体系正在不断地得到完善,最终塑造出一个能够站在学科前列并保持稳定研究方向的组织结构。因此,一个学科组织的成熟程度可以通过其前沿且稳定的研究方向来衡量。目前,国内一些提供体育工程相关专业的高等教育机构,其建设的现状和未来展望都不是很乐观,关键是缺乏一个具有稳定研究方向的学术团队。

3. 学科环境

学科的环境可以被划分为硬件环境和软件环境。在硬性环境下,学校的定位不仅是某一学科发展的基础条件,也是决定该学科未来发展方向的关键因素。如果某所高等教育机构被定位为以教学为核心的学府,那么该学校的体育工程专业将主要专注于本科层次的应用型人才培养。如果这所大学是一个综合性的研究型学府,那么其体育工程学科的定位很可能会是国内或国际上的顶尖学科。学科平台主要指的是与该学科有关的研究机构、实验室等。若想在某一学科上进行建设,必须对学科平台进行全面重构,并需要学校对学科资源进行重新整合,以确保该学科能在一个更高水平的平台上得以发展。考虑到该学校各学科之间可以整合的资源,研究机构的能力,以及实验室的级别和质量。学科平台的外部扩展是通过合作伙伴来实现的。合作伙伴的种类繁多,包括邻近大学的学术资源和国内相关行业的公司等。简言之,与合作伙伴的距离越近,合作的益处就越大,而且合作的实力也越出色。

在软环境中,我们可以看到学科制度、学科的核心理念以及学科的文化等方面的内容。学科制度是为了学科的建设而制定的一套规章制度,不仅在国家层面有学科制度,在学校层面也存在学科制度。一个有效的学科制度应当是一个能够使有优势的学科更为明显,新兴学科持续创新,并促进学科之间的交叉与整合的体系。学科理念描述的是在某一学科的建设过程中,其内部的精神价值和独特性。学科的理念不仅需要与高等教育机构的职能紧密结合,还应具备其自身学科的显著和明确特点。同时,它还应以学科的基本属性和本质为基础,反映出学科发展的最新动态。正如我们之前所提及的,体育工程这一学科的核心理念是追求绿色和高耸入云,即强调体育工程学科的人本主义和实用性。学科文化构成了大学文化的中心,它是学者、学科和知识在不断变化的过程中互相作用的结果,它起源于学术活动并最终指向学术活动。学科文化与学科的发展程度之间存在着正向的联系。一个学科的专业程度越高,其文化也就越丰富。成熟的学术领域拥有独特的语言结构、价值观以及思考和行动模式,从而构建了其独有的理论框架和研究手段。与此同时,学科的建设和发展也是一个持续积累的过程,在这个过程中会逐渐形成工作习惯、生活方式和独特的语言,从而塑造出具有学科特色的学科文化。在学科文化中,我们通常将学术影响、学术声誉、学术氛围以及人与人之间的关系和团队合作精神视为核心要素。从这一点上,我们可以明确地认识到学科制度、学科观念和学科文化之间存在着紧密的联系。

第三节　我国高校体育工程学科建设策略

目前,我国的高等教育机构在体育工程这一学科上仍然是初级阶段,存在着显著的水平差异。实际上,不只是体育工程这一学科,即便是高等教育机构中的体育学科建设,其学科的发展历程也相对较短,同时进行交叉学科研究也面临着相当大的挑战。目前,在全国的大多数高等教育机构中,体育学科的组织结构是根据各个院系进行分类的,实现了学术组织与行政组织的一体化。因此,体育学科与其他学科的交叉扩展受到了很大的限制,实际上很难充分发挥各种交叉学科组织的功能。目前,仅依赖体育学科本身来推进体育工程学的进展面临着巨大的挑战,其核心问题在于:首先,学术研究的能力受到了一定的制约。在体育学科领域,学者们在科学方法论的整体素养以及多学科研究方法的学习和应用方面仍存在明显的不足,特别是在发现重大科技项目时,他们的研究或合作能力往往受到限制。其次,由于资金和经费的制约,体育领域的科研热情相对较低,同时其他工程学科的参与兴趣也不甚浓厚。第三点,体育学科目前的组织构架并不有利于像体育工程这样的交叉学科在体育学院中稳固其地位。因此,在目前的情况下,高等教育体育工程学科的建设必须采纳新的思维方式,并在学校层面进行全面的规划。

然而,体育工程这一充满吸引力的领域,已经吸引了众多高等教育机构的关注。众多的高等教育体育机构视其为一个借助外部力量、实现跨越式发展的好机会。然而,在条件尚未完全成熟的前提下,我们还需警惕体育工程学科建设可能出现的泛化、口号化和功利化现象。对目前国内表现良好的三所高等教育机构进行了分析,包括一所专门从事体育教育的武汉体育学院,一所工科背景的沈阳工业大学,以及一所地方性的综合性大学,即聊城大学。这三个学校在体育工程学科的发展方向上存在差异。武汉体育学院采用了与国家重点实验室合作并与武汉理工大学共同发展的模式。沈阳工业大学则是将其在工科和体育学科方面的优势进行了校内资源的整合和发展。而聊城大学则是在模仿沈阳工业大学的基础上,根据自身的实际条件,优先进行了本科人才的培养和专业建设。显然,我们在这里不应盲目地为我国高等教育中的体育工程学科制定一个统一的发展模式,也不应盲目地期望所有学院都开设体育工程专业。然而,我们可以根据学科建设的普遍规律,结合我们之前讨论的体育工程学科的特点、发展理念和机制等,提出几种合理的发展策略,以供不同的高等教育机构根据自身的办学条件选择和借鉴。

一、在加强高校优势学科群建设中建设体育工程学科

(一)遵循高校优势学科群建设的一般规律

目前,在我国纯粹意义上,单一学科的大学数量正在逐渐减少。高等教育机构已经逐渐认识到不同学科融合所带来的积极影响。学科群这一概念随之产生。简而言之,学科群指的是各个学科的集群化。对于高等教育机构来说,学科群指的是为了满足科技和社会经济发展的需求,围绕特定目标而以某种方式结合形成的学科集群。学科群体的形成具有其固有的科学依据。德国的物理学者普朗克持有这样的观点:科学是一个内部的整体,它被拆分为独立的领域,并不是因为事物的真实性质,而是因为人类的认知能力存在局限。随着我们对自然和社会现象的理解逐渐加深,仅仅依赖单一的学科知识已经不能完全揭示物质运动中的复杂联系。为了深入理解事物背后的本质和规律,我们必须结合多学科的知识进行研究和关注。因此,高等教育机构必须依据学科知识之间的深层联系来建立其独特的学科体系。进一步来说,基于学科知识体系构建的学科群实际上是一个完整的体系,而不仅仅是学科个体的简单组合。在这套系统里,某些新兴的交叉学科会根据学科知识的增长模式而诞生并逐渐壮大。

作为一个完整的系统,我们可以将某所大学的各个学科视为一个统一体,并深入研究它们之间的逻辑联系。在学群内部,逻辑关系主要是通过结构模式来体现的。学者们利用几何图形将学科群划分为多种不同的

形态,包括树状型、网络型、圈层型、星团状型和原子团簇型,或者根据不同学科之间的紧密结合程度,将其分类为实体型、紧密型和松散型等。不论采用哪种模型,其核心结构都是由领头学科(如龙头学科、优势学科)——支持学科(主要学科)——关联学科(次要学科)所组成。拿圈层型来说,它可以被划分为内部圈层、中部圈层和外部圈层。学校的内部结构被视为核心部分,它在学科上展现出了强大的实力和竞争力,这也是学校学科特色和优势的最佳体现,同时在所有学科中,它的影响力也是最为显著的。所谓的中间圈层,是指那些与核心学科紧密相连的学科领域。这些学科不仅受到核心学科的最大影响,而且为核心层提供了坚实的支持,同时也展现了学校的办学能力和优势。所谓的外圈层,指的是学科的边缘领域和更广泛的学科领域,其显著特征是学科的新颖性、较弱的实力和相对的分散性,但也不能排除其在未来可能进入中间或核心层次的机会。

　　每个高等教育机构都会根据其独特的办学优势,选择与其学科发展最为匹配的学科结构来进行学科的建设和发展。我们的终极目标只有一个,那就是构建高等教育机构内部的主导学科集群。从国家层面来看,我们经常提到的"211工程"和"985工程及其优势学科平台"主要是对高等教育机构的重点和优势学科进行资金支持。这实质上是对学科建设的一种资助,而不是对高校其他方面的建设。事实上,很多高校将"211工程"的建设职责都集中在了学科建设办公室上,这也是一个普遍的观点。因此,对于某一特定学科的建设,在学校的学科群建设的某个阶段,它是可以确定的。在不同的高等教育机构中,它的地位和作用各不相同。虽然其建设的路径和方法有一定的规律,但所受到的待遇显然是不同的。

(二)体育工程学在高校优势学群建设中要进行恰当的定位

　　从当前的角度看,体育工程学科依然是一个新兴的领域,它既是一个交叉学科,也是一个应用性的学科,因此,在高等教育机构的学科结构中,它必须找到自己的定位。为了更好地解释这个问题,我们有必要对我国的高等教育机构进行恰当的分类,并深入研究体育工程学科在各种类型的大学中,其学科建设所面临的土壤质量挑战。从数量角度看,我国的大学呈现出金字塔的层次结构,其中综合类研究型大学毫无疑问是这金字塔结构中的顶层。这种类型的大学拥有丰富的学科门类,强大的学科实力,以及强大的学科交叉融合能力。然而,这种类型的大学在体育学科方面相对较为薄弱和边缘化。然而,体育工程学在综合性研究型大学中的进展将受到其他学科的有力支持。此外,一些高水平的国家运动队通常也会选择在这些高等教育机构中设立,例如清华大学的跳水队。当这些高等教育机构开始重视体育工程学的进展时,其学科基础和研究质量将决定其发展速度是否能够超过其他学校。值得一提的是,在综合性研究型大学中,体育工程学通常不会被视为其主导学科群体的核心组成部分。与其他类型的大学相比,综合研究型大学,如单科类应用型大学,由于其独特的发展优势,往往在学科建设上显得不够完善,这使得体育工程学科的建设和发展显得尤为困难。因此,我们不能仅仅根据普通大学的分类来对体育工程学科进行划分,还需要结合体育工程学科的特性——即体育学与工程学的交叉领域——来进行深入研究。根据《授予博士、硕士学位和培养研究生的学科、专业目录》的规定,体育学被视为教育学领域的一级学科,而工程学则是工科领域下一级相关学科的统称。工程学涵盖了广泛的领域,几乎所有的高等教育机构都开设了与工程学相关的专业课程。体育学院、艺术学院和军事学院共同构成了我国单一学科教育的核心力量,并在体育科学的进步和人才培育方面起到了不可或缺的角色。近几年,由于高等教育机构的合并和我国高等教育机构向综合型大学的转变,许多大学开始更加注重学科分类,并逐渐将其原有的公共部门转型为专注于科研和人才培养的实体机构。然而,从宏观角度看,这些学校在体育学科的发展上并未改变我国现有的体育学科结构。从数量上看,尽管机构和人才培养都有所增加,但真正在全国体育学格局中占据话语权的仍然是现有的体育专业学院。造成这一现象的原因是多元的:一方面是时间因素和学科积累的影响,另一方面则是综合性大学仍然将体育学科的发展定位为教学和人才培养的核心机构,而将其置于学科建设的外围。另外,综合性大学在体育机构的发展上仍然坚持传统的体育学院模式,这导致在招生和人才培养过程中过于封闭,与其他学科的联系也过于紧密。体育工程学科的发展无疑将突破现有的封闭和障碍,这将成为改变我国高等教育体育学科结构的关键入口,并对传统的体育专业学院带来新的挑战。根据之前的讨论,决定高等教育体育工程学科发展策略的关键因素包括:体育工程学科的本质、学校的级别和种类、以及学校体育学科的历史背景和发展水平。用一句简单的话来阐述:在遵守学科发展规律的基础上,不同的高等教育机构会根据学科建设的当前状况,有目的地和理性地选择体育工程作为学科的发展方向。

考虑到上述的三个因素,并结合我国高等教育体育工程的当前发展状况,我们将我国高等教育体育工程学科的建设划分为三个不同的层次。根据学校的数量,这三个层次的高校形成了一个金字塔状的结构。

学科建设层是第一层,它主要涵盖了三种不同类型的研究型大学。在我看来,目前这三种类型的研究型大学完全有能力开展体育工程学科的建设工作。学科建设的前提条件包括:首先,学科基础扎实,其次,其优势学科反映了国家的发展水平;其次,由于资金充足,我们可以为重点项目提供支持;第三点是,学院设有研究生院,其学科交叉和融合的机制非常完善,能够为本科、硕士和博士学生提供多层次的人才培训;第四点是,在这类学校里,大部分学校都具备良好的体育基础设施,并组建了高水平的运动队伍。他们采取的策略是:

我们鼓励并指导学校将理工程学科的强项与体育工程相融合,确保体育工程学科成为学校的主导学科。体育专业的单一研究大学应当积极寻找与外部大学或科研机构的合作机会,可以考虑引入相关学科的领军人物。

以各学科的领军人物为核心,明确研究的方向和目标,目标是达到国际顶尖的体育科技项目标准,努力争取国家的支援,并优先发展如研究所(研究中心)、实验室等体育工程的科研和人才培训机构。

在人才培养的早期阶段,以博士研究生为核心,将科研与人才培养紧密结合,采用服务学习创新的人才培养模式,逐步培养硕士研究生,待到师资和其他教学条件成熟后,再考虑本科专业的招生和培养。

我们致力于建立标准化的"产学研训"合作模式,与国内外著名的体育品牌建立紧密的合作关系,进行新产品的设计和研发,并积极研究高水平运动队训练所需的器材装备和训练方法。

积极开展国际学术交流活动,以增强学科的影响力,并努力在国际体育工程领域获得更多的话语权。

第二层专注于专业与学科的建设。相较于第一层,这一层的学校数量有所增加,主要是以教学和研究为导向的大学,其中一些大学还设有研究生院。从总体上看,这类学校在学科能力和办学实力上都不如第一层学校,但也有一些学校的某些学科在全国范围内处于领先地位,特别是那些具有行业特色的多科性教学研究型大学,以及一些工科实力较强的学校。因此,在这一层次中,一些具有学科实力的高等教育机构可以借鉴第一层的模式,系统性地进行体育工程学科的建设,特别是在这方面。相较于第一层,这种类型的学校在体育工程学科的建设上明显需要政策的指导。换句话说,它面临的核心问题并非是如何将不同的学科进行整合或融合,而是如何创新性地进行专业建设。所以在第一层——学科层发展策略的基础上,教学研究型院校体育工程学科建设的策略是:

· 以前瞻性即体育产业发展的需要为目标构建优势专业。

· 以针对性即社会对多元化体育工程人才的需求为重点创新人才培养模式。

专业建设层位于第三层,它主要服务于教学型大学和一些应用型高等教育机构。在这个层次上,高等教育机构的博士课程相对较少,但体育工程学科的发展需要有坚实的学科基础,并对教师和学生的学科背景有很高的要求。因此,作者并不推荐这类院校大力发展体育工程学科。建议在条件允许的教育机构中,激励具有该学科知识背景并对此感兴趣的教师开设相关课程,进一步推动专业发展,并培育少数硕士研究生。

从上述内容中,我们可以明显观察到,我国的高等教育机构在体育工程学科的建设上存在不同的层次。从第一层到第三层,其发展过程是按照一定的顺序进行的。值得强调的是,在任何学科的交融和新学科的诞生与发展中,除了制度性因素之外,都必须严格遵循学科知识发展的固有规律,并特别关注那些掌握知识发展动态的学者。在每一所高等教育机构的各个学科中,都存在一个以学科领军人物和他们的学术团队为核心的圆环。圆心代表一个特定的点,这些不同的点之间形成联系并相互连接,形成一个有助于知识传递的网络,最终形成一个完整的界面。这一面正是学校内的各个学科集合。因此,培养体育工程领域的学术领军人物,已经成为我国体育工程学科发展的初始步骤。

二、以学科带头人为中心汇聚学科队伍

学科的领军人物是该学科的中心,他们不仅是"领军者",也是"象征"。选择学科方向是一项充满专业性、学术性和研究性的任务,如果没有深入的专业知识、丰富的研究经验、较高的学术水平和深刻的洞察力,就很难做出科学的选择。因此,一个学科的持续发展依赖于学科领军人物的精准指导。如果没有一位出色的领军人物,该学科的进展将面临诸多困难和阻碍。

无论是国内还是国外的高等教育机构,体育工程学科的建设都有其领导者。例如,谢菲尔德哈勒姆大学体育工程研究中心的斯蒂夫·哈克教授,他是最早倡导和创新国际体育工程学会的成员之一,以及围绕他组建的团队,拉夫堡大学体育工程学科的领军人物迈克·凯恩教授,还有我国武汉体育学院的郑伟涛教授等。毫不夸张地说,如果没有他们在学科知识和管理学术团队方面的专业能力,体育工程学科在今天的发展是无法实现的。此外,当一个团队建立起来后,每个成员的研究领域的交融会导致学科研究迅速地像滚雪球般增长。

作为学科的领军人物,他们首先需要具备深入的学科专业知识,能够全面掌握与学科相关的知识,并拥有丰富的研究背景。再者,作为学科的领军人物,他们需要具备出色的个人魅力和深厚的管理技巧,这样才能形

成一个高效的学术团队。体育工程领域的领军人物主要通过以下两种方式形成。首先,它是自然生成的。这是学者个人学科知识进展的自然结果。当一个人的知识累积到某个阶段,他会积极地探索新的知识,以进一步加深对知识的洞察、证明和加深理解。在很多情况下,学科领军人物和学术团队的建立并不是通过培训来实现的,而是由他们自己自发地塑造出来的。学校的任务仅仅是为他们创造一个稍微优越的学术研究环境,这对学校来说无疑是一件非常幸运的事情。其次,是经过精心的培养和塑造而成的。目前,众多学校都采取了培养学科领军人物的策略,他们通过整合各种资源,有计划地进行学科领军人物的培养和选拔。比如说,选拔学术领军人物时,应该考虑到全国甚至是全球的范围;为了提升学科领军人物的薪酬待遇,我们需要强化组织领导才能的培育、学科管理技能的培训,并推动集体研究项目、跨学科研究项目以及与其他学校的合作项目等。在培养体育工程学科的领军人物时,对于那些希望进行该学科研究或已有相关研究基础的人才,只要他们满足学科领军人物的基本素质和潜在能力,都应该给予充分的关注和培养。此外,通过设立关键的研究岗位,可以吸引更多的学者参与学术研究,使他们尽早成为该学科的领军人物,并围绕这些领军人物进行学术团队的建设。

三、确立明确的学科发展目标与内容体系

学科的发展目标不仅是该学科成长的明确方向,也是该学科综合实力的具体表现。与此同时,学科的发展目标也成为推动学科进步的关键因素。制定学科发展目标受到多种因素的影响,除了高等教育机构外,还包括社会经济构成、国家的产业政策以及特定区域的特殊需求等;在高等教育机构内部,诸如学校的长期发展规划、明确的定位以及学科领军人物的研究方向等因素,都会对学科建设的目标产生一定的影响。一旦学科目标被明确设定,就需要构建与之相匹配的学科内容框架。学科的内容体系是其子目标,包括人才的培养目标、科研的目标以及与之相关的建设内容等。通常,学科建设的目标可以分为宏观和微观两大类。在设定宏

观目标时,我们必须遵循学科建设和发展的普遍规律,以服务于科技、经济和所在高校的发展目标。在微观层面上,我们追求的目标是凸显我们学科的独特性。结合现状与发展前景,我国高校体育工程学科建设的宏观目标与微观目标大致可以表述如下:

· 宏观目标:在绿色体育理念指导下,促进体育科技创新,促进体育产业创新,促进高校学科建设与人才培养创新。

· 微观目标:围绕学校发展定位,促进体育科学与某某学科之间的融合,在某某领域达到国际(或国内、行业等)领先水平,促进学校人才培养模式创新。

另外,还有短期目标、中长期目标等。体育工程学科目标制定后也不是一成不变的,除了上述影响因素外,它还要接受学科评估的检验,然后进行不断地调整。其过程与模式大致可以用图7-4表示。

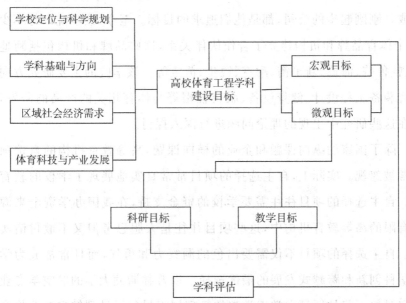

图7-4 高校体育工程学科目标制定模式

四、以项目为突破构筑学科平台

影响我国大学体育工程学科发展的关键要素还包括科研的深度和广度。高质量的研究成果不仅有助于提高学科和专业的声誉,而且通过科研成果的实际应用,也有助于降低企业和事业单位对高等教育机构的依赖性。科学研究的不足,特别是像体育工程学这样的高度应用性的科学研究,更能凸显体育工程学的学术价值。项目选择可以是纵向的,也可以是横向的。在垂直方向上,我们需要紧密跟随国家体育事业的发展趋势,例如武汉体育学院的体育工程学。得益于他们负责的国家水上中心的科研任务和持续的科研跟踪,水上项目已经取得了显著的成果。这进一步加强了武汉体育学院体育工程学的核心地位。因此,国家体育总局决定在武汉体育学院建立体育工程学的国家重点实验室。横向的项目大部分是由相关行业的公司提供的。国外的高等教育机构在体育工程学科的建设上,大部分的科研项目和资金都是由企业提供的。正如我们之前提到的,英国的拉夫堡大学的体育工程研究所始终专注于为社会提供服务,并持续地寻找新的合作伙伴。不管是不是全球知名的体育品牌,中小型企业或是刚刚起步的公司,都是他们追求的目标。至今,该学院已与不少于20个体育品牌和机构建立了合作伙伴关系,这些品牌和机构包括阿迪达斯、顿鲁普、海德、新平衡、耐克、锐步、茵宝等。该学院的主要研究方向是体育装备工程设计、健身设备、服装鞋帽等与体育相关的产品的研发,并对在这些研究中出现的理论问题进行深入探讨。

除了国家的纵向课题和企业的横向课题,高等教育机构的自选项目常常被忽视。实际上,自主选择的项目常常真实地展现了学校的教育哲学。自主选择的项目往往需要学校的资金支持,在我国办学资金来源相对有限的高等教育机构中,这些项目往往是大胆思考但又不敢付诸实践的。自主选择的项目不仅需要出色的洞察力和勇气,而且常常成为学校新学科创新和跨越式发展的最优选择。以普林斯顿大学的航空学专业为研究对象。普林斯顿大学工学院的管理层很早就预见到航空产业将会迎来巨大的发展。普林斯顿大学在构建新的学科时,把航空学视为核心学科,并根据航空工业的高端特性,从一开始就把焦点集中在研究生教育和科研活动上;他们还投入了大量资金来建设一些普通高等教育机构所不具备的实验设备,其中包括在离学校仅几英里远的地方购买了825英亩的土地,用于建设可以进行飞行力学等实验的机场。正是出于这个原因,当联邦政府决定在指定地点建立国家喷气推进实验室时,他们选择了普林斯顿和著名的加州理工学院,并从政府和私营企业那里获得了大量的科研资金支持。因此,航空学已经崭露头角,成为学校的核心学科,并迅速崭露头角成为该学科的强项,这对于维持普林斯顿大学在美国工科教育体系中的核心地位发挥了关键作用。我国的高等教育体育工程学科建设可以从这种经验中吸取教训。

五、以专业与人才培养夯实学科基础

由于我国高等教育机构在专业人才培养方面存在严格的壁垒,因此很难为学生提供充分的跨学科学习机会。除非学生已经进入硕博士的学习阶段,否则即便是跨学科学习,也通常会利用一些有利条件来实现学科知识的交叉融合。在我国,工程学与体育学这两个学科之间存在着显著的知识差距。因此,工程学的学生在接触人体解剖、运动生理学和运动学等领域的知识时遇到了困难,这进一步限制了他们对体育研究的热情和参与度。学习体育学专业的学生很难接触到与工学相关的课程。从一方面来看,鼓励体育专业的学生主动学习工程学的相关知识和技能是相当具有挑战性的,除非高等教育机构开设与此相关的专业,并进行跨学科的人才培训。从另一个角度看,鉴于我国高等教育体育专业的独特性,其文化底蕴相对较弱,这主要是由我国独特的教育制度所导致的。由于我国许多体育专业的学生在高考前几年,由于文化成绩的影响,被迫从事体育工作,这导致他们进入高校后的文化基础变得薄弱,这将不可避免地导致他们大规模地远离工程科技相关知识的学习。与我国高校体育专业学生相比,英国的学生在中小学阶段就被要求学习STEM(科学、技术、工程和数学)。尽管他们进入了高等教育机构,但不同学院和系之间的文化差异并不像我国高校体育专业学生与其他学院学生之间的知识差距那么显著。目前,美国和英国以及其他欧洲国家都在积极地宣传和推广服务学习的观念,利用这种学习方式来提高高等教育本科生的教育水平,同时,欧美国家也在努力将服务学习与体育工程学科的发展结合起来。通过集体参与服务学习的方式,可以实现不同学科学生的深度融合,这不仅增强了他们之间的情感联系,也让他们对其他学科的学生或知识有了更深入的认识,同时还能激发他们对跨学科知识学习的兴趣。即使在培养硕士或博士研究生的过程中,欧美的某些国家也广泛地采纳了服务学习的方式。

针对体育工程这一新兴的交叉学科,建议其人才培养应从研究生阶段就开始着手。实际上,如果从培养本科生开始,由于他们的知识范围限制,他们可能会发现从事体育工程科技开发变得困难,而更有可能选择投身于服务行业的工作岗位。本科阶段的就业困难不仅是受到国家宏观经济环境的影响,还因为我国当前体育产业尚未充分发展,导致体育工程专业的就业机会相对有限。

研究生教育的一个显著特点是,研究生能够更为轻松地进行研究型学习,从而为教师和相关学科的学术研究做出更大的贡献。他们在学术研究中取得的成果,能够迅速地提升该学科的知名度。在招生和培养的过程中,首先需要有针对性地招收具有理工科背景的学生,其次是要鼓励体育学科的研究生进行跨学科的选题。第三,以满足体育实践的需求为核心,我们组织了专家团队来探索体育实践中的跨学科领域和研究难题,并构建了一个集体育与多学科交叉研究于一体的产、学、研一体的科研实训基地,为研究生提供了一个学科交叉合作的研究平台。第四,我们通过举办各种学术交流活动,将与体育学科有交叉和融合倾向的研究生聚集在一起进行科研和研讨,从而为学科间的交流和内部融合提供了一个平台。

六、寻求战略合作伙伴,加强学术交流

体育工程学科在高等教育机构中是一个新兴领域,但对于某些综合性大学来说,它也被视为一个边缘学科。相较于优势学科,边缘学科更应该积极地与外界合作和交流,以弥补其在学科资源上的不足。战略性的

合作需要资金支持。这种资本有两大特点：一是其独特性，二是其实际能力，这也正是我们经常提到的"人无我有，人有我优"的意思"。拥有强大的办学能力和科研实力，能够为企业创造显著的经济效益。特色源于明确的学科发展方向，因此，高等教育机构首要任务是通过设定清晰的目标来寻找其独特的办学特色，并进一步加强其内涵的建设。只有通过这种方式，各个学科间的策略性合作才能持续地发展，并最终实现合作与交流的终极目标——即提升自主创新的能力。

在选择高校体育工程学科的战略合作伙伴时，首要的选择是与相关的高等教育机构建立合作关系。例如，武汉体育学院与武汉理工大学之间的合作关系。这两个机构在学科上有着互补和合作的优点，其中包括一个合作的机构——国家重点实验室，以及一个共同的研究目标和项目——水上项目。这代表了我国高等教育体育工程领域的战略合作范例。其次是与公司的协同合作。尽管体育工程学科依赖基础学科作为其根基，但它依然是一个具有应用性质的学科，需要在其应用范围内展示其存在的价值。在全球范围内，与企业的合作被视为体育工程学科的发展模式，正是这种成功的合作关系，使得体育工程学逐步获得了大众的接受和认同。以英国的谢菲尔德哈勒姆大学为例，它与国际上的一些著名企业有着长期且稳定的合作关系，合作伙伴达到了十几家。第三点是与政府、体育协会等机构的协同合作。政府被视为最稳固的合作方，特别是对于一个新兴领域，它的成长和进步需要得到政府的全力支持；国家体育学会及其相关分支机构在体育工程领域的研究和发展上起到了关键的指导作用，与这些机构加强合作无疑为高等教育体育工程领域创造了广阔的发展机会。

合作和交流可以采取多种不同的方式。首先是各机构间的深入合作，其次是能够携带课题和研究资金的合作。此外，还可以通过如联合培训学历生、学生的短期互访交流、学分的互相认可、教师之间的互访交流、图书资源的共享以及科研合作等多种方式来实现，这些都可以被广泛应用于高等教育体育工程领域的合作和交流活动中。

　　基于以上分析,我们提出了几条主要的高校体育工程学科发展路径。体育工程学科的建设是一个完整的系统,其中的几条路径并不是相互独立的,而是一个以学科领军人物和团队建设为核心的互动关系。它们之间存在一定的规律性,如我们经常提到的,专业构成了学科的根基,一旦专业建设得当,学科便会自然而然地形成。然而,值得强调的是,对于那些将体育工程视为新兴学科建设的高等教育机构,作为学科发展的切入点,其发展路径可以是先有后有的,必须根据学校的具体条件来灵活选择。举例来说,学校有能力通过科研项目平台来吸引杰出人才,从而实现以学科领军人物和团队建设为核心目标;首先,我们可以选择并培训学科的领军人物来进行专业的建设,这将为科研项目的获得和平台的搭建提供坚实的基础;我们还可以通过专业建设的调整和人才的培育,进一步整合和优化学校的教育资源,以实现学科团队逐渐形成的目标。

第八章 体育场馆智能化建设研究

第一节 智能化体育场馆的概念

随着我国在科技和经济领域的持续进步,各个行业的智能思维和设计理念已经获得了普遍的接受和实践。将体育设施与智能技术相结合,不仅可以为观众带来更为出色的演出和更震撼的视觉体验,还可以利用先进的科技手段,精确捕捉比赛中的每一个细微之处,从而公正、准确地评估比赛结果,为裁判提供一个准确、高效和公正的决策参考。因此,研究智能化体育场馆的进展不仅是当前时代的发展方向,同时也具有深远的实际意义。

在 20 世纪 70 年代的末期,为了让建筑空间更加舒适、便捷和安全,设计师和建设者开始对建筑物的结构、系统、管理和服务这四个基本元素以及它们之间的内在联系进行优化设计,智能建筑开始在国外变得流行。智能建筑,作为信息化时代的一种表现,其定义也随着科技进步而持续地进行更新和完善。总体而言,智能建筑是在现代科技不断进步的背景下,以系统工程为基础,对建筑物的多个基础元素,包括结构、系统、服务和管理,以及它们之间的内在联系进行优化和集成,从而创造出一个合理、高效、安全和便捷的环境。

体育场馆的智能化系统主要集中在信息技术和监控领域,其目的是为了满足人们在体育场馆内参与体育比赛或使用其他功能时对管理和服务的需求,这是一个通过收集信息技术产品和成果来构建的复杂系统。

体育场馆的智能化系统不仅能在体育活动中提供各种运动信息、成绩和现场服务,还能为运动员、教练员、工作人员、观众、媒体等提供更多、更详细、更便捷的服务,从而实现现场竞赛管理和运动会组织的高效运作。一次成功的现代综合性运动会可以充分利用其智能化系统,通过信息采集、监控、整理、发布、整合等方式,向社会公众展示体育竞赛的刺激、丰富、紧张的过程和公平、公正、客观的结果,让社会公众体验到体育竞技的乐趣。现代综合性体育竞赛的兴盛与进步得益于体育场馆的智能化系统。科技的飞速进步,尤其是基于微电子技术的通信和计算机等现代电子技术的飞速发展,为有着数千年历史的建筑行业带来了空前的历史变革。这些先进技术已经将建筑从一个用于保暖和抵御寒冷的避风港提升为一个综合了感觉、反应、信息和决策判断功能的安全、高效和舒适的生活和工作环境。仅当依赖于持续进化的科学与技术,这些系统才有可能在安全和可靠的前提下运作,以满足人们多样化的需求。随着科技进步,智能建筑不断地被开发和添加新的功能。所有这些因素共同为现代智能体育设施的进一步发展奠定了稳固的基础,从而在推动现代综合体育锻炼和娱乐活动的普及与发展方面发挥了不可或缺的角色。

作为体育设施的核心,智能化系统优化了体育场馆的构造、系统、服务和管理,以及这四个基本元素之间的关系,从而使体育场馆的功能更加合理,建筑环境变得更加安全、高效、舒适和便利。这反映了信息化社会的时代特征,将极大地推动体育产业的变革和人们生活的多样性。

随着科技的不断进步,尤其是北京奥运会的成功举办,全球先进的智能系统已经进入了国内高等教育机构的体育场所。人们真切地体验到了这些智能系统为整个体育行业带来的便捷性,以及它为他们的日常生活带来的安全性、舒适度和高效性。作为时代进步的工具,为了维持其在技术领域的领先地位,各大高等教育机构都加大了对其体育馆进行智能化改造的力度。这种方式既能满足学校的体育教学和文体活动需求,同时也能满足运动会、集会等大型活动的需求。现代高等教育体育场所逐步被智能化系统所代表。创建一个经济高效、安全稳定、用户友好、可扩展且外观雅致的大学校园智能体育设施,不仅为大学校园建设提供了宝贵的机会,同时也是我国智能体育设施进步的关键领域。

第二节　智能化体育场馆的构成

　　智能化体育场馆的设计理念是将最新的信息技术整合到体育场馆的整体结构中,并依据体育场馆的空间布局进行精心设计,确保其能够充分展现出智能化的特点,从而为体育赛事、休闲健身和经营管理提供优质的服务。智能体育场馆不仅仅是一个独立的设备集合,它更是服务体系与实际应用的完美结合,这一体系主要由五大核心系统组成。

　　1.智能监控系统。智能监控系统的核心职能包括自动化的监控和调整功能。该系统可以利用其内置的灵敏探头来敏感地检测外部环境的变动,并将这些信息反馈到系统的核心,进而发出相应的命令。例如,在体育设施内,空调可以通过先进的智能监控系统进行自我调整,从而避免了人工介入的需要。此外,智能监控系统在安全领域也有应用潜力,一旦侦测到不正常的状况,该系统会立即发布警告信息。如果没有人工的反馈,那么智能监控系统将会自动激活消防联动控制系统。在骚乱或其他危险情况发生时,智能监控系统不仅能够自动发出警报,还能自动激活紧急响应机制,并迅速疏散人群。

　　2.信息网络系统。信息网络系统的主要功能是利用网络技术来传递和播报体育场所内外的各种信息,例如新闻发布、赛事报道和电视转播等功能。信息网络系统由多个子系统组成,包括网络系统、通信系统和电视系统等,这些子系统在多个方面都能满足信息传输的各种需求。

　　3.场馆专用系统。专为体育场馆设计的专用系统是基于体育场馆的独特性,它代表了体育场馆智能系统的进一步优化和完善。例如,在体育赛事中,除了需要实时的现场播报,还必须对某些特定环节进行回放和比赛计时,以及实施自动售票和验票等功能。那些常规智能系统无法达到的独特功能,都需要借助特定的系统来完成。

　　4.应用信息系统。应用信息系统主要涵盖了体育场馆的建设、设计、安全性、环境保护、比赛策划以及场馆运营等多个方面的综合信息大数据,并且这个数据系统具有持续更新的能力。利用应用信息系统进行数据的自动化分析,可以为管理层提供对决策有价值的关键信息,从而增强决策者的工作表现。应用信息系统中的子系统主要分为两大部分:信息检索和体育场馆的日常运营。其中,体育场馆的管理又进一步细分为比赛、安全和常规运营三个子模块。

5.机房系统。机房的组成包括:设备监控室、消防监控室、安全监控机房、赛事指挥中心、综合布线设备间、语音通信系统机房、信息网络系统机房、有线电视系统机房、公共广播系统机房、会议控制室、屏幕显示系统机房、扩声控制机房、场地灯光控制机房、比赛中央监控系统机房、计时记分及现场成绩处理系统机房、电视转播系统机房。机房充当着处理各种信息和数据的核心场所。考虑到系统内各种信息数据的关键性、灵敏度和时效性,机房内的计算机、通信、网络和辅助系统设备都需要一个严格的操作环境。而计算机系统的稳定运行则依赖于机房的严格环境条件。

第三节　智能化体育场馆的建设原则

随着体育场馆的智能系统技术持续进步,它在体育场馆的日常运营和管理中所扮演的角色也日益凸显。然而,高额的回报往往意味着需要大量的资金投入,因此体育场馆智能系统的建设成本也从总投资的5％增加到了10％。智能化的体育场馆建设是为了满足现代社会和使用者的需求,但我们不能仅仅为了满足市场的需求而盲目购买或安装智能系统和设备。在这两者之间,我们需要进行科学的平衡,将原本对立的部分转变为一个和谐统一的共同体。明确地说,建设智能化的体育设施时,我们应当遵循三大核心原则。

一、建筑智能系统以适应未来科技及应用的发展为原则

在这个时代,伴随着科技的持续进步和网络技术的日益更新,人们的日常工作和生活方式也在经历着深刻的变革,其中智能系统的建设也是

这样。目前被广大民众所推崇的体育场馆的智能化系统,在不远的未来将会被新型的智能化系统所替代。然而,新的智能化系统的更新并不意味着完全摒弃旧的智能化系统,而是将旧的智能化系统与新的科学技术相结合,以适应未来时代的发展需求。尽管旧有的体育场馆智能化系统无法满足未来发展的需求,但它有潜力成为连接未来智能系统新技术的重要桥梁。因此,我们需要为这些智能化系统赋予足够的灵活性,以便它们具备未来发展和更新的基础和能力,从而实现体育场馆智能化系统的可持续发展。

二、方案设计以提高使用者和管理者的工作效率为原则

尽管建设体育场馆的智能系统满足了时代进步的需求,但其核心仍然是作为服务功能的中介。总体而言,体育场馆的智能化系统主要服务于两个不同的群体:一是使用者,二是管理者。

第一,智能化体育场馆为使用者提供服务。体育场馆的智能系统凭借其先进的技术架构,为用户的日常工作提供了明确的方向,同时也方便了客人的参观和锻炼活动。例如,用户可以利用体育场馆的智能系统,迅速并及时地获取馆内的最新动态,并能迅速做出响应。这种方式不仅减少了对人工的依赖,还增强了工作效率。对用户来说,智能系统可以根据他们的具体需求和实际状况给出有价值的培训建议,并能自动地为他们创造一个舒适的培训环境。

第二,智能化体育场馆为管理者提供服务。如前所述,在体育场馆的智能化系统中,应用信息系统可以为管理层提供对决策有价值的关键信息,这也是该智能化系统为管理者所提供的主要服务之一。此外,在体育场馆的智能监控系统中,该系统能够迅速地向管理层提供体育馆内各部分和各类设备的实时数据,以便及时发现潜在的问题并缩短检查时间。

三、技术选型以合理的投资成本和运营成本为原则

第一,智能化体育场馆运用了丰富的节能节电手段。体育场内配备

了众多的电力设备,包括照明、空调和通风设备等,其中大部分设备都是持续工作的。这导致体育场内的电力使用量相对较大,不仅增加了能源的消耗,还提高了场馆的运营成本。在体育场馆内,除了需要加强人工控制以节省电力外,还应通过安装智能楼宇管理系统来减少不必要的电力消耗。这样的电能节省并不仅仅局限于电力设备本身,而是在购买了节能设备之后,进一步优化了电力资源的分配。通常情况下,体育场馆的管理者普遍认为,客户的舒适度和体育馆内的电力消耗之间存在矛盾和立体的关系,很难控制两者之间的平衡点。体育场馆的运营者既不应忽视电力的消耗以追求客户的舒适体验,也不应为了节省电力而牺牲客户的舒适度,因为客户的需求可能直接影响体育场馆的经营表现。鉴于当前的状况,为体育场馆安装智能楼宇管理系统可以有效地应对这一挑战。这不仅确保了客户的舒适体验,还降低了体育场馆的电力消耗,既满足了客户的需求,同时也减少了运营的总成本。

第二,智能化体育场可以延长设备的使用寿命。体育场内配备的智能楼宇管理系统不仅具备自我调整场馆内电力设备运行状况的能力,还能实时记录体育场馆内各种设备的工作状态,并将这些信息反馈给管理层,以便为设备的维护和保养提供科学依据。在这里,我们可以把智能楼宇管理系统形容为体育场馆内所有运行设备的私人医生,该系统能够根据设备的运行状态提供最科学、最优质的保障服务,从而延长设备的使用寿命。此外,智能化楼宇管理系统的设备运行监控功能可以在一定程度上降低设备自身的安全隐患,减少人工检查的工作量,从而提高工作效率。除此之外,体育场内配备的智能楼宇管理系统也能与体育场馆的智能管理系统进行整合,从而实现全面的管理效能。

第九章　新工科视域下
体育交叉专业人才培养研究

第一节　"体教融合"模式构建

在体教融合模式的构建过程中,学校作为核心单位,主要是通过体育和教育两个部门的明确分工与合作,以达到资源共享的目的。体育与教育的结合模式不仅有助于提高高等教育体育人才的整体素质,同时也满足了教育和体育领域对人才的期望,这是一个双方都能受益的策略。多年的实践经验表明,体教融合模式已经找到了一条适应教育和体育体系发展的路径,即在最大限度地利用双方资源的基础上,实现资源的最优配置,并构建一支高水平、高技能的人才团队。

一、从体教结合到体教融合

体教结合的模式是在 20 世纪 80 年代形成的,几十年的实践已经积累了丰富的经验,而具体的结合模式也在不断地丰富和完善。从行政管理的角度出发,结合体育与教育的模式有助于推动体育教学向更好的方向前进;观察高等教育机构的进展,将体育与教育相结合是大学体育教学的关键路径,这有助于提高学生的多方面能力;从运动员的角度来看,结合体育和教育的模式能够帮助体育工作者在接受系统训练的同时,获得全面的知识,从而实现知识和技能的全面发展。

2020 年,中央全面深化改革委员会第十三次会议审议通过了《关于深化体教融合促进青少年健康发展的意见》(以下简称《意见》)。《意见》指出:"深化体教融合促进青少年健康发展,要树立健康第一的教育理念,推动青少年文化学习和体育锻炼协调发展,加强学校体育工作,完善青少年体育赛事体系,帮助学生在体育锻炼中享受乐趣、增强体质、健全人格、磨练意志,培养德智体美劳全面发展的社会主义建设者和接班人。"其中一个显著的变化是从体教结合的模式转向体教融合的模式,这意味着更加重视学生的身心和谐成长。

二、体教融合模式的内涵

体育与教育的融合被称为体教融合。其中,"体"代表体育管理部门,而"教"则代表教育管理部门。这两大部门的紧密结合有助于资源的有效整合,突出各部门之间的优势,并通过强大的合作,培养出高质量的专业人才。

首先,体育与教育的融合体现在体育和教育两个部门之间的强大合作。为了为社会培育与时代进步相匹配的专才,两个主要部门需要齐心协力。教育部门的核心优势在于其丰富的文化教育和人才储备,而体育部门的显著优势在于拥有经验丰富的专业教练,这些教练通常都具备出色的技能和深厚的体育修养,这两大优势的结合使得知识和技能得到了双向的提升。不夸张地说,体教结合的策略充分利用了教育和体育领域的强项,为高等教育机构进一步培育高质量人才打下了坚实的基石。

其次,体育与教育的融合体现在体育活动与高等教育机构的紧密结合上。从字面上解读,"体"指的是体育活动,而"教"则指的是教育和培养人才的场所——即学校。体育与教育之间存在着紧密的联系,体育不仅是教育培训的重要工具,还能推动人的全方位成长。同时,教育也有助于提高体育人才的文化修养,为他们取得卓越表现奠定坚实的理论和心理基础。

再次,体育与教育的结合主要体现在体育训练和文化教育的融合上。这个维度是为了适应我国传统体育教学方式而特别提出的。传统的体育教育过于强调体育活动,而忽略了文化知识的学习,这导致了其发展的不均衡性。特别是在我国成为 WTO 的一员后,我们与全球的联系变得更为紧密,体育赛事也日益增多。因此,培养出的体育人才在竞技表现和整体素质上都亟需进一步提高。如果我们盲目地进行训练,而没有进行科学的规划,那么问题就会变得更加明显。在当前的教育背景下,体育与教育的结合强调在提高学生的基础体育技巧的同时,也要增强他们的文化修养,这与我国的全面人才培养计划是一致的,有助于培育出全方位发展的杰出人才。

最后,体育与教育的结合体现在学校的人文精神和奥运精神的融合上。高等教育机构中的体育教育专业旨在培养学生形成健康的运动行为习惯,同时也致力于培育他们具有拼搏精神和吃苦耐劳的高尚品质。自奥运精神诞生之日起,它就在全球范围内受到了广泛的赞誉。可以说,奥运精神是体育精神的代表,其中"更快、更高、更强"不仅是体育精神的具体表现,也代表了体育活动所追求的目标和方向。在某种程度上,体育与教育的结合体现了人文精神与奥运精神的融合。这种融合是基于"以人为本"的核心思想,并在坚守科学发展观的前提下,建立了高等教育机构的高质量人才培养体系,这对我国体育事业的进一步发展大有裨益。

三、体教融合模式的主要特征

(一)教育与体育相结合

目前,在全球范围内,发达国家如美国、日本和加拿大等,主要是通过学校教育来培养体育专业人才。这些国家不仅在教学活动中以"育人"为核心思想,还建立了相应的学习和训练体系,并对学生的日常生活进行了规范。这些国家特别关注学生在道德和心灵方面的全面提升,以实现学生在"身心双修"方面的全面发展。在我国的高等教育体系中,体育教育专业的学生不仅面临着训练和学习的双重压力,这些压力也促使他们形成了明确的生活目标,进而更加积极地参与到文化知识的学习和体育活动中。

(二)促使高校与中学的关系更加紧密

在高等教育机构中,体育专业的学生主要是中学阶段的学生。中学可以被视为大学教育的初级阶段。如果学生能在中学阶段就专注于系统性地学习和掌握科学的锻炼方式,那么他们在高等教育机构中的进一步提升将会有坚实的基础。在体教融合的理念下,体育被视为一个伴随一个人整个生命周期的重要项目,如果学生在中学阶段就能打下坚实的基础,那么在进入大学后,他们将面临更多的挑战,实现从中学到大学的无缝连接,从而显著降低教育和培养的成本。

（三）选拔、输送实现一体化

从中学选拔出来的学生主要是那些对体育有深厚兴趣,并在某些领域展现出特殊才能的群体。他们的选拔准则是以长期的培养和发展为基础,全心全意地为体育事业做出贡献。采用体教结合的方式能够培育出具有专业竞技能力的人才,这得益于中学教育阶段的培训流程,结合高等教育机构的知识学习和训练策略,使得学生能够更迅速、更出色地成长。

（四）体教融合模式下,学生具有三重身份

在体育与教育相结合的环境中,学生不仅是学生,他们还将成为未来的中小学教育者,甚至可能成为运动员。首先,他是一名学生,这是因为他需要完成与学校有关的各种学习和训练任务,并且这些任务还将作为学生最后的学习成绩进行评估。对于那些在专业技能上有出色表现,但在文化课程上成绩不佳的学生,教育者应当鼓励他们积极参与学习,掌握相关知识,让他们深刻理解学习的价值,从而达到全方位的成长。这种方式确保了学生在未来,无论是成为教师还是成为运动员,都能满足岗位的需求。

四、体教融合模式基础研究

体育与教育的融合模式,作为高等教育体育人才培养的创新方式,具有跨越时代的重要性。这种模式不仅使体育人才培养与时代同步,而且在推动体育发展的同时,也促进了整体教育体系的进步。随着社会经济水平的提高以及我国高等教育事业的快速发展,传统单一学科教学模式已经无法满足当代大学生的学习需求。通常来说,体教融合模式的形成是由理论基础和现实基础两个方面共同构成的。

(一)体教融合模式的理论基础

体教融合模式的理论基础分为两大部分:教育学基础、生物学基础。

教育学的基本理论主要聚焦于教育的核心议题。教育的真正意义在于它与社会进步和人的全面发展之间的紧密联系。这三者形成了一个循环性的链条,并从社会、教育和个体三个方面进行探讨。为了适应社会的进步,人们必须接受教育,并且只有通过教育,他们才能成为社会建设的关键人才。联合国教科文组织在《学会生存——教育世界的今天和明天》中说道:教育的作用不只是对个体进行改造,它还鼓励改造后的人们去改变社会,从而实现社会发展中的正向互动。尽管现代体育受到了商业化趋势的影响,过分重视运动员的体能而忽视了智力发展,但这对于体育专业人员在文化层面的培养具有至关重要的意义。

生物学基础主要涉及利用生物学的理论来解释生物的起源和发展模式。生物学的理论框架为体育活动提供了关键的理论依据。诺贝尔化学奖得主普里高津所提出的耗散结构理论强调了教育在竞技体育中所扮演的关键角色。他的观点是,耗散结构是一种在远离平衡状态时,当系统的原始平衡状态不再稳定时产生的新型有序结构。人的身体构成了一个错综复杂的系统,我们应当重视其均衡的进展,而不是过分强调某一特定领域的显著进展,以确保系统的稳定。仅仅进行生物性的锻炼,仅能发掘运动员的身体能力,却无法完全发掘他们的所有潜质,这与耗散结构的理论背道而驰,不利于身体的均衡成长。在强调运动训练的基础上,体教融合要求学生接受正规的文化教育,这样做有助于培养具有生理、心理和社会三重属性协调发展的高水平运动人才。

(二)体教融合模式的现实基础

首先,体育和教育的根源是相同的,它们都是在劳动过程中产生的,都是为了服务于劳动。体育是早期教育的核心,它融合了劳动技能和身体训练。例如,人们会将在劳动中学到的各种技能、射击技巧、舞蹈方法和格斗技能等传授给下一代,这些与体育活动紧密相关的内容,被称为早期体育。显然,在早期阶段,体育和教育是紧密结合的。

其次,体育与教育结合的一个显著因素是它们之间存在许多相似点。体育和教育两个部门都是教育机构,它们都肩负着为国家培育人才的重大职责。教育部所培训的人才涵盖了广泛的领域,包括各种不同的专业人才,特别是作为人才培养基地的高等教育机构,为社会输送了众多的优秀人才。体育领域主要致力于培育能为国家赢得荣誉的体育竞技专才。尽管所培训的人才各不相同,但他们都是为了国家的利益而培训的。

再次,体育和教育的终极目标是一致的,而体育和教育两个部门的终极目标则是人才的培养。体育部门的主要职责是培育出杰出的体育专才,而教育部门不仅要完成关键的教学工作,还承担着为国家输送高质量、杰出人才的责任。尽管各个部门的职能有所区别,但他们所追求的最终目标是一致的。体育与教育的融合模式有助于加强体育和教育部门之间的紧密合作,从而为我国培育出全方位发展的体育人才。

最后,体育和教育在培养人才的时间上大致是一致的,这为体育与教育的融合创造了实际的基础条件。在大学这个人生发展的顶峰阶段,学生的多方面素质得到了显著的提升。因此,教师不仅需要确保文化教育的顺利进行,还需组织各种业余训练活动,以促进学生的全方位发展。显然,体育与教育的结合模式与学生的身心成长方向相吻合,为培育杰出的人才奠定了稳固的基石。

五、体教融合模式的发展路径

(一)体教融合模式的探索与实践

其一,我们需要构建一个全方位的培养体系。由于体育专业的学生在综合素质上存在差异,教师应根据这些差异选择不同的培养方法。部分学生具有较好的基础知识,体育教师可以根据训练时间表来调整教学内容和环节,并提出明确的学习要求,以确保这部分具有特殊才能的学生在综合素质上得到较大的提升。对于一般的学生群体,教师可以依据普通高校学生的教学标准来规定课程内容和教学方法。此外,还可以利用多媒体技术进行线上和远程的教学活动,以便学生能在线与教师进行有效沟通,并及时完成作业和报告,以满足课程标准的各项要求。

其二,为了确保培养体系的连续性,我们需要按照不同的层次进行教学。考虑到高等教育体育专业的进展和学生的具体需求,学校通常选择"面授＋网络教学"的教学模式,但同时也会按照不同的层次进行教学,这就是所谓的三层教学培养体系。第一层属于基础教育阶段。这个学习阶段涵盖了大学的一年级和二年级,主要实施的是必修与选修相结合的教学模式,而课堂教学则是这一模式的主要实施手段。对于在校的大学生运动员,教师也可以考虑使用网络教学的方式。由于这批学生需要进行高强度的体育活动和繁重的训练任务,他们通常需要在学校之外进行长期训练,因此相对来说,他们更倾向于通过在线学习来获得学分。

第二层是巩固、提高的阶段。在大学的第三年,主要的课程选择是选修课。在体育教师的引导之下,学生可以依据自己的兴趣和成长目标来设计个性化的学习方案,从而促进教师与学生之间的相互交流和合作,同时,学生的最终作业也可以通过课程报告的形式来展示。

第三层是应用实践阶段。当进入到第四年时,绝大部分的体育专业学生都将进入实习阶段,与此同时,高等教育机构通常会挑选一些具有良好信誉的公司,并与其签署教育合作协议。企业为大学体育学生提供了场地、工作和实习环境以及相关的专业指导,而学校则需要主动了解企业对人才的具体需求,以培养出符合企业发展需求的合格人才。这个时期对于大学生来说是至关重要的,它代表了他们与社会的一个过渡时期。学生们应该通过实习来深入了解并逐步适应这个实际的环境,并将所掌握的理论知识运用到实际操作中。

上述的三个教学层次是基于学生的成长阶段来设计的,每个阶段都有其特定的重点,这充分考虑了学生的身心发展规律,有助于构建体教结合的新模式。

(二)体教融合模式的制度、技术保障

1.建立良好的质量监控机制

通过体教结合的方式,我们能够在教学和训练上建立一个标准化的体系。高等教育机构可以根据这个规范体系,对体育教育专业实施科学的管理,并按照既定的规则和制度来实现目标导向的管理。举例来说,某些高等教育机构的运动队是由学校体育委员会直接负责管理的,该委员会下属有竞赛训练教研中心、国贸专业教研室、学生委员会和体质检测中心等多个部门,这些部门主要负责运动员的专业培训和比赛活动。专业化的培训、高水平的教师队伍和专业的管理体系共同构建了一个高品质的监控体系。在教育领域,高等教育机构应该从上到下明确各个部门的职责和任务。例如,高校的本科教学指导委员会应制定教育发展的标准和相关决策,院长和教授应引导广大体育教师进行体育教学,而教研室主任和教师则负责教学内容、教学计划和课程设计的相关工作。各个部门可以通过明确的分工来确保各自的职责得到履行,从而推动高等教育体育专业的高效运作。

2.基于不断提升的质量保证体系

为了推进体育与教育的融合,我们必须根据社会的实际需求来进行实际操作。为了持续提升体育专业学生的全面素质,学校有可能构建一个针对毕业生质量的跟踪和反馈机制,进一步通过优化人才培养质量来达成教育目标。为了持续提高体育教学的质量并构建一个质量保障体系,学校可以采用问卷调查、用人单位的实地考察和校友座谈会等多种方式,及时掌握用人的标准和趋势,并在教学过程中调整课程结构、训练准则、素质培养和教学管理等关键环节。

3.综合性的考核评价机制

现代的评价机制高度重视运动员在运动技能、知识储备、专业素质、日常表现、积极性和社会实践等方面的表现。这种评价方式打破了传统的分数决定优劣的模式,引入了更多的灵活和开放的实例,主要目的是培

养学生分析问题的能力,这对学生的成长具有积极的推动作用。

第二节　"校企合作"模式培养

一、校企合作的本质

学校与企业的合作主要涉及学校和企业之间的紧密合作,以实现双方资源的优势互补,从而满足双方的双向发展需求。学校与企业之间的合作核心在于教育领域,这种合作模式是以满足社会需求为中心的,而人才的培育是在学校和企业的共同作用下完成的,这主要体现在双方共同制定的教育和科研计划上。学校与企业的合作方式与其他合作模式的主要区别在于,它是一种学校与企业共同参与的、开放性的社会教育模式,从过去主要侧重于理论教育转变为更多地侧重于实践教育。

学校与企业合作的基础是双方的实际需求必须是一致的。学校和企业代表了两种完全不同的社会实体:一种是非盈利性质的组织,另一种是盈利性质的组织。在它们的运营中,所遵循的准则和所追求的利益是有所区别的。高等教育机构是一个非盈利的组织,它们致力于公益事业,为社会培养合格的社会主义人才,并通过不断地为社会输送人才来实现社会效益的最大化。然而,企业的经营策略与众不同,作为一个以盈利为目的的组织,它们所提供的是特定的产品或服务,并始终追求利润的最大化。在与企业的合作过程中,学校通过与企业合作建立的实习基地,为学生的实习创造了有利条件,同时也积极推动双师培养和课程改革,以实现预定的人才培养目标。在企业与企业的合作中,我们主要为其提供经济、技术和场地的援助,同时也专注于科学研究和员工的培训与提升,从而获得了良好的社会评价。学校与企业的合作代表了教育与经济融合的经典模式。这种合作模式要求教育根据企业的实际需求进行教学调整,培养出的人才能够满足企业的发展需求,为企业提供服务,并顺应时代的发展趋势。这也反映了教育需要与经济发展保持同步,确保所培养的人才能够成为推动社会进步的关键力量。通过学校与企业的合作模式,学校能够将人才培养与企业发展和社会经济进步紧密结合,从而为专业结构的优化和综合实力的提升提供强有力的支持。

学校与企业之间的合作在法律上主要体现为民事合同的关系,高等教育机构和企业会在书面合同中明确表达双方的意向,并有时还会通过口头形式达成协议。在校企合作中,其他与此相关的利益方,例如政府、行业和学生等,都应被视为合作的一部分,而不是合作的核心参与者。这种情况在一定程度上会削弱高等教育机构参与学校与企业合作的热情,从而导致校企合作模式的缓慢发展。因此,学校与企业的合作实质上是一种教育模式,它允许企业在高等教育机构的运营过程中参与,以推动高等教育机构培养出适应企业和社会发展需求的人才。

二、校企合作的紧迫性与必要性

校企合作的意义在于培养合格的人才,这也是高校的价值所在。

(一)校企合作培养人才顺应时代发展与国家发展规划

2018 年,教育部等六部门关于印发《职业学校校企合作促进办法》的通知提出产教融合、校企合作是职业教育的基本办学模式,是办好职业教育的关键所在。为深入贯彻落实党的十九大精神,落实《国务院关于加快发展现代职业教育的决定》要求,完善职业教育和培训体系,深化产教融合、校企合作,教育部会同国家发展改革委、工业和信息化部、财政部、人力资源和社会保障部、国家税务总局制定了《职业学校校企合作促进办法》。《职业学校校企合作促进办法》的制定可以有效缓解当前就业形势紧张、劳动者整体素质不高的局面,是建设人力资源强国及促进社会就业的重要途径。

(二)校企合作培养人才是企业人力资源开发的主要方向

如果企业希望在同一行业中持续生存和发展,并进一步站在行业前列,那么它们的核心竞争优势就在于拥有大量的高技能专业人才。随着高技能人才的增多和创新的加强,他们所展现出的核心竞争优势也随之增强,这也意味着他们在国际舞台上的竞争地位更为突出。现阶段,企业面临的主要问题是高技能人才的短缺。无疑,人才短缺已经变成了限制经济增长和提高企业核心竞争力的关键障碍。为了实现"中国制造"的目标,企业必须持续创新并依赖这些高技能的人才,这样才能真正走向"中国创造"的道路"。

(三)校企合作培养人才成为高校、企业创新的一个重要模块

在当前这个时代,企业间的竞争日益加剧,为了企业的生存,降低成本和提升人才技能变得尤为重要。在公司的总成本里,人力资源所占的份额是相当大的。为了追求最大的盈利,众多公司都在努力通过培训来减少开销,但是大学毕业生在融入社会的过程中,确实需要经历一个特定的阶段来满足职位的标准。学校与企业的合作有一个明显的优点,那就是它省略了毕业生的岗位培训环节,从而避免了对他们进行二次培训的必要。在当代社会中,由于人才的高流动性,很多公司都付出了巨大的代价,但往往未能获得预期的回报。因此,雇主在发布招聘信息时,通常会要求应聘者具备相关的工作经验。这种做法对于大学毕业生来说是非常不利的,特别是那些刚刚毕业的学生,他们往往没有足够的工作经验,因此很难找到合适的职位。因此,为了解决这个问题,高等教育机构和企业需要建立长期的合作关系,让学生了解企业的运营规律,了解相关的岗位需求,从而培养出符合社会需求的人才。

三、校企合作模式下的人才培养模式及实施途径

(一)校企合作模式下的人才培养模式

自学校与企业的合作诞生至今,已经形成了众多的合作模式。西方发达国家在长时间的实践中已经形成了一些比较成熟的校企合作模式,其中美国的合作教育、德国的双元制、澳大利亚的技术和继续教育是最具

代表性的。这些比较成熟的学校与企业的合作方式为我国的合作实践提供了明确的方向，并推动我国根据企业的发展和经济的当前状况，发展出了四种主要的人才培养策略。

1.定向培养模式

定向培养模式的独特之处在于，当学生首次进入学校时，学校会要求他们与企业签署合同，专门培养企业所需的人才，而在这个培养过程中，高校和企业是紧密合作的。这种培训方式的明显优势是，当学生毕业并进入公司时，他们能够完全满足公司的各种需求，与工作岗位的匹配度非常高。同时，公司也避免了为学生提供岗前培训，从而大幅度地降低了成本。

2.3+1培养模式

在3+1的教育模式下，学生在最初的三年里会在高等教育机构中系统性地学习理论知识，以促进他们早期知识和理论的累积。当他们进入大学四年级时，会用一年的时间进行实际操作，也就是在实际的企业环境中接受特定岗位的培训。如此一来，学生不仅有机会掌握丰富的理论知识，还能提高他们的实践操作能力，同时企业也能在这个过程中积累大量的人力资本。

3.工学结合模式

工学结合模式是一种通过学习和实践同步进行的方法，以促进学生在各个方面的全面成长。在学习的同时进行实践的最大好处是能够将理论知识与实际操作相结合，从而提高学生的应用转化能力，并帮助他们更深入地理解工作岗位的需求。对高等教育机构和企业而言，这无疑是一个有价值的探索。

4.共同研发项目模式

公司有可能将其研发项目外包给大学，而大学的教师则有机会引导学生一同完成这些项目。在进行科研项目的过程中，学生有机会获得更多的实践机会，这包括理论转换和实际问题解决能力。高等教育机构可以通过项目研发来实现一定的经济效益,而企业则可以通过科研项目来探索更多符合市场需求的发展路径,从而提升整体效益。

(二)校企合作模式下的人才培养实施途径

大部分高校体育教育专业的学生在毕业后会选择进入学校,投身于教育行业,还有很多人会选择进入社会的不同岗位,包括与体育相关的企业,因此,高校体育教育开展校企合作是非常必要的。在加速人才培养进程的同时,国家也在积极推动产、学、研之间的合作,激励高等教育机构与企业融合各自的优势,以构建重点学科和专业。实际情况表明,在学校与企业的合作模式中,人才培养的具体实施路径如下描述。

1.教学层面

其一,在教育领域中,高等教育机构和企业之间应明确合作的具体内容和各自的职责。企业有机会参与学校的学生招募和课程设计,这将有助于制定合适的教学方案,并在课程内容中平衡知识和技能的比重。在学生招募的过程中,各企业有权与高等教育机构就其主要短缺的专业人才达成培养合作协议。高等教育机构会根据企业的具体需求来进行人才的招募和培养,同时,企业也有权接纳表现出色的学生到企业进行实习活动。高等教育机构与企业达成的合作培养高技能人才的方案,有助于高等教育机构培育更多满足市场需求的专业人士。

其二,企业有责任为大学生创造一个安全且稳定的实践场所。公司需要为实习生的日常生活做好规划,并委派有经验的专家来指导学生的实际训练,努力提高学生的问题解决技巧和应对突发情况的能力。高等教育机构和企业有可能通过协同合作的方式,共同开发教学材料,并对学生实施案例分析教学。学校可以根据企业的特定环境来设计案例,或者直接将企业的一线生产案例纳入教材,进行案例分析。

其三,高等教育机构还可以根据企业对岗位人才的具体需求,提供相应的培训课程,以协助学生获得所需的专业资格证书,从而推动他们能力的进一步提升。对于企业的持续成长,高技能的人才是不可或缺的。这些高技能人员必须拥有某些专业技能证书。因此,高等教育机构应该鼓励学生参加与技能相关的证书考试,以确保他们在毕业前能够获得所需的职业资格证书,并为未来的职业生涯做好规划。

2. 教师队伍培养层面

高等教育机构的教师团队建设需要与时代的进步保持同步,而高质量的教师队伍可以通过大学与企业的紧密合作来培养。高等教育机构有权派遣专业教师深入到企业的生产环境中,以全面了解企业运营状况和所需人才。此外,这些教师还可以根据行业未来的发展趋势,提前培养学生在多个方面的综合能力,以确保学生不仅具备专业技能,还能在其他方面得到全面的发展。高等教育机构的教师可以依据企业的具体需求来开展课题研究,引导学生共同解决技术和理论上的挑战,并推动科研成果转化为实际生产力。企业有权派遣专业技术人员和技师参与高等教育机构的课题研究和开发,同时也可以派遣优秀的专业技术人员作为外聘教师,向学生传授相关的知识和技术经验,这样做不仅扩大了高校的教师队伍,还促进了人才的转化和发展。

3. 教、科、研层面

现代高等教育机构正朝着产学研一体化的方向发展,一旦条件成熟,可能需要解决企业发展过程中的技术或理论问题,这就要求教师组织学生进行技术攻关,从而推动企业在技术方面进行创新。

学校与企业合作的一个显著特点是推动教育和科研工作进入一个新的发展阶段,指导教育如何更好地与企业的实际情况相结合,从而科学地引导高等教育机构和企业走向有序和健康的发展道路。实际上,只有在教育和研究两个层面达到和谐与统一,我们才能更有效地推动学校与企业的紧密结合。

4. 文化层面

学校与企业之间的合作也体现在文化发展上,也就是说,企业的文化和理念会对大学教师和学生产生影响,强调文化和精神层面的深度融合。

为了更好地传播企业文化,高等教育机构应定期邀请企业的相关管理部门来进行企业文化的讲座。此外,在学校与企业的合作中,企业不仅可以参与对学生的整体评估,还可以参与制定学生的管理策略,这在某种程度上对学生的职业道德产生了影响,并培育了他们的敬业和热爱工作的精神。

事实上,学生所学的专业应当与合作伙伴的文化环境相匹配,因此,高等教育机构有责任有计划地培育学生的各种专业能力。这些素质涵盖了专业知识的积累、所需的专业资格、出色的管理技巧以及专业的工作方法等方面。

四、校企合作人才培养的意义

稳固的学校与企业之间的合作是一种互利共赢的关系,这种关系对于大学、毕业生和企业都是非常有意义的。因此,建立良好的校企合作关系成为了高职院校发展中必须要考虑的问题。通常来说,学校与企业之间的合作有几个主要的意义方面。

(一)高校层面

1.了解科技发展,避免传授知识的滞后性

随着科技的飞速进步,高等教育机构作为传递理论知识和培训学生实际操作技巧的地方,也必须与时代同步发展。仅当高校教师与企业建立紧密的合作伙伴关系,走出学校环境,深入企业内部,他们才能实时掌握企业的最新技术进展。基于这些技术的持续进步,他们可以不断地优化教学计划,补充教学材料,从而确保在理论知识的培养上不会落后,确保高等教育的教学品质持续上升,并培育出与时代同步发展的高质量人才。

2.了解企业需求,及时调整人才培养方案

随着社会进步,企业对于大学毕业生的期望也在不断变化,因此,高等教育机构需要根据这些变化来适时地调整其人才培养计划。仅当高等教育机构与企业建立合作伙伴关系时,它们才能及时掌握企业的运营策略和岗位需求的变动。基于这些变动,它们可以调整人才培养体系和目

标,确保高校的人才培养目标与企业的实际需求保持一致,从而确保毕业生能够找到最适合他们的工作岗位。

3.建立实训基地,培养学生动手实践能力

目前,我国的高等教育机构在培养学生的实际操作能力上仍有很多短板,其中一个显著的问题是缺少实际的实践环境,这进一步导致了大量学生在实际操作和问题解决方面的能力不足。一旦建立了校企合作关系,企业通常会邀请大学教师和学生来参观或直接参与实际工作,这为大学提供了一个极好的实践场所来培养学生的动手实践能力,使教师和学生能够清晰地了解企业的运营机制和岗位要求,这对于培养学生解决实际问题的能力至关重要。

4.共同研发项目,提高高校的科研能力

在高等教育机构中,除了教授学生理论知识和培养他们的实践技能之外,另一个核心任务便是进行科学研究。高等教育机构的办学质量受到科研水平这一关键因素的显著影响。政府每年为高等教育机构分配的科研资金非常有限,这在很大程度上削弱了这些机构的科研实力和水平。因此,高等教育机构可以与企业携手合作,共同进行科研项目,并从企业处获得科研资金支持,这在很大程度上缓解了资金短缺的问题。

(二)毕业生层面

1.了解岗位要求,制定职业发展规划

在高等教育机构中,传统的封闭式人才培养方式不仅在知识传递方面存在明显的滞后性,还导致学生难以深入了解企业的具体职位,从而难以构建一个全面的职业发展计划。这种情况甚至可能使他们的职业规划表现出与现实脱节的特质,对大学生的个人成长和发展产生不良影响。只有当学校与企业建立紧密的合作伙伴关系,让学生真正融入企业,他们才能明确自己最适合的工作岗位,认识到自己的短板,并据此制定未来的职业发展策略,从而找到最合适的工作机会,并拥有更为光明的职业前景。

2.参加企业实习,增加工作经验和就业能力

目前,在我国,众多的雇主在招聘过程中通常都会明确地要求应聘者

拥有一定的工作经验。然而,高等教育毕业生在这一方面表现出明显的不足,这是一个短时间内难以逆转的现实。仅当学生与企业建立合作关系时,他们才有可能在毕业之前直接进入企业进行实际操作,积累必要的工作经验,从而有效地弥补自己在工作经验方面的不足,并提升自己在求职过程中的竞争优势。

(三)企业层面

1.联合培养,减少人力资源成本

随着公司的持续成长,对专业人才的需求也逐渐上升。然而,由于众多的大学毕业生常常不能满足雇主的岗位标准,企业在他们正式上岗之前就必须为他们提供二次培训,这无疑增加了企业的人力资源开销。再加上人才流动性的提高,很多企业在支付了高额的培训费用后,往往难以实现预期的盈利。通过学校与企业的紧密合作,学生在毕业时可以满足公司的职位标准,这有助于显著减少公司的人力资源开销。

2.资源共享,提高运营效率

尽管企业的人力资源一直是有限的,但高等教育机构却是人才的汇聚之地,拥有企业所不具备的庞大的人力资源储备。通过建立学校与企业的合作伙伴关系,高等教育机构与企业能够实现资源的高效共享。企业可以选择将部分任务外包给高校来完成,这不仅为高校提供了更多的经济来源,还增强了企业的工作效率,并对学生的实际操作能力产生了积极的推动效果。

第三节　"校校结合"模式探索

一、高校体育教育专业需要与基础体育教育改革整合、对接

自20世纪开始,以高等教育机构为中心的教师教育成为了其显著特

点。[①]"以高校为本"这一理念强调的是,教师教育应在高等教育机构中进行,并主要通过在校教育来实施。这样不仅可以提升教师的教育水平,还能为各大学校培养出高质量和高素质的教师,推动教师教育向更高学历的方向发展,并为教师赋予"专业"的标签。

以高等教育机构为基础,我们也鼓励体育师范生前往中小学实习,以此来验证他们所掌握的理论知识,并进一步提高他们的综合能力。然而,以高等教育机构为中心的教师培训模式未能充分激发教师在教学活动中的潜能,反而把他们在中小学阶段的时间作为教学活动的补充,这种做法极大地阻碍了教育实践的推进,并导致了教育理论与实际操作之间出现不连贯的问题。此外,由于某些规律性知识过于理论化,它们在复杂和多样的教学案例中的应用变得困难,这导致了两者之间的显著差异,使得教师在掌握大量理论知识时缺乏积极性。

(一)需要树立以中小学教师为培养目标的意识

构建高质量的中小学体育教师团队有助于提高我国的素质教育标准,特别是在体育学科方面的进步,它是评估和提高我国高等体育教育整体水平的核心要素。目前,大学体育教育专业的核心使命是推动体育教育专业学生的全方位成长,同时,该专业的改革成果也需与基础教育改革和发展的实际需求保持一致。

在现代高等教育机构中,体育教育专业面临着多种不利因素,这些因素使得体育教育专业与其他专业,特别是与运动训练有关的专业之间的界限变得模糊不清。这种模糊性进一步推动了体育教育专业培养目标向"运动员型教师"方向的转变。体育教育和竞技运动之间的差异是显而易见的。运动员型教师的培训主要集中在选拔、培养和塑造体育运动员上,这与高等教育体育专业培养的"通才式复合型"人才有所不同。因此,在基础体育教育改革中,我们应该减少竞技运动的影响,而更多地关注提高学生的体能和运动习惯,同时培养他们的运动理念。换句话说,高等教育

机构中的体育教育专业应当与基础教育相结合,以明确其教育目标和改革方向,进而推动基础教育体系的全面改革。

综观未来,高等教育体育专业的培养目标将不再是专注于运动或竞技的教师,而是能够适应基础教育发展需求的合格中小学教师。这些教师不仅了解基础教育的独特性质,而且能够充分尊重中小学生的身心发展规律,同时也具备较高的专业素质和道德修养。在知识储备方面,高等教育体育专业的学生需要拥有坚实的体育理论基础,并且他们的知识结构需要是合理的,能够将相关知识整合在一起,从而实现对同一主题的广泛应用。在坚实的专业课程基础之上,学生还需要对相关学科的知识进行全面的理解和应用,以实现知识的互通和互用。在技能层面上,学生需要掌握相当扎实的技能知识,并具有很高的实用性。同时,他们的创新能力、实践能力和互通性等方面也应被优先考虑和强调。从这个视角出发,仅当拥有专业的知识和技能时,我们才能承担起基础教育改革的重大责任,并为基础体育教育提供更优质的服务。

(二)通过观照基础教育落实高校体育教育专业课程与教学改革

高等教育机构不仅是人才培养的重要场所,也是高技能专业人才的培育基地。因此,高校在培养何种类型的人才时,需要依据各个专业的具体目标来进行规划。我国的高等教育机构在多年的实践中积累了丰富的经验,与此同时,体育教育在基础教育领域的重要性逐渐增强,开始与其他学科站在同一起跑线上。然而,目前的大学体育教育专业仍需在教学和课程设计上进行进一步的完善,并在改革过程中持续加强学生的相关技能培训,鼓励学生在实际操作中增强自己的能力,逐步构建一个系统化的教学框架。

体育教育领域的学生将成为未来的中小学教育者,他们需要从以学科为中心转向以学生为中心的教学模式;在制定课程结构时,我们需要从单一的学科划分转向更具适应性、均衡性和综合性的课程设计;在课程的执行阶段,我们需要从单纯的忠诚态度转向更加注重创新的方向;在进行课程评估时,实施课程的过程应当被置于课程成果之前,而评估方法也应逐步向更加关注过程的方向演变;在课程管理方面,也需要从集中权力转向分散权力的模式。这些变革是绝对必要的,它们确保了基础教育能够紧跟时代的步伐和教育的发展趋势,同时也标志着高等教育体育专业的新的发展和改革方向。

(三)将基础教育中的新课程标准当作高校体育教育专业课程改革的参照

《中共中央国务院关于深化教育改革全面推进素质教育的决定》指出:"面对新的形势,由于主观和客观等方面的原因,我们的教育观念、教育体制、教育结构、人才培养模式、教育内容和方法相对滞后,影响了青少年的全面发展,不能适应提高国民素质的需要。"鉴于上述问题,教育改革中的课程改革显得尤为关键。新的课程标准的发布与我国基础教育课程的新发展趋势相吻合,为我国基础教育的改革与进步提供了推动力。

新的课程标准是以学生为中心的,强调学生的自主性和独立性,重视培养学生的应变能力、创新能力、转化能力和实践能力,这是一种全新的教育观念,是新时代发展的结果。新的课程标准在教学的每一个环节都融入了一种创新的思维方式。新的课程标准明确了教育的核心思想,这包括:"始终将'健康'放在首位,推动学生的健康发展;激起学生对运动的兴趣,培育他们的终身体育观念;把学生的成长放在首位,强调学生的核心地位;关心每个学生的独特性和不同的需求,确保每位学生都能从中受益"。健康状况、终身体育活动、以学生为核心的教育理念以及个体间的差异,都反映了新世纪对基础体育教育在人才素质和能力方面的更高标准,同时也揭示了高等教育体育专业在人才培养方面面临的严峻挑战。因此,在推动体育教育专业改革的过程中,高等教育机构需要与基础教育的持续发展紧密结合,依据基础教育改革的具体方向和新的课程标准,进一步明确体育教育专业改革的具体方向,以解决未来与中小学教育之间的衔接问题,并培养能更有效地适应体育发展需求的专业人才。高等教育机构中的体育教育专业需要将新的课程标准纳入其改革计划中。因此,教师需要深入学习新课程标准的各项内容,并有意识地将其融入教学活动中,以便将相关的教育理念和内容有效地传达给学生,从而提高学生与未来中小学教师职位的匹配度。

新的课程标准是以学生为中心的,强调学生的自主性和独立性,重视学生的应变能力、创新能力,可以采取以下措施将高校体育教育专业与新课程标准结合起来:首先,体育教育专业的学生需要对新课程标准的背景和当前的基础体育教育现状有全面的了解。接下来,我们必须确立"健康至上"的理念,重视与健康有关的知识,培养健康的生活方式,并努力塑造一个身心健康的环境。其次,有必要将新的课程标准融入到高等教育体育专业的教学大纲中,确保它成为大学体育专业学生的必修科目。最后,我们需要深入理解和传达新课程标准所包含的核心理念,熟知相关的执行策略,以确保与现代教育的实际情况高度契合。

(四)高校体育教育专业学生与中小学教师实现紧密衔接

教育改革的核心是教师,而教师改革的关键是构建一个高素质的教师队伍,从而全面提高教师队伍的质量。当前,基础体育教育的改革覆盖了广泛的领域,是一个全面的变革过程。在这场改革中,教师和学生都需要进行相应的调整,例如,教师应确立自己独特的教学方法,而学生也应在独立思考的基础上进一步增强自己的能力。高校体育师范生与中小学教师之间的衔接不仅体现在体育教育专业师资队伍的建设上,也体现在中小学体育师资的培养上。

从整体角度观察,高等教育体育专业的学生与初高中教师之间的连接和互动主要体现在以下几个关键领域:

其一,积极互动,相互交流。

现阶段,为了适应新时代中小学教育的发展状况和新课程标准的相关要求,高等教育机构中的体育教育专业亟需进行必要的改革。作为中小学教师培训的重要场所,高等教育机构有责任为体育师范生创造一个优质的教学环境和情境,以促使学生更快地融入教师的角色,并为他们成为合格的教师提供有利条件。在此过程当中,学生应当积极参与到教育改革的各个环节中。

在构建高校体育教育专业的过程中,有必要加强与中小学之间的互动和联系。这包括在理论和实践的构建阶段深入了解中小学体育,进一步深化对中小学体育的研究,并从简单到复杂地研究中小学体育相关内容。此外,还可以进一步构建研究课题,以指导中小学教师参与这些课题的研究,从而提升他们的专业技能和科研能力。体育老师在道德修为上亦需持续进步,真实地通过自己的行为去影响众多学生,并助力学生培养出优秀的思想道德和职业伦理。

此外,高等教育机构与初高中之间的双向沟通需要顺畅地进行。中小学有可能通过提供实习机会来加强高等教育体育专业学生的能力培养,使他们更迅速地适应教师的工作环境。与此同时,高等教育机构热烈欢迎中小学的教师代表到大学教授体育师范生的相关技巧和教学经验,以增强高校体育教育专业学生的问题解决能力。

其二,深化对基础教育的认识,并将其整合到日常的教学活动中。

对高等教育体育专业的建设而言,基础教育的改革起到了至关重要的作用,这也是判断体育教育专业是否能培育出合格的师范生的关键指标,因此,为高校体育教师提供相关的培训显得尤为关键。学校有责任组织教师进行在职培训,以确保高校体育教师具有与时俱进和专业素养,这样才能确保培养出的学生具有较高的综合素质。高等教育体育专业的教师在教学过程中,应结合基础教育的改革和新的课程标准,全面掌握当前基础教育所面临的挑战、应对策略和未来发展方向,并充分利用现有资源来培育体育专才。值得特别指出的是,新的课程标准是所有从事体育教育专业的教师都应当考虑的内容。

其三,通过积极地创新教学模式,可以推动高等教育体育专业与中小学教师之间实现更好的融合和相互理解。

传统上,体育教育专业的学生通常会先进行理论学习,然后到大四再进行集中实习。但现在的实习模式已经发生了变化,现在可以分阶段、分阶段进行,这样就能很好地连接理论和实践,形成了一个从理论到实践的不断循环。针对中小学的实习问题,我们需要持续改进基础教育的实习环境,并从师范生的视角出发,为他们的实习创造更多的便利条件,确保他们在实习过程中真正受益。此外,教育管理部门也应当主动寻找与师范教育和基础教育相匹配的连接方式,以确保两者之间的顺畅对接。作为一个例子,我们创建了一个区域性的教师教育网络联盟,这个联盟是由高等教育机构和中小学共同参与的。它采用了 4+1 的联合培养模式,即在一周的前四天在学校授课,然后在最后一天(周五)作为助教前往附近的中小学,以加强理论学习,从而实现知识和技能的同步提升。

从宏观角度看,高等教育机构的体育教育专业和基础教育相关部门应当持有开放和共赢的心态,积极地利用彼此的优势资源以促进自身的发展。特别是高等教育机构与初高中之间的紧密合作,能够推动高等教育人才培养的进一步完善,并确保高校的人才培养与时代进步保持一致。因此,高等教育机构中的体育教育专业应当遵从基础体育教育改革的指导原则,秉持服务基础教育的理念,并致力于培养未来合格的体育教师。此外,高等教育机构的体育教育专业应当参考新的课程标准来加速各个方面的建设。在顺应教育改革的大趋势的同时,也应重视基础教育的重要性,这样才能更好地突出其时代性和专业性,从而更有利于高校体育教育专业人才的培养。

二、高校体育教育专业对口负责制的构建

在当前这个时代,随着对应用型人才的需求越来越明显,高等教育机构在其发展过程中也必须面对从理论导向向应用导向的转型挑战。鉴于高等教育机构的体育教育专业具有师范特点和较高的专业水平,因此应该更加重视应用型人才的培育和发展。更具体地说,高等教育机构应当考虑到当地的教育特点,在满足各级教育需求的基础上,培育出具有强烈社会意识和实际教育经验的体育专业教师。

(一)示范中学为高校体育教育专业提供实习岗位

在基础教育领域,我们可以选择省级示范中学作为研究基地。在这

些示范中学中,我们可以实施一系列新的教育措施,强化高校体育教育专业与示范中学之间的合作教育机制。这不仅为高校体育教育专业的学生提供了实习机会,使他们能够从实际的教学过程中积累宝贵的经验,还有助于培养高水平的师范生。对于示范中学来说,这种做法能够吸引更多的实习生前来实习。展望未来,鉴于师范生对实习学校的深厚情感,他们更倾向于与学校签署就业合同,在实习学校进行教学,从而促进高等教育机构与中学之间的双向交流与互动。

在示范中学中,高等教育机构需要构建一个多层次、全程对口负责的实习模式,这种模式不仅具有客观性,而且是非常必要的。在高等教育体育改革中,课程改革是核心焦点,而人才培养的焦点则是实用性人才的培养。然而,如果体育教育专业的学生始终生活在一个相对封闭的环境中,那么提升他们的实际操作能力将是不可能的。因此,实习是培育应用型人才的关键环节,通过增加实习机会,可以提升体育教育专业学生的转化能力和实践能力,为高等教育机构培养创新型人才奠定初步的基础。

传统意义上,大学的实习通常是在大四的前半学期或后半学期进行的。近几年,体育专业的毕业生面临着就业困难的问题,一些体育教育机构已经开始实施如分散实习、顶岗实习和推销式实习等多种方式。尽管这些措施在一定程度上缓解了学生的就业压力,但从总体上看,这些实习方式仍然过于简单和粗放,缺乏系统性,也没有在理论与实践相结合的方面提供统一的指导,这最终导致了学生实习成效不尽如人意。不过,将高等教育机构与示范性中学进行有效衔接不仅有助于丰富实习活动的多样性,还能构建一个全新的实习体系,这具有非常积极的现实影响。

(二)关于多级全程对口负责制实习模式

首先,四级对口负责制是多级全程对口负责制实习模式的主要组成部分:

第一级:一名校级领导负责对口管理,并与一名高校二级学院的领导进行对接。

第二级:二级学院的高层领导有责任组织和监控1~5名高校的指导

老师,为他们的实习活动提供指导。当二级学院的领导人数增多时,他们能够指导的教师数量也会相应增加。

第三级:指导教师有能力对 1~5 名体育教育专业的学生进行指导和监督,而多名指导教师则可以为多个体育教育专业的学生提供相应的指导。

第四级,每名体育教育专业的学生都与一个示范中学的教学班或体育训练队相匹配,确保示范中学的每个班级都有合适的实习教师。

示范中学的领导团队、各个班级的班主任以及授课教师都应该紧密合作,确保指导老师严格执行体育教育专业学生的实习指导,保障实习的顺利进行。

其次,采用多级全程对口负责制的实习模式不仅符合实习的基本规律,而且具有很高的实施可行性。这种模式的形成得益于丰富的人才储备。高等教育机构中的体育教育专业主要招收那些有志于投身于教育行业的学生,他们不仅具备出色的体育素养和技能,而且在完成大学教育和实践训练后,能够胜任中学体育教学任务。此外,高等教育体育专业的教师团队是由一群具有丰富经验和扎实理论基础的管理人员、组织者和指导者组成的,他们的组织资源相当丰富。此外,这种模式也显示出了很高的实用性。体育教育专业的学生拥有丰富的心理学、教育学和教育心理学的专业知识,他们可以根据中学的实际需求来设计适合实习的课程、方法和工具,从而在教学实践中实现能力的转变。

(三)多级全程对口负责制实习模式各阶段的对应实习

1. 实践安排

以高中教育为背景,大学一年级的学生在完成基础学习后,将被分配到高中一年级进行实习活动;在大学二年级,除了设置基础学习期外,还会额外增设一个实习期,以便学生能在高中二年级完成实习活动;在大学的三年级,学生们会经历基础的学习和实习阶段,同时还会有高三这一阶段的实习;在大学的四年级,学生们经历了基础学习、实习以及大学毕业前的准备三个阶段。

2. 内容安排

实习期在内容上衔接的主要表现如下：

在大学的一年级阶段，主要任务是教授学生一些与师范专业相关的技能和基础知识，旨在培养他们具备成为合格教师所需的基本素质。在每个学年即将结束之前，教师都会为一年级至三年级的体育课程做好准备。从大学二年级到大学四年级，体育教育专业的学生需要将所学内容和技能技巧应用到实际的教学实践中，然后在实习结束后，进一步提升，将实习中获得的知识和经验，进一步完善自己。在高等师范教育机构中，学生们不仅完成了师范教育阶段的全部理论学习任务，还顺利地完成了中学实习，这标志着他们即将面临毕业的重要时刻。

3. 监管与指导

实习活动是在中学领导、中学原班教师、高校指导教师和高校相关领导这四大责任主体的监督和指导下进行的。高校和中学的领导可以直接监督高校指导教师和中学原班教师，同时，高校和中学的相关领导也可以直接监督体育教育专业学生的实习进度。四个主要的责任实体之间进行了紧密的协作和配合，确保了实习方式的成功实施。

在高等教育机构转型的大背景下，研究和构建体育师范专业对口省示范中学的多级全程负责制实习模式，对于提升体育师范生的实践技能和教师素质，以及进一步提高中学体育教学质量，具有不可忽视的现实重要性。各个责任主体可以根据中学的体育教育特性、高等教育师范教育的特点和各学校的实际情况，在实践中应用和完善这一模式。

第四节　体育产业数字化人才培养模式

一、数字化人才的内涵及加强我国体育产业数字化人才培育的意义分析

在体育产业的进步中，数字化的人才起到了关键的支持作用。目前，

我国正积极推进科教兴国的策略,而人才在科技的应用和行业的持续、高品质发展中起到了不可或缺的角色。在数字智能的时代背景下,数字化人才主要是利用数据来总结行业的基本规律、识别存在的问题,并利用先进的智能技术来处理和解决这些问题的专业人士。在各个行业中,数字化人才的培养都是一个备受关注的核心议题。无论是从一个宏观还是微观的视角去审视和解决问题,都离不开数字化人才的主动参与。我们需要善于运用创新和变革的视角来进行分析,这样才能充分挖掘数字技术的潜在价值,并进一步推动整个行业的可持续发展。在体育产业中,强化数字化人才的培训具有深远的意义,这主要在以下几个关键领域得到体现。

(一)有助于更好地为体育产业的高质量发展提供强大的人才支持

随着我国对体育人才培养的日益关注和体育信息化时代的兴起,体育行业的发展中,数字化产业的人才培养得到了关键的技术和方法上的支撑。为了更好地支持体育产业的高质量和可持续发展,我们需要全方位地加强数字化人才的培训,结合体育行业的发展需求和国家人才培养的重点,有针对性地制定相关的数字化人才培养措施。在体育产业的进步中,人才被视为不可或缺的宝贵资源。只有当我们结合实际情况,高度重视数字技术人才的培训,我们才能更有效地适应行业的发展趋势,并进一步建立强大的市场竞争力。

(二)有助于更好地应对国际冲击和各方面的挑战

随着数字化时代的兴起,体育产业的进步也离不开数字技术的支持,只有全方位地推进各种新技术的研发和应用,我们才能为市场的需求和行业的持续发展提供关键的人力资源。面对日益加剧的国际竞争,我们必须根据实际情况,高度重视体育行业中数字化人才的培养,这样才能更好地满足国家对人才发展的需求,从而更好地应对国际竞争和挑战,全面推动我国体育事业实现高质量的发展。

(三)有助于推动科技人才培养向多元化方向延伸

为了更好地培养体育产业的数字化人才,我们需要结合我国体育产业的发展需求,加大资源的投入。我们需要有针对性地完善多维度的人才培养措施,优化数字化人才的培养机制,并从完善闭环管理体制开始,进一步加强人才质量的考核和评价。这样可以为国家科技人才的培养提供更多的参考方案,从而使更多的优质人才能够为国家的发展提供重要的支持,推动科技人才培养朝着多元化的方向发展,全面提升中国体育的国际影响力。

二、我国体育产业数字化人才培养困境分析

目前,随着我国体育产业规模的持续扩张,对数字化人才的需求也日益增长。这不仅对人才的质量提出了更高的标准,而且对人才的数量也提出了更高的期望。考虑到各个地区独特的实际状况和我国的总体国情,为了持续优化区域体育产业的经济结构,并进一步加强我国体育事业的发展,数字化人才的支持变得尤为关键。现阶段,我国在体育产业的数字化人才培训方面仍然遭遇许多挑战,这些挑战主要集中在以下几个关键领域。

(一)产业领域人才相对较少

随着市场的竞争日益加剧,数字化人才在多个领域的需求持续上升,但现阶段,数字化人才的供应状况正面临着巨大的挑战。体育产业中的数字化人才,作为一类多功能人才,目前的供应量相对较少。这主要是因为相关的数字化人才培养方面未能及时设定培养目标,也没有结合实际情况更快地推动数字技术的有效转化和应用,这些方面的保障措施还不够完善。在体育产业中,数字化人才的培养标准相对较高。为了构建一个高效的人才梯队,我们需要一个健全的管理体系,并在人才供应等关键领域得到多个行业的鼎力支持。这样,我们可以为更多的杰出人才提供更多的工作机会,使他们能够选择学习数字化技术,并逐渐成为更出色的专业人才。现阶段,与数字化相关的人才供应相对较少,且其质量不高,

各方面素质不一,缺乏专业的竞争力,这在一定程度上阻碍了体育产业走向可持续发展的道路。

(二)培育模式不够多元化

在数字化人才培养方面,尽管许多高等教育机构正在逐渐尝试新的方法,并且国家也对复合型人才的培养提出了新的标准,但目前的数字化产业人才培养模式仍然相对固定和单调,这主要体现在高等教育机构在人才培养方面的大量投入上。然而,在数字化人才的培养定位、相应的支持机制,以及课程设计和评估体系等多个方面,尚未形成一个健全的人才培养体系,这在一定程度上不利于实现人才的高质量成长,也不利于满足社会的多样需求。

(三)人才配置保障优势不明显

当前,体育数字化人才的岗位配置、职责划分以及相关的薪资管理体系并没有得到及时的完善和配套,也没有在人才流动和赔偿保障等方面建立一个全面的管理体系,这对于推动人才的合理流动和优化配置是不利的。

(四)人才评价体系有待进一步完善

为了培养数字化人才,我们需要考虑体育行业的发展需求、市场的总体趋势以及我国的体育发展策略。我们需要有针对性地完善数字化人才的评估机制,避免仅仅依赖学历或技术,这样才能为人才提供更大的成长机会,实现人才培养的目标,使更多的杰出人才能够学习智能技术并成为多才多艺的人才。当前,体育产业在数字化人才培养等方面的评价体系尚不完善。现有的人才评价机制并没有与国家和市场的实际需求紧密结合,也没有针对性地建立多元化的评价体系和优化评价指标,这不利于形成正确的人才使用和培养方向。

三、我国体育产业数字化人才培养突围措施分析

为了更有序地推进体育产业的数字化人才培训,并为国家体育产业的持续发展提供关键的人力资源,我们建议从几个关键领域进行深入的

研究和探讨。

(一)明确数字化人才的培育重点和目标

在培养体育产业的数字化人才方面,我们需要一个完整的管理框架和培养策略。结合实际情况,我们应该有针对性地开发相关资源,并与市场需求紧密结合,从而构建一个多样化的人才培养体系,这将为数字化人才的培训提供有力的实践支撑。为了建设成为国家的数字强国,体育行业的数字化人才的积极参与和供应是不可或缺的。因此,我们需要围绕体育产业数字化人才的培养等多个方面,进一步明确人才培养的具体目标。这包括全面调查各个方面的需求,并将科技创新与社会需求相结合,以构建有效的人才培养体系。我们应该充分利用互联网来搜索国内外的相关经验,加强人才网络体系的建设,加强数字化人才的标准化体系的建设,对人才的总量变化、人才的流动情况以及人才的供需情况进行全面的数据管理。在信息时代的背景下,我们需要在体育产业人才培养等领域进一步创新和加强。结合各方的实际需求,我们应明确体育产业数字化人才的培养目标和方向,并从多角度出发,为体育产业数字化人才的培养制定明确的目标。从战略发展的角度来看,我们需要构建一个多维度的复合型人才培养机制,并将智能技术、管理素质和实践能力等因素充分整合到体育产业数字化人才的培养目标体系中,以便更有效地提高体育产业数字化人才培养的针对性和有序性。

(二)强化政府支持,完善人才流动配置体系

在体育产业中,数字化人才的培育对于整个体育行业的进步起到了至关重要的作用,同时,国家体育的持续发展也离不开这些数字化人才的强大后盾。鉴于此,政府应当高度重视体育产业的进展,并根据国家的体育发展总体规划,在产业数字化人才的培养上,进一步完善相关的政策措施。同时,需要强化顶层的规划设计,并对体育产业数字化人才的培训方法、重点、内容以及相关的支持机制和专项政策进行有针对性的系统建设。考虑到政策的发布和实施状况,我们需要进一步强化管理和控制,制定相应的奖励策略,为体育数字化人才的培训提供更多的鼓励,并进一步

完善监督机制。根据政策的执行状况,我们需要进一步强化监管力度,以便及时识别数字化人才培养过程中可能遇到的问题,并据此优化管理体制。此外,我们需要全方位地优化市场中的人才流动配置。为了培养体育产业的数字化人才,我们需要一个健全的人才流动市场机制作为支撑。这意味着我们需要尊重市场的基本规则,确保人才和雇主都能完全融入市场,并建立一个双向的自主选择机制,从而进一步刺激市场的内部需求,并充分挖掘人才的潜在发展能力。加强人力资源市场体系建设,针对数字化人才的培养,将相关的岗位设置、职责划分以及协同管理体系进一步进行明确,为基层提供更多的自主权。在人才管理方面,进一步加强人才流动优化配置,不断调整培育方向和重点,从而更好地保证数字化人才培养活动有序实施①。

(三)加强多元化人才培养模式的创新

在培养数字化人才的过程中,我们不仅需要根据体育行业的当前发展状况来制定全面的人才培养目标,而且还必须得到政府的有力支持,这样才能确保体育产业数字化人才培养活动能够有序地进行。我们还需要进一步完善人才的培养机制,重视多种模式的创新,这样才能更有效地利用人才资源,推动数字化人才发挥其应有的能力和素质,为体育产业的发展做出更大的贡献。为了更好地培养体育产业的数字化人才,我们需要对当前的人才培养机制和模式进行深入的分析和研究。这包括加强复合型人才的培养,打破高校体育学科之间的断层,并将焦点从单一学科转向体育学与其他学科的融合,以实现多元化的人才培养研究。优先发展体育产业的数字化人才培养中心。为了更好地培养专业人才,我们需要结合培训目标,不断探索高校体育院校的创新教育模式,完善一体化的人才培养模式,从而进一步提高体育产业人才的职业发展能力。我们应该基于科学的知识和先进的智能技术,进一步加强相关学科的特色建设。在构建体育专业课程的过程中,我们从一个全面的角度出发,对课程内容进

---

① 程龙,于海波.供给侧视角下高校科技人才流动政策研究[J].中国高校科技,2018(12):176.

行了系统性的搭建,创建了一系列多样化的专业课程供学生选择。这些课程融合了国家体育专业的理论和内容,并进一步强化了跨学科的学科体系。在建立体育产业智能基地的基础上,我们更注重培养复合型人才,融入了更丰富的学科内容,从而为体育专业人才提供了更多的选择机会,提高了他们的学习能力,拓宽了他们的视野,并为智能技术的实际应用提供了坚实的支撑。在体育产业的数字化人才培养上,我们还需要进一步强化实践基地的建设工作。我们应该从产学研一体化的角度出发,为体育数字化人才的培养提供更多的选择,引导他们根据实际情况将所学知识应用到实践中。我们需要进一步完善与体育产业数字化发展相结合的校外合作培训机制,加强学校与企业之间的多种合作方式和人才培养策略。相关的企业应根据市场和岗位的发展需求,与高等教育机构更紧密地合作,完善招聘协议,并在人才培养等领域与企业进行深入的交流,强化双方的资金投入机制。我们还需要努力争取更多的社会资金援助,为体育产业中的数字化人才提供更多实践机会,鼓励他们将所学知识与实际情况相结合,并在实践中不断地进行总结和创新。我们需要加强与国内外相关实践基地和平台的合作建设,通过合作办学的资源交流和技术共享,为国内体育专业人才提供更广泛的学习和应用现代智能化技术的机会。全面整合国内外的资源,加强团队专家的建设和双师型队伍的培养,为体育专业人才提供更多的学习和锻炼平台,为他们争取更多的优质资源进行开发和应用,从而为资源的集结和人才的高质量发展提供更多的选择。

(四)加强数字化人才评价体系的建设与优化

在培养体育产业的数字化人才时,我们需要进一步优化和完善人才的评估机制。考虑到体育产业快速增长的总体需求和市场对专业人才的期望,我们需要在体育产业数字化人才的评估方面,进一步构建一个多层次、多样化的评价体系。我们需要摒弃传统的分数论和其他人才评估方法,正视存在的问题,并结合体育人才的专业方向、工作特性以及市场改革的需求,进一步明确和优化评估标准和指标。通过融合同行同行评估、大数据分析、服务受众评估以及社交网络研究等多种方法,我们对人才的评价和指标进行了更为深入的优化。从培养综合能力的角度出发,我们进一步构建了相应的评估体系,并强化了评估结果的实际应用和开发。通过构建体育产业数字化人才培养评价体系和应用的动态衔接机制,我们可以及时了解数字化人才培养过程中遇到的困难、存在的问题和风险。为了更好地满足体育行业的发展需求,我们需要进一步强化数据的开发和应用。通过对体育产业数字化人才的培养路径、方式和方法进行权威的解读和分析研究,我们可以更好地识别存在的问题,并进一步优化人才培养模式,以确保体育产业数字化人才的培养能够实现多元化和可持续的发展。在培养人才的过程中,我们需要提前对可能遇到的各种挑战进行深入的分析和研究。这包括加强资源的整合、深化测评技术的应用、指导体育产业中的数字化人才更好地将学习成果转化为实际应用。我们还需要加强对数字化人才的全方位评估,并提供更多的激励措施,这样才能真正激发他们的潜能,为体育产业的数字化人才创造更多的发展机会,并鼓励他们持续创新和探索。

第五节　体育新媒体人才协同创新培养模式

2012 年,教育部在普通高等学校本科专业目录中增设了"网络与新媒体"专业,历经十余年的发展,新媒体人才培养工作已取得了较大的进步与发展,截至 2024 年,我国已有 353 所高校开设了网络与新媒体专业[①],北京体育大学、沈阳体育学院等高等体育院校也都设立了网络与新媒体专业。2024 年的《政府工作报告》强调要加强高质量教育体系建设,全面贯彻党的教育方针,坚持把高质量发展作为各级各类教育的生命线。高科技如大数据、人工智能和 5G 移动通信已经在传播领域得到了广泛应用,它们已经成为推动体育新闻传播变革的核心动力。新时代媒体技

---

① 张德胜,王创业,王德辉,等.新时代体育全媒体传播格局构建的逻辑起点、基本追求与推进路径[J].成都体育学院学报,2022(6):8—14.

术的可用性、体育传媒的新变革和媒体体育的新需求,为体育新媒体人才的培养带来了前所未有的机遇和挑战,体育新媒体人才培养的高质量发展仍然有很大的提升空间。

新文科建设提出的"要培养具有全媒体新闻传播知识和能力的应用型、复合型、创新型人才"[1]"全媒体"是第一培养目标[2]等要求,为体育新媒体人才培养方向作出了进一步的明确指示。培养具有多学科能力的复合型人才是"为了适应现代科技和社会经济发展的需求而采取的一种关键的教育观念和模式",其核心目标是"培育出拥有综合知识、技能和全面素质的创新型人才"。体育新媒体的专业人才不仅要整合新闻学、传播学、体育学等基础学科的理论和实践知识,而且还需要全面掌握计算机、市场营销、管理等多个学科的知识。体育新媒体人才培养要打破学科壁垒,实现学科之间的交叉融合发展,不断拓宽学科的深度与广度,同时,紧密结合社会和高新科技的快速发展变化,依据媒体行业的迭代与嬗变,将行业所需的人才要求进行细分化拆解、结构化整合,"通过具体课程的设计及有效组合来构建、培养新媒体人才多元化的知识体系和全媒体的业务能力"[3]。

为了更有效地满足复合型人才的培训需求,体育新媒体的人才培养策略应当积极地研究和尝试构建一个"三全育人"的合作创新模式。我们需要确立一个"全员参与、全程参与、全面覆盖"的教育模式,全方位地整合教育资源,共同创新培养策略,并努力打造一个复合型体育新媒体人才培养的高效机制和模式。

① 王偲,李薇.从"交叉学科"到"平台性学科":"新文科"语境下网络与新媒体专业刍议[J].记者摇篮,2022(9):45—47.

② 程军,杨锦.新文科建设背景下网络与新媒体专业多学科交叉融合课程体系的构建[J].天津中德应用技术大学学报,2023(5):65—71.

③ 王秀丽.技术与可视化:网络与新媒体专业人才培养的新取向[J].传媒,2020(19):88—90.

一、积极构建全员育人模式

(一)课内课外师资打通

在体育新媒体的人才培养过程中,我们应该以"体育为核心、新闻为工具"的道德和传播能力为目标,努力整合课内和课外的教师资源,确保高质量的教学资源能够共享,从而在课堂内外都能得到有效的指导,展现出全员参与的教育优势。高等体育教育机构充分利用其课程内外的高质量资源,成功地将新闻传播这一母学科的强项与体育学科的独特性结合在一起。他们强调将相关的理论知识与实际操作紧密结合,持续地进行探索和创新,从而构建了一个以体育新媒体传播为核心、持续发展的综合教学课程体系。除了基础体育课,学院还为学生提供了部分体育项目的理论课程或特色项目方向的选修课程,这有助于学生掌握至少一到两个主要的体育项目,并深入了解体育及其传播所需的知识,从而为体育新媒体专业的毕业生创造更多的就业机会。

为进一步培育具有国际化视野、创新创意发展、紧跟行业前沿的复合型体育传媒人才,北京体育大学新闻与传播学院除了与加拿大阿尔伯塔大学深度合作进行体育网络与新媒体人才培养外,还在校内搭建了学院、体育赛事制作与转播实验室、北体传媒科技(北京)有限公司(以下简称"北体传媒")资源贯通的"三位一体"产学研用一体化协同创新实践平台,为网络与新媒体专业的学生拓展实践提供良好的场所。体育赛事制作与转播实验室与北体传媒是以提升学生体育素养、技术素养及专业素养,提高学生体育传播实践能力、创新能力为目标的,具有"广泛影响力的数字传媒人才培养的现代化、综合性的高水平实验教学基地"[①]。值得一提的是,体育赛事制作与转播实验室是我国首个根据 4K 标准打造的多媒体平台,它在体育传播领域对于新技术、新设备的运用,以及新型赛事转播和传播模式的研究等方面都取得了显著的进展;北体传媒是学校专为支

---

① 张合斌.网络与新媒体专业的缘起、动态及其建设探究[J].新闻界,2015(4):62—66.

持新闻传播学科建设而设立的一个市场化平台,它致力于在学校和全国体育系统资源与外部资源之间建立联系和桥梁,建立一个全网分发、全媒体覆盖的体育资源传播矩阵。

(二)校内校外资源整合

新媒体这一专业与传媒行业的整体发展和趋势有着密切的联系。因此,在该专业的人才培养过程中,除了需要充分利用学校内部的各种资源来指导学生外,还需要进一步推动校企合作和校地合作,邀请来自校外的行业专家和相关领域的专家进入高等教育机构,以便向该专业的学生普及更多行业的最新动态和新风尚。同时需要立足宏观,时刻关注国际层面的行业发展动向,与国际高校或企业展开合作,丰富学生的媒体素养。新闻传播学必须跳出传统做法的窠臼,主动拥抱新媒体新技术,体现新文科建设背景下人才培养的技术属性。[①] 在新媒体人才的培养过程中,我们应该积极促进产、学、研的深度合作,并将具有多种优势的教师资源融入到体育新媒体人才的教研团队中,以确保体育新媒体人才的培养得到充分的支持。我们与各大企业进行了深入的合作,共同构建了融媒体和大数据等教育平台体系。我们也在探索这些云平台课程的潜在应用价值。通过邀请校外的专家进行授课、建立校外实践基地,以及积极地培养和申请教育部的产学研项目,我们整合了校内外的各种资源,全力完成了全员的教育任务。我们鼓励学生在平台上积极创作新闻实践作品,并建立了产学研用的协同创新机制,进一步探索产学研用的合作领域,旨在为体育新媒体人才培养提供一个高效的模式。北京体育大学新闻与传播学院与教育部的产学研合作项目,包括《融媒体云平台在新媒体人才培养的应用研究》和《大数据云平台在体育赛事传播与媒体运行服务人才培养的应用研究》,都是在这一领域内进行的积极尝试和探索。

体育新媒体领域的人才是应用型的,他们不仅要有扎实的理论知识,还要有实际操作的技能。体育相关的高等教育机构中的传媒专业应当积

---

① 丁宁.浅谈网络与新媒体专业的特色打造——以北京信息科技大学网络与新媒体专业为例[J].教育现代化,2019(88):118-119,126.

极推动与企业的合作项目,以便为相关专业的学生提供更多的实习机会。这样,学生在实习阶段就能提前了解体育新媒体人才的工作职责和职位要求,积累实践经验,并根据这些要求进行自我提升,从而更好地适应未来的职业环境。除此之外,高等教育机构还可以与媒体等机构合作,开发高质量的新媒体课程,以帮助学生建立新媒体思维模式,提升新媒体素养,并掌握体育、新闻等新媒体报道的实际操作技巧。北京体育大学的新闻与传播学院与中央广播电视总台的融合发展中心和快手等机构合作推出的《新媒体素养》等课程,有效地提高了体育新媒体专业人才的培训水平。

为了保持与时代同步和持续创新,北京体育大学的网络与新媒体专业专注于体育传媒的最新趋势,并与国内外的相关高等教育机构和企业进行了一系列的合作活动。为了加强网络与新媒体专业学生在赛事运营、传播、制作和分发等多个方面的知识和实践能力,北京体育大学新闻与传播学院与多家知名的赛事运营和转播机构以及权威媒体建立了紧密的合作伙伴关系。如与中央广播电视总台、北京广播电视台、中国青年报、爱奇艺、快手等媒体有着密切联系,与北京冬奥组委、中国冰球协会、中国联通、富士康、体奥动力等机构达成了战略合作关系,依托战略合作单位建立了 20 多家教学科研实践基地①。此外,更与著名媒体技术研发机构、设备生产企业有着稳定协同关系,以此建设新技术和新设备的试验场、新的转播方式和传播模式的策源地。

二、努力构建全程育人模式

(一)课堂内外融会贯通

在体育新媒体人才的培养过程中,应当高度重视具有强烈实践性和需要学生积极参与的新闻技能课程。翻转课程有助于打破传统的"教师主导、学生被动听讲"的教学模式,使学生真正成为课堂教学的核心参与

---

① 黄进刚,陈婷婷,陈建军,等.工程教育认证对地方院校环境工程专业建设的影响[J].教育现代化,2016(32):59—61.

者。翻转课堂教学模式是一种创新的教学方法，它利用网络技术，将教学环节颠倒，以促进学生的自主学习。这种教学模式充分利用了线上资源，在课前完成新知识的教授，课堂教学时间主要用于学生的内化、自主探究、成果展示和评价。这种教学模式有助于激发学生的学习兴趣和主动性，极大地提高了学习效果。我们迫切需要加速互动式课堂的建设进程。如何通过精心且合适的课程设计与指导来提高翻转教学的效果是至关重要的。与此同时，我们高度重视课程的思想政治教育，并开设了新媒体素养和新闻职业道德伦理的课程，以提升学生的职业素养水平。北京体育大学的新闻与传播学院积极地将北京冬奥会、杭州亚运会、全国学青会等国内外的重要赛事作为体育新媒体人才培训和实践的核心平台。学院致力于提高体育新媒体人才培训的专业水平和实际效果，强调将课程思想与政治教育相结合，贯穿于教学实践的每一个环节。结合奥运会等大型体育赛事中选手为国家赢得荣誉、"更加团结，共同迈向未来"等生动的思政案例，学院旨在弘扬中华民族的体育精神，讲述中国体育的新故事，增强其在国际上的传播能力，并努力构建一个全人类的命运共同体。在已有的基础上，我们致力于创建一个体育思政媒介教育案例库，并构建一个"有特色、有温度、重传播"的体育思政教育体系。我们的目标是将思政教育与教学过程紧密结合，确保思政教育"真实、务实、做实、落实"。在教学过程中，我们特别强调"情境、情景、情感"这几个关键要素的体现，使学生能够真实地听到、感受、学习和表达，充分发挥"党和人民喉舌"的作用。

(二)线上线下有机结合

在新媒体人才的培养过程中，我们应该充分利用线上和线下的各种资源，进行持续的教育培训，并积极地激励和指导学生去充分挖掘和使用高质量的线上资源。在体育传媒这一高度注重实践的领域里，各大院校在开展教学活动时，可以与体育行业的媒体机构、赛事组织和俱乐部等建立紧密的合作关系。通过实施产学研合作项目，可以为学生提供丰富的体育赛事报道、体育活动策划和体育新媒体平台管理运营的实践机会和平台，从而使学生能够在真实的体育工作环境中学习和实践，进一步提升他们的实践能力和综合素质。

(三)赛练结合促进育人

积极促进学生参加全国计算机大赛、中国大学生新媒体创意大赛等创新型比赛,提升学生的创新意识,通过引导和辅导学生积极完成思想性强的课外实践和参赛作品创作等多种教学方式,调动学生学习的主动性和能动性,帮助学生更好地加深课程内容的理解和应用。融媒体时代,体育新媒体报道越来越依赖于多样化的融合多媒体技术,随着体育赛事直播、互动和分析技术,体育赛事报道形式多样化技术的不断发展。这些技术只有在具体的赛事实践和融媒体实践中,学生才能彻底掌握。因此,高等体育院校应当重视利用相关赛事实现学生对相关技术的实践培养,助力学生掌握诸如直播、虚拟现实、数据分析等体育赛事相关技术,促使学生更好地适应行业发展需求,提升体育新闻、赛事报道的质量和吸引力,更好地满足当下体育受众的需求,增强传播效果。

三、大力构建全方位育人模式

体育新媒体人才培养应立足于习近平总书记"讲好中国故事"的指示,以及习近平总书记在全国宣传思想工作会议上提出的观点,旨在夯实教学"新基建",托起培养高质量发展,办好人民满意的教育,培养德智体美劳全面发展的社会主义建设者和接班人,立德树人,始终把正确舆论导向放在新闻工作的首位我们致力于培育以"体育为核心、新闻为工具"的道德高尚且具有传播能力的复合型人才,并鼓励学生为实现体育、教育和健康中国的目标而努力。在这个数字化和信息化快速发展的时代,体育新媒体的出现已逐渐成为体育产业发展中的一个主要方向。面对当前的发展趋势,高等体育学院在网络和新媒体建设方面,不仅需要根据行业的发展需求来构建具有体育特色、个性和特长的课程体系和实践教学,还需要不断加强体育新媒体人才的脚力、眼力、脑力和笔力,以实现全方位的人才培养。

(一)体育新媒体人才的"脚力"培育

为了更深入地了解基层和新闻的真实情况,我们需要积极地进行新闻活动。在体育新媒体人才的培养过程中,应着重于培育他们的用户意识和整合市场信息与用户需求的能力,深化对用户需求的理解,并为他们设计个性化的新闻产品。在全媒体的时代背景下,数字技术的快速进步和手机媒体的广泛应用为分众传播和个性化定制提供了可能性。这不仅确保了新闻内容的准确性和个性化,还保障了新闻产品的传播效果和双重效益的统一。为此,我们致力于加强对新闻真实性、新闻价值观和新闻伦理等主流新闻观念的教育和强调。我们希望学生能够自觉地遵循新闻职业道德和专业精神,坚定地为公众提供高质量的新闻内容,做好舆论引导和营造良好舆论氛围的决心和能力准备,并积极推动社会主义先进文化的推广工作。持续强化新闻编辑人员在政治觉悟、整体观念、核心观念和对齐观念方面的认识,始终将正确的舆论导向作为新闻业务的首要任务。

(二)体育新媒体人才的"眼力"培育

在全媒体的时代背景下,信息爆炸所带来的负面效应更为明显。因此,我们应该更加重视体育新媒体人才的观察、发现、判断和鉴别能力的培养,确保他们在满足社会对信息的需求、进行信息审核以及提供高质量新闻产品上发挥更大的潜能。面对复杂多变的信息环境,有必要进一步加强学生在信息捕获、重要新闻感知、大数据获取、分析和处理等方面的能力。学生应学会利用舆情分析软件,并充分利用大数据、人工智能等新媒体技术,通过对各种信息数据的深入分析,为用户提供更加精确和易于理解的新闻信息。除此之外,我们还需要积极培养学生在整合信息传播、全面而深入地挖掘报道对象等多个方面的能力,以确保新闻能更有效地为大众和社会提供服务。

(三)体育新媒体人才的"脑力"培育

体育领域的新媒体专家需要深入思考新时代新闻工作的使命和责任,仔细研究和掌握新媒体环境下新闻传播的变化规律,以确保新闻产品的传播效果能够顺利完成。

在全媒体的时代背景下,信息传递渠道变得越来越丰富和多样,这使得内容的策划、整合和管理成为新闻编辑的核心任务。在这种新的合作生产模式下,体育新媒体的人才培养需要对学生在策划、创新、协调和合作等方面进行更为深入的指导和培训,以更好地满足全媒体时代的编辑需求。始终将人民视为新闻编辑的中心和服务对象,把握报道的时机、节奏和策略,确保新闻的有效传播。

(四)体育新媒体人才的"笔力"培育

在新媒体的背景下,用户在获取信息时展现出更高的主观能动性和选择性。因此,体育新媒体从业者必须加强对传播手段的建设和创新,强化写作能力的教育,提高学生使用用户喜爱的报道形式和语言进行新闻报道和舆论引导的技能。他们的目标是赢得用户的喜爱和认可,不断提升新闻舆论的传播力、引导力、影响力和公信力,实现用理性说服人、用文化塑造人的目标,真正做到从群众的视角来宣传党的主张,从全局的视野来反映人民的呼声,用群众喜爱的方式来传达他们喜欢的内容,确保"入眼、入耳、入脑、入心"。在数字传播的时代背景下,多媒体技术被视为新闻制作的"基石",而"内容为王"的原则仍然是新闻产品的核心竞争力。因此,体育新媒体人才的培养应更加强调高质量内容作为首要竞争力,引导学生将更多的精力投入到提高内容制作能力上。体育新媒体工作者需要运用更多样化的报道形式、语言、平台和传播技术来制作新闻产品。融合新闻的报道方式对体育新媒体人提出了更高的要求,需要更好地帮助学生加强多元知识储备和跨界报道等能力。

如今,随着互联网技术的进步和新媒体的持续涌现,人们的生活习惯和社交互动方式已经发生了深远的变化。体育,作为一个显著的社会文化表现和行业,也应该与这个时代的发展趋势保持一致。对于高等体育学院来说,建立和扩展网络与新媒体专业是与时代发展和行业趋势同步,以满足社会进步需求的关键途径。

高等体育教育机构在建设网络与新媒体专业时,不仅可以满足现代社会的发展需求,还可以通过更多样化和多元化的体育传播手段来推动体育产业的壮大和发展。此外,这也有助于提高教育质量,拓展教育领域的边界,推动学校教育教学模式的创新和发展,满足市场的需求,培养更多的复合型体育专业人才,为体育产业的数字化和信息化发展提供重要的人才支持。

在体育新媒体人才的培养过程中,我们应始终坚守以马克思主义新闻观为核心的教学理念,强调政治修养与专业技能的双重培养,确保马克思主义新闻观在整个教学过程中得到有机的结合。我们的目标是帮助学生运用马克思主义新闻观的观点、立场和方法来分析和解决新闻舆论工作中出现的各种问题,确保他们在思想、理论和实际操作中都能坚定地遵循马克思主义新闻观。为了确保体育新媒体人才的培养与国家和社会的需求更为紧密地结合,我们积极地探索了"校企合作"等多种人才培养策略,并通过订单式和实战式的培训方法,进一步促进了新型生产力的快速发展。

第六节　智能体育工程专业人才培养模式

2017 年我国颁发了《新一代人工智能发展规划》,将人工智能方面的研究提升为国家科技发展战略,推动了我国人工智能行业的快速发展,各行业结合人工智能遍地开花[①]。2018 年,北京体育大学成为首家以"体育学"为核心学科,并结合计算机科学与技术、人工智能技术、电子科学与技术、信息与通信工程以及生物医学工程等多个工程学科,创建了体育工程学院。该学院开设了智能体育工程专业,旨在培养能够在智能体育、体育大数据、互联网、计算机技术和其他电子技术领域进行教学、研究和管理的高质量的复合型体育科技人才。

智能体育工程的进步与专业人才的培养是分不开的。高等教育机构

---

① 侯群,漆为民.产教融合人工智能专业人才培养模式探索[J].现代信息科技,2019(22):183－186.

作为人才输出的关键基地,在培养智能体育工程专业人才方面具有显著的师资和科研优势。因此,本研究以吉林体育学院为研究对象,深入探讨了高等体育院校在开展智能体育工程专业人才培养时应遵循的模式,旨在为未来智能体育工程人才的培养提供有力的理论支持。

一、智能体育工程专业建设的可行性与必要性

(一)人工智能产业发展迅速,智能体育形势所趋

我国人工智能产业快速发展,从 2018 年的 83.1 亿美元到 2022 年飞速增长到 276.5 亿美元。这为我国智能体育工程产业的发展提供了动力,为智能体育工程专业建设提供了可能。另一方面对于智能体育领域,从 20 世纪 90 年代就有学者研究,但是由于当时体育产业的发展尚未上升到国家层面,进而一系列问题阻碍了其发展。2014 年以来由于第 3 次人工智能浪潮兴起以及国家政策的支持,智能体育的研究又开始活跃起来[①]。目前人工智能已经融入体育的各个领域。在竞技体育领域,渗透于技战术分析、战术建模、赛事裁判、传播赛事、预测赛事结果、模拟训练等;在学校体育领域,智能体育馆、可穿戴设备等人工智能产品提高教学的科学性,高效性;在大众体育领域,人工智能可以让大众随时监控自身的健康状态和记录运动数据以及为大众健身提供了个性多样的体育健康管理服务,以及高效便捷的运动环境[②]。智能体育发展的迅猛形式迫切需要智能体育工程专业技术人才来为智能体育领域进行服务以及促进智能体育的发展。

(二)国家智能体育政策支持,体育强国战略驱动

自 2018 年以来国家对于智能体育的政策支持力度不断加大,据《中国智能体育发展报告》中的统计,从 2020 年国家关于智能体育的政策文件数量急剧上升,在 2022 年高达 5 篇。科技创新构成了体育强国战略的关键支柱,要想加速体育强国战略的实施,就必须依赖科技来推动这一战

---

① 郑芳,徐伟康.我国智能体育:兴起、发展与对策研究[J].体育科学,2019(12):14—24.
② 杨楷芳,马苗,黄聪.智能体育工程发展综述[J].计算机技术与发展,2021(3):1—7.

略。人工智能技术站在现代科技的前沿,对于推进各种产业的进步起到了不可或缺的角色。新兴的人工智能产业为解决当前的经济和社会问题提供了宝贵的机会。中国社会的进步和经济的发展迫切需要人工智能的参与。同时,中国产业的转型升级和社会发展的重构也迫切需要一批优秀的、面向人工智能的"新工科"人才。智能体育工程,作为将人工智能与体育相结合的新型工程专业,对于推动体育强国的建设具有积极意义。得益于国家政策的强有力支持和体育强国战略的推动,智能体育工程专业的建设得以实现。

(三)人工智能专业建设不断增长,智能体育工程专业人才缺乏

根据教育部发布的高等院校本科专业备案发现自 2018 年 35 所高校开设人工智能专业起,开设院校数量线性增长,短短 4 年间,具有人工智能专业的高校高达 438 所,人工智能专业建设的遍地开花为智能体育工程专业的建设奠定了基础。智能体育工程想要长远的发展则离不开高素质专业人才的推动。在人才储备方面,我国在体育人工智能人才的培养方面仍处于起步阶段,"体育＋人工智能"复合型人才存在很大的缺口。目前我国高等院校、科研院存在对体育人工智能相关专业设置不足、人才培养体系还不够成熟等问题[①]。而智能体育工程专业人才的缺乏则突出了智能体育工程专业建设的必要性。

二、智能体育工程专业人才培养模式

(一)坚持学生全面发展和能力产出的教学理念

我国始终遵循的教育哲学是培育学生的全方位成长。尽管我们正在努力完善智能体育工程的人才培训体系并加速该领域的进步,但确保人才培训的高质量仍然是最重要的任务。在培养智能体育工程领域的专业

---

① 曹宇,刘正.人工智能应用于体育的价值、困境与对策[J].体育文化导刊,2018
(11):31—35.

人才时,我们不仅要重视他们的专业知识,还需要关注他们的思想道德、创新思维、人格情感观念以及身体健康等多个方面的成长。作为受过高等教育的专业人士,我们不应只专注于知识的吸收,更应重视研究和创新。新工科教育的进步要求我们持续地进行创新和改革,在培训人才的过程中,我们必须重视"能力产出"的教育哲学,这样才能满足国家强烈推崇的新工科教育标准。在智能体育工程专业的人才培养过程中,除了强调新工科专业应具备的能力产出这一教学理念外,还应注重满足常规教育对学生全面发展的教学要求,这样才能有效提升智能体育工程专业人才培养的整体质量。

(二)明确智能体育工程专业人才培养层次和目标

在智能体育工程专业的人才培养方面,主要侧重于本科层次的教育,这些本科层次的人才主要是为了满足企业对人才的特定需求。而研究生层次的人才则更多地关注智能体育工程专业在科研创新方面的需求,特别是针对智能体育工程实验室和科研机构等领域所需的科研人才。这种层次化的培养模式不仅能有效地满足智能体育工程实业领域的人才需求,还能在该领域内推动创新和可持续发展。在教育目标的设定上,我们特别强调培养学生的实际操作能力。在确保学生掌握所学专业技能的基础上,我们通过学习相关的交叉学科知识,旨在培养他们独立学习的能力,从而实现培养多才多艺的人才的目标。这使得该专业的学生在毕业后不仅有能力从事与智能体育工程相关的职业,还可以转向与之类似的大数据、互联网、计算机技术等领域的工作。

(三)创建以实践为核心、跨学科融合的课程体系

智能体育工程是一个融合了多个学科的新兴学科,其核心目标是解决现实中的问题。因此,在构建课程体系的过程中,首要任务是将实践置于中心位置,并在课程实践设计上将其划分为科学研究和实际实习两大部分。为了激发学生对科研的热情,高等体育学院可以通过建立健全的科研项目培训体系、组织定期的比赛活动以及实施相应的奖励机制,从而培养他们具备科研精神、创新能力和实践热情。另外,从本科教育阶段开

始培育学生的科学研究意识,将有助于提升研究生阶段学生的基础技能,进一步促进智能体育工程这一领域的迅猛发展;其次,高等体育教育机构应当以其独特的优势为基石,整合其他智能体育工程所需的专业课程,从而构建一个完整的基础课程体系。我们有能力将自己深厚的体育学背景与与人工智能相关的学科结合,从而为智能体育工程专业打造一个完整的基础课程结构。值得强调的是,课程的整合不应仅仅是简单的叠加,而应科学地构建课程结构。

(四)加强智能体育工程专业教师队伍建设

在人才的培育过程中,教师的角色至关重要,而教师团队的建设直接影响到人才的培养质量。鉴于我国在智能体育工程领域的师资短缺问题,我们可以从两个角度来强化智能体育工程专业教师的队伍建设:首先是通过吸引优秀人才的策略。在将人工智能与体育结合的领域中,美国在人工智能科学研究和人才培育方面居于全球领先地位。因此,为了推动我国智能体育的进一步发展,我们可以考虑从美国引进人工智能领域的顶尖人才;第二种方法是通过大学教师的合作来实现。在智能体育工程领域,专业人员不仅需要掌握计算机信息技术,还必须具备相关的体育知识和技能,这样才能将相关的智能科学技术有效地应用到体育活动中。这也表示,在教师队伍的配置上,我们需要同时重视体育和人工智能工程技术领域的师资力量。因此,体育学院和工程专业的大学可以联手进行人才培养,这不仅可以有效地解决教师队伍的问题,而且通过两个专业领域的深度融合,将更加有利于智能体育工程专业人才的培育。

(五)加强校企联合,创设双师制教学方式

有学者指出,我国高校人工智能专业教师虽拥有丰富的理论知识和教学经验,但是对于实践训练较为缺乏。并针对此提出高校引进具有一线实践经验的企业专业技术人员来作为企业教师对学生进行实践技能课的教授[①]。因此,在设计教学方法时,我们应该深化企业与高等教育机构

---

① 孙兴威,宁亚楠,杨得成.基于 OBE 理念的地方本科院校人工智能专业人才培养模式研究[J].黑河学院学报,2021(10):101-102+112.

之间的合作,并从这些企业中聘请资深的专业技术人才,以提高学生在实际操作中的技能。此外,我们还应该鼓励学生前往相关的企业进行实习和实地参观。这样可以帮助学生更深入地理解其专业的职业方向,并更早地融入职场环境。另外,拥有先进硬件设备的双一流高等教育机构有可能通过邀请企业教师到学校的实验室,为学生提供实际案例操作的教学。普通高等教育机构可以通过深化与企业间的合作关系,签署人才共同培养和人才输送的协议,并利用企业提供的相关科技实验室来提升学生们的实际操作技能。

(六)在探索中创新,构建人才培养质量评价及改革体系

在信息化时代,高新技术更新换代极快,智能体育工程作为高新技术的一种,其也会随着社会的进步不断地改变,因此智能体育工程专业人才培养体系也应该在探索中不断对培养效果质量进行评价,进而进行不断地改革。根据前人所构建的从两个维度评判人才培养质量的体系[1],为了全面评估毕业生在知识技能掌握以及与教育目标的匹配度等多个方面的表现,学校有可能成立专门的评估机构;企事业单位通过对毕业生实习或工作的追踪调查,对毕业生在工作能力、专业技能和环境适应性等多个方面进行了全面评估;除了这些,还可以通过对毕业生和他们的家长进行就业状况和待遇水平的调查。通过一个持续的循环过程,即先进行评估再进行改革,然后再进行评估再进行改革,我们可以不断地完善高等体育学院智能体育工程专业的课程体系。为了更好地满足社会的需求,我们需要不断更新教育目标,并持续改进教学方法,以提高学生的学习效率和专业能力,从而推动高等体育学院智能体育工程专业的人才培养持续上升。

---

[1]　梁兆春,王博,罗江林.人工智能专业人才培养模式思考研究[J].就业与保障,2020(11):89—90.

三、推进高等体育院校智能体育工程专业人才培养的策略

(一)政府制定相关助力政策

基于对高等体育院校智能体育工程专业人才培养的详细描述,我们可以推断,在高等体育院校的智能体育工程专业建设过程中,确实需要合适的教学实验环境和相应的项目发展驱动条件。因此,政府应当出台相关的政策措施,利用财政资金支持智能体育工程实验和教学设备的建设。同时,鼓励各个行业的协会和企业与高等体育学院积极合作,为高校提供实际操作的支持,并鼓励科研机构与高校合作开放实验室或共同建设实验室。除此之外,国家还应在这一领域设立科研项目,增加基金项目,以促进智能体育工程领域的科研活动。

(二)高校增强彼此经验交流

在构建高校智能体与工程专业的过程中,各个高等教育机构应该加强相互之间的交流,分享各自的成功经验。各高校可以选择与已经开设了智能体育工程专业的北京体育大学这样一个拥有完善课程和教学体系的高校进行学习和交流。此外,各个高等教育机构也有机会根据自己的实际情况,挑选一些在智能体育工程专业方面表现出色的国外院校进行学术交流和访问。通过这样的方法,各个高等教育机构都能在相对较高的效率下完成各自专业的建设工作。通过相互分享经验和深入探讨问题,这将有助于智能体育工程专业的持续创新和体系的进一步完善。

当前,我国的高等体育学院在智能体育工程专业的建设上仍然是初级阶段。鉴于国家和社会对智能体育工程专业人才的特定需求,我们在人工智能人才培养模式的基础上,提出了一种新的高等体育学院体育智能体育工程人才培养策略。经过深入研究,我们认为在智能体育工程专业的人才培养过程中,应特别重视提升学生在科研、创新以及实践方面的能力;此外,建议政府应当出台相应的策略,以增强高等体育学院在智能体育工程硬件和科研能力方面的建设,并与其他高等教育机构分享创办

经验,进一步推进智能体育工程专业的发展。鉴于当前高等教育机构中智能体育工程专业的开设相对较少,本研究主要集中在理论层面进行论证。未来,我们可以在这一基础上,结合该专业学生的实际培养情况,进行更为深入和全面的研究。

参考文献

[1]曾石山.高职院校公共体育课程与工科专业融合创新的设置研究[J].冰雪体育创新研究,2021(7):101—102.

[2]曾石山.理工科高职院校公共体育教学改革分析[J].冰雪体育创新研究,2021(8):92—93.

[3]曾忠文.高职体育课程中培养工科学生就业能力的研究[J].运动精品,2019(9):35—36.

[4]陈红星,刘朝晖.新工科人才培养背景下高校体育课程价值及其实现[J].南京工程学院学报(社会科学版),2022(4):79—83.

[5]冯建强,曾玉华,李东斌,等.工科高校体育育人三位一体协调发展培养方案的探索与实践[J].当代体育科技,2023(12):11—14.

[6]韩飞.浅谈工科中职学校体育教学课程对学生的培养[J].科技创新导报,2014(24):129.

[7]郝玮,姚康华.新工科背景下高职院校体育课程思政建设的指标体系构建研究——基于利益相关者视角的分析[J].当代体育科技,2023(33):157—160.

[8]黄坚,韦志辉.基于工科学生职业体能需求的高职体育课程改革研究[J].广西教育,2017(31):52—54.

[9]姜庆军.新工科理念对体育器材更迭与体育教学改革的影响[J].塑料工业,2023(5):197—198.

[10]曲鲁平.我国青少年体质健康促进模型构建与运动干预研究[M].北京:人民体育出版社,2021.

[11]金承哲.论体育教育在工科院校素质教育中的作用[J].吉林化工学院学报,2010(5):8—10.

[12]景怀国,龚建林.新工科背景下翻转课堂教学模式在大学体育教学中的应用研究[J].广州体育学院学报,2021(5):121—124.

[13]李炜.工科类高职学生体育公选课的选择性需求分析——以九江职业技术学院为例[J].文体用品与科技,2013(16):128.

[14]李宗杰,刘颖.上海工科院校建设体育舞蹈文化的有效性途径探讨[J].群文天地,2012(1):286—287.

[15]刘大明,田云平.工科高校体育选修课程的职业实用性优化设计与改革[J].体育世界(学术版),2016(7):73—74.

[16]刘大明,田云平.工科高校体育选修课程职业实用性教学的实验研究——以站姿操作型专业学生为例[J].当代体育科技,2016(6):94—95.

[17]刘东旭.关于体育美学对工科院校学生创新和实践能力的培养探讨[J].才智,2019(18):26.

[18]李娜.幼儿基本协调能力评价指标体系及标准[M].北京:人民体育出版社,2023.

[19]刘东旭.体育美学对工科院校学生创新和实践能力的培养[J].考试周刊,2016(85):112.

[20]刘娜,万里红.新工科背景下图像处理改革与实践探索——以表情机器人体育教练项目为例[J].文体用品与科技,2024(10):193—195.

[21]漆昌柱,郭正茂."四新"建设背景下的新体育科建设理念与路径[J].天津体育学院学报,2022(3):257—263.

[22]漆昌柱,郭正茂."四新"建设背景下的新体育科建设理念与路径[J].天津体育学院学报,2022(3):257—263.

[23]乔梁,负虹,张连,等.基于"三位一体"模式的工科高校体育育人实践探索[J].当代体育科技,2018(23):18—19,21.

[24]苏新华,刘泽婷,沈燕飞.面向新工科创新型智能体育人才培养的大学数学课程教学改革与实践——以北京体育大学体育工程学院为例[J].大学教育,2023(20):53—55.

[25]孙威,刘明亮.《华盛顿协议》与工科院校体育教学改革[J].体育文化

导刊,2010(10):94—97.

[26]孙威.工程教育背景下工科院校体育教学改革的对策研究[J].吉林化工学院学报,2010(6):25—29.

[27]孙阳,马乐虹.工科类院校体育俱乐部教学模式的研究——以黑龙江工业学院为例[J].山东工业技术,2018(2):214.

[28]谭佳.体育课程质量对大学生核心素养养成的探索——以内江职院工科类学生为例[J].文体用品与科技,2020(8):180—181.

[29]王晶,张小龙.工科类大学体质现状调查研究[J].运动,2019(2):39—41.

[30]王品,康瑞鑫.体育专业与工科专业大学生创造性思维能力的对比研究[J].当代体育科技,2014(1):89—90,93.

[31]王莹,宁昌峰.工科类院校体育俱乐部教学模式的研究——以盐城工学院为例[J].体育科技文献通报,2014(11):36—38.

[32]吴海英.工科院校体育俱乐部发展研究[J].运动精品,2023(4):26—28.

[33]吴一凡,陈泓奕.体教融合背景下工科类高校体育竞赛体系化路径探究[J].拳击与格斗,2022(5):35—37.

[34]邢丽.工科院校体育课程"知识、能力、素质"三位一体协调发展培养方案的探索[D].成都体育学院,2012.

[35]徐林川.构建工科类高职院校体育教学创新模式的研究——以安徽机电职业技术学院体育教学改革为个案[J].体育世界(学术版),2018(9):25—26.

[36]许治华.工科院校体育综合课教学模式的设计与实践——以内蒙古工业大学为例[J].内蒙古工业大学学报(社会科学版),2016(1):115—118.

[37]许治华.工科院校体育综合课教学现状及对策研究[J].科技资讯,2016(14):117—118.

[38]杨天洋.工科院校大学体育教学与学生心理健康培育的构建关系[J].科教导刊(上旬刊),2014(15):228—229.

[39]姚洁.卓越工程师培养背景下工科院校体育课程体系研究[J].河南工程学院学报(社会科学版),2015(1):89—93.

[40]由文华,杨华薇,郑雪玲.工科院校体育专业特色化研究[J].西安建筑科技大学学报(社会科学版),2015(4):92－96.

[41]张成刚,谷化铮,陈金,等.工科院校大学体育羽毛球课程思政设计与实践[J].冰雪体育创新研究,2020(5):59－61.

[42]张歌林.新工科背景下大学生体育实践能力培养路径研究[J].当代体育科技,2019(35):122－124.

[43]张江伟,李梅,焦国强.基于新工科视阈下应用型高校体育课程评价体系构建研究[J].冰雪体育创新研究,2023(12):60－62.

[44]张旭,张小龙,王毅.工科高校《体育舞蹈》课内外一体化的探索研究[J].文体用品与科技,2020(14):170－171.

[45]张允岩.工科院校体育公共课的"课程思政"提升路径探析[J].当代体育科技,2020(27):65－66,69.

[46]周丽蓉.工科类专业体育课程标准的构建研究[J].体育风尚,2019(9):235,237.

[47]朱富强.高职工科专业体育课程教学设计初探——以我院机电工程系体育课程教学设计为例[J].北京劳动保障职业学院学报,2015(4):62－65.

[48]朱静,陈雷,张小龙,等.新工科背景下高校体育篮球选项课课内外一体化研究实践探讨[J].科教导刊(下旬刊),2020(24):72－73.